Fay Weldon wurde 1933 in Alvechurch, Worchestershire, geboren, wuchs in Neuseeland auf und kehrte anschließend mit ihrer Mutter nach England zurück. Sie arbeitete als Werbetexterin und studierte Psychologie und Wirtschaftswissenschaften. Mit dreißig veröffentlichte sie ihr erstes Buch. Ihr Roman »Die Teufelin« wurde mit Meryl Streep verfilmt. Fast alle ihre Bücher wurden Bestseller.
Fay Weldon ist Mitglied der Royal Society of Literature. Sie ist verheiratet und hat vier Söhne.

Von Fay Weldon sind außerdem erschienen:

Das Kind des Präsidenten (Band 3156)
Die Decke des Glücks (Band 3300)
Das Haus auf dem Lande (Band 8013)

Dieses Buch wurde auf chlor- und säurefreiem Papier gedruckt.

Vollständige Taschenbuchausgabe Dezember 1993
Droemersche Verlagsanstalt Th. Knaur Nachf., München

Titel der Originalausgabe: »Life Force«
Originalverlag: HarperCollins, London/New York
Aus dem Englischen von Karin Kersten
Umschlaggestaltung: Manfred Waller, Reinbek
Umschlagillustration: Celia Johnson
Druck und Bindung: Elsnerdruck, Berlin
Printed in Germany
ISBN 3-426-65028-2

2 4 5 3

FAY WELDON

DIE KRAFT DER LIEBE

Roman

Aus dem Englischen von
Karin Kersten

Knaur

Nell Leyshon gewidmet, ohne die dieser Roman in dieser Form nicht hätte geschrieben werden können.

Erst passiert gar nichts, dann passiert immer noch nichts, und dann passiert alles auf einmal.

LESLIE BECK KAM MICH VORGESTERN BESUCHEN. ER TRUG ein Ölgemälde unter dem rechten Arm. In früheren Zeiten hatten seine Arme immer zu kurz für seinen Körper ausgesehen, doch nun hatte er den rechten strecken müssen, um das Bild zu umfassen, und der linke leistete ihm dabei Gesellschaft, so daß er, Leslie, nicht mehr, wie ein Rugbyspieler, breiter als lang wirkte, sondern schlanker, als gut für ihn sein konnte – wie diese Sorte Basketballer, die einfach nur dadurch Körbe erzielen, daß sie über die Köpfe aller anderen hinweglangen und den Ball ins Netz fallen lassen. Woraufhin alles in Jubelschreie ausbricht, obwohl ich persönlich bis heute kein Verdienst darin erblicken kann, daß jemand größer ist als alle anderen. Aber vielleicht war Leslie Beck auch einfach nur dünner geworden, und ich war obendrein geschrumpft. Jedenfalls hatte sich unser Größenverhältnis irgendwie verändert, und zwar zu meinen Gunsten.

Leslie Beck war, so schien mir, eigentlich niemals groß genug für seine Ehefrauen gewesen, erst Jocelyn, dann Anita. Eine Ehe ist leichter zu bewältigen, wenn der Mann auffällig größer ist als die Frau: Es läßt die Machtverhältnisse, die gewöhnlich zugunsten des Mannes verschoben sind, selbstverständlicher erscheinen, und so entsteht weniger Groll gegen die angemaßte männliche Überlegenheit. Ich bin nicht verheiratet, so daß es mir möglich ist, derlei Dinge ohne große Angstschauder oder Beklemmungen zur Kenntnis zu nehmen. Um es konkret zu sagen: Leslie Beck war einst ein Meter fünfundsiebzig groß, und nun kam er mit etwa einszweiundsiebzig herein. Fünf Zentimeter machen da ungeheuer viel aus.

Leslie Beck, so ging mir auf, mußte auf die sechzig zusteuern. Vielleicht kam jetzt ja seine wahre Natur zum Vorschein, wie das Naturen am Ende so tun, und ich stellte fest, daß mir das nicht gefiel. Denn obwohl Leslie Becks Haar kraus und üppig wirkte, kam mir der Gedanke, daß es höchstwahrscheinlich überhaupt kein Haar war, sondern eine ziemlich teure Perücke, und obwohl sein Schritt flott war, fragte ich mich, ob er nicht schleppend werden würde, sowie er wieder um die Ecke gebogen war, und ob er, obwohl er das Bild ohne Mühe zu tragen schien, nicht womöglich eine Atempause gebraucht und ein paarmal tief Luft geholt hatte, ehe er die Tür aufstieß, um diesen Eindruck der Mühelosigkeit zu erwecken. Ja, ich mußte feststellen, daß ich einen richtigen Piek auf Leslie Beck hatte, ungerechterweise. Sechzig wird jeder einmal, früher oder später. Das heißt, wenn er Glück hat.

»Hallo, kleine Marion«, sagte er.

»Hallo auch, Leslie«, sagte ich. »Was hältst du denn da unter der Achselhöhle versteckt?«

»Ein Bild von Anita«, sagte er. »Ich dachte, vielleicht interessiert es dich.«

Und Leslie legte das Bild, das auf eine anständige, teure, aufgezogene Leinwand gemalt war, einsfünfzig mal einszwanzig, auf den großen Schreibtisch, den ich für eben solche Eventualitäten leergeräumt halte, und befreite es von Klebeband und Pappe. Ganze Bahnen Luftkissenfolie aus Polystyrol fielen zu Boden und lagen umher wie Tücher aus Eis, das unter unnatürlicher Gewalteinwirkung gesprungen war. Leslie nahm dieses Bild wahrlich in acht.

»Wie geht es Anita?« fragte ich. Er schwieg. Er blickte mich an. Seine Augen waren immer noch blau, wenn auch eher blasser als früher einmal. Tränen traten in seine blauen, mittlerweile ohnehin wäßrigen Augen, so daß der Übergang gewissermaßen fließend war.

»Ich bin sehr tapfer«, sagte er, »aber sie ist tot.«

Und ich schaute mich in der Galerie um, der Marion Loos Gallery, nur ein paar Schritte von der Bond Street entfernt, mein ganzer Stolz, mein Lebenswerk, meine Familie, die Quelle meines Einkommens – oder was sich so nennt, angesichts der Rezession im Lande – und meiner Sicherheit – oder was sich so nennen könnte, wo Gewalttätigkeit und Unruhen doch allenthalben an unseren Türschwellen lecken –, und ich war froh, daß ich mein Vertrauen in materielle Objekte und nicht in menschliche Wesen gesetzt hatte. In dem Augenblick jedoch gefiel es der Sonne, hinter einer Wolke hervorzukommen und unmittelbar durch die Panzerglasfenster zu scheinen, und die ausgestellten Bilder, von einem gewissen schottischen Künstler namens William MacIntyre, die den plötzlichen Lichteinfall zumindest theoretisch dadurch hätten beantworten sollen, daß sie ihre ureigenste Energie mobilisiert und Solarkraft mit Menschlich-Visionärem vergolten hätten, versäumten dies und sahen einfach nur stumpf aus, so als ob sie nie jemand kaufen würde und man das auch von keinem Menschen erwarten konnte, wenn er nur einen Funken Verstand hatte. Ich konnte die Stäubchen in der Luft hängen sehen und die schalen Ausdünstungen des Verkehrs draußen riechen, die gemeinsam mit Leslie Beck in die Galerie eingedrungen waren. Dessen ungeachtet, bewirkte das in diesem Augenblick einfallende Sonnenlicht so etwas wie eine Erleuchtung in meinem Kopf und, damit verbunden, ein starkes Schwindelgefühl, nicht deshalb, glaube ich, weil ich mich wegen Anita grämte, sondern weil sich irgendein anderes starkes Gefühl in mir regte, das damit zu tun haben mußte. Vielleicht war es einfach nur Abneigung gegen Leslie Beck.

»Ich dachte, du wüßtest das«, setzte er hinzu. Als wäre

alle Welt bis in die Einzelheiten mit seinem Tun und Lassen vertraut. Mit ihm, Leslie Beck.

»Nein, ich wußte es nicht«, sagte ich. »Es tut mir leid.«

»Wenn du demnächst wieder eine Gruppenausstellung hast«, sagte er, »kannst du es ja vielleicht mit aufhängen. Was meinst du?«

Ausnahmsweise jedoch schaute ich einmal ein Bild nicht an, um es »gut« oder »schlecht« zu finden, sondern nur um des Dargestellten willen. Es war ein Interieur; zu sehen war Leslie und Anita Becks Schlafzimmer, das ich aus der Zeit, als sie irgendwohin gefahren war, noch gut in Erinnerung hatte. Wo war sie noch gewesen? Kinder besuchen oder kranke Verwandte: das Nächstliegende. Eine Episode jedenfalls, wie sie nun mal zu der Art von ausschweifendem Familienleben gehört, das andere Menschen haben, ich jedoch nicht, niemals hatte, noch, so stelle ich mir vor, jemals haben werde. Ich habe Katzen, und mit denen bin ich bestens bedient.

»Es ist eine unerträgliche Tragödie«, sagte er. »Gerade jetzt, wo Anita endlich ihre Begabung entdeckt hatte.«

»Das stimmt«, sagte ich.

»Ich dachte so an die Preislage sechs-, siebentausend«, sagte er.

Aphra kam auf uns zu, also machte ich mir nicht die Mühe zu sagen: »Du scherzt wohl«. Aphra humpelte.

»Oho, guten Tag auch«, sagte Leslie Beck anerkennend, auf die Weise, wie Männer es oft tun, wenn Aphra auftaucht. Aphra ist vierundzwanzig und hat eine gewaltige Menge krauses dunkelbraunes Haar, das temperamentvoll über einer vollkommenen Stirn emporfedert und sich wirr über hochgezogene, schmale Schultern hinabringelt. Ihre Nase ist zu groß und ihr Mund zu schmal, doch ihre Röcke sind sehr kurz und ihr Energiepegel ist sehr hoch, und niemand scheint sich an irgendwelchen Einzelheiten ihres

Äußeren zu stoßen, am allerwenigsten Aphra selbst. Sie trug schwarzweiß gestreifte Trikothosen, mit Streifen, die das Bein hinabliefen und nicht um es herum. Ich bitte sie zwar hin und wieder, sich doch etwas weniger unruhig zu kleiden, um den Bildern an den Wänden keine Konkurrenz zu machen, doch kommt sie dem niemals nach. Aphra beugte sich hinab, um sich den Zeh zu reiben, den sie sich gerade böse gestoßen hatte, und faltete dabei ihren Körper mühelos in der Mitte zusammen, was auch Leslie Beck nicht entging. In einem anderen Alter, einer anderen Zeit, an einem anderen Ort hätte er gepfiffen.

»Das ist ein hübsches Bild«, sagte Aphra. Sie hat einen Abendschulkurs in Bildender Kunst absolviert und fühlt sich von daher berechtigt, Ansichten kundzutun, obwohl ich sie gebeten habe, das zu unterlassen. Es stimmt allerdings, auch wenn ich wünschte, es wäre nicht der Fall, daß die Bilder, die ihr am besten gefallen, am ehesten verkauft werden.

»Hat meine Frau gemalt«, sagte Leslie Beck. »Es ist eine Studie unseres Schlafzimmers. Auf meine Anregung hin hat sie zu malen begonnen. Sie brauchte etwas Eigenes. Sie wissen doch, wie das mit Frauen ist. Sie hätte niemals damit angefangen, wenn ich sie nicht dazu ermutigt hätte.«

»Na, jedenfalls«, sagte sie, »hat sie Ihr Schlafzimmer offensichtlich gemocht«, und humpelte und hüpfte weiter, um sich der Post anzunehmen, oder zumindest hoffte ich das. Und dann kam Barbara aus dem Lagerraum, und Leslie Beck sagte im Ton eines Lebemanns in den mittleren Jahren und gewiß nicht dem eines ältlichen Witwers: »Hallo auch«. Noch keine dreißig, war Aphra von meinen beiden Mitarbeiterinnen die weniger praktikable Offerte – muß Leslie jedenfalls gedacht haben. Barbara hat ein Examen in Kunstgeschichte, einen Mann, der Bibliothekar ist, ein kleines Kind und diese Art sanft verwirrten Blick, der jungen Müttern, die diesen Status erst kürzlich erworben haben, häufig zu eigen ist. Sie ist nicht zu schön und nicht zu jung und wirkt wie eine, die nur darauf wartet, daß ihr jemand die Welt erklärt und sie glücklich macht.

»Hallo«, erwiderte Barbara ebenso höflich wie förmlich und ging weiter.

»Du hast eine glückliche Hand in der Auswahl deiner Mitarbeiterinnen«, bemerkte Leslie Beck, und ich wandte meine Aufmerksamkeit wieder dem Bild zu. Dieselben elfenbeinfarbenen Vorhänge, derselbe weiße Baumwollbettüberwurf, aber das Gediegene, Teure ist natürlich auch haltbar. Die Tapete allerdings war gestreift, während ich sie als geblümt in Erinnerung hatte – etwas zumindest hatte sich verändert. Ich erinnerte mich an die Lust, die Leslie mir auf dem weißen Überwurf verschafft hatte, denn wir hatten nicht die Zeit gehabt, erst das Bett aufzuschlagen, und ich erinnerte mich auch an meinen Neid auf die Weiche von Anita Becks Kissen, doch war die Erinnerung so diffus, als hätte ein anderer Mensch jenen Körper bewohnt, dessen Beine sich spreizten, dankbar bereit im Bett einer anderen Frau, während Leslie das erstaunliche Vergnügen bereitete und empfing, das zu geben und empfangen ihm seiner Meinung nach zustand.

Nun war dieses Bild nicht mein Stil, nicht mein Fall, ebensowenig wie die Frau es gewesen war, die es gemalt hatte, sie, die Jocelyn verdrängt hatte und Gegenstand der Klagen Leslie Becks gewesen war – über ihre Einfältigkeit, ihre Abhängigkeit, ihre Trägheit und ganz allgemein ihre Langweiligkeit, Eigenschaften, die, genaugenommen, so hoffte ich, für mich selbst ganz und gar untypisch waren.

Das Bild war zu den Rändern hin mulmig, in der Mitte jedoch mit Erfolg um fotografische Genauigkeit bemüht. »Ja, wirklich«, hörte ich schon die Worte auf der Vernissage, »fast möchte man den Kamm da nehmen und sich damit durch die Haare fahren.« Also, ich wollte diese Art Bild nicht an meinen Wänden haben, nicht einmal in einer schlecht beleuchteten Ecke auf einer Gruppenausstellung: Ich hatte auch meinen Stolz. Ich wollte mir meinen Lebensunterhalt nicht auf derart einfache Weise verdienen. Im Mittelfeld laufen solche Bilder gut, in der mittleren Preislage, aber es fehlt der Spaß, das Risiko, das Anstößige, wenn man einen derart sicheren Mittelweg wählt. Man könnte sterben vor Langeweile; oder gleich ebensogut Barbara als Geschäftsführerin einsetzen und einfach nach Hause gehen und abwarten, bis die Einkommensquelle versiegt ist. Was nun den Kamm selbst betraf, den altmodischen mit dem silbernen Rücken, so war es Anita Beck nicht gelungen zu erkennen, womit er sozusagen »besetzt« war, und ich fand, es hätte ihr gelingen müssen. Dazu waren Maler da. Ich hatte jenen Kamm zu meiner Zeit in die Hand genommen und durch mein Haar gezogen. Leslie Beck und meine eigenen Bedürfnisse hatten es durcheinandergebracht, indem sie meinen Kopf hierhin und dorthin bewegt hatten, hinein und hinaus aus Anita Becks weichen, quadratischen Federkissen. Da hatte ich einen Kamm nötig gehabt. Ich und wer wohl noch alles: Wir hatten den Kamm benutzt und dann, zweifellos, unsere Haare hinausgezupft, weniger aus Rücksicht auf Anita, die zweite Frau, als um Leslie Beck nicht in Verlegenheit zu bringen.

»Das ist nicht ganz mein Stil, Leslie«, sagte ich. »Nicht ganz der Stil der Galerie.«

»Da kann ich nur sagen: schade«, sagte er. »Ich dachte, da du ihr in der Vergangenheit doch so eine Stütze warst und sie dich so gern hatte, gebe ich dir als erster Gelegenheit, sie dir zu sichern.«

»Du meinst Jocelyn«, sagte ich, »nicht Anita«, und ich hatte den Eindruck, daß er erst ein bißchen nachdenken mußte, ehe er sich erinnerte, wer Jocelyn gewesen war.

»Na schön«, sagte er, als sei das alles nicht weiter wichtig. »Es dürfte dich interessieren, daß Anita es in den letzten paar Jahren zu einer beachtlichen Sammlung von Bildern gebracht hat. Du mußt vorbeikommen und sie dir ansehen. Sie hatte Leberkrebs. Drei Monate von der Diagnose bis zum Tod. Es lag in der Familie. Ihre Mutter ist daran gestorben. Gräßlich. Anita hat hauptsächlich Interieurs gemalt, nur einige, wenige Landschaften. Nach und nach habe ich ihr Repertoire erweitert. Indem ich sie aus dem Haus geschafft habe.«

»Arme Anita«, sagte ich.

»Sie hatte diese verblüffende Sensibilität«, sagte Leslie Beck. »Diese Empfänglichkeit, diese spezielle Begabung. Aber sehr wenig Selbstbewußtsein, wenn sie ganz auf sich angewiesen war. Es ist mir eine liebe Vorstellung, daß ich ihr geholfen habe. Natürlich werde ich nicht sämtliche Bilder auf einmal herausgeben. Ich kenne den Kunstmarkt wie meine Westentasche. Sie ist neben ihrer Mutter beerdigt, in der Familiengruft.«

»Wie schön«, sagte ich. »Die ganze Familie dicht beieinander, wie es sein soll.«

Ich kehrte nicht gerade die sensible, einfühlsame Seite heraus, doch brauchte ich mir deshalb keine Sorgen zu machen. Ich hätte so geistlos sein können, wie ich wollte, Leslie Beck hätte es nicht bemerkt. Anita war mir nie wie das Mitglied einer Familie vorgekommen, die sich einer eigenen Gruft rühmen durfte, im Gegenteil, aber ich nehme an, mit Geld kauft man heutzutage einfach alles, selbst noch die eigene Familiengeschichte. Obwohl mit »Gruft« natürlich auch einfach nur dasselbe Regalbrett in der Leichenhalle gemeint sein konnte.

»Ich werde Anitas Bild auf jeden Fall hierlassen«, sagte er, »damit du darüber nachdenken kannst. Es ist zwar nicht gerade eins ihrer besten, doch ich hänge natürlich daran. Na ja, wie an allen anderen auch.« Und er kehrte dem Bild und seinen schimmernden Umhüllungen, die immer noch über den ganzen Boden verstreut lagen, den Rücken und schickte sich an zu gehen. Wieder drangen abgestandene Ausdünstungen herein, als er die Tür aufmachte, wenn ich mir auch im klaren darüber war, daß man ihm dafür schwerlich die Schuld geben konnte.

Er blieb in der Tür stehen und schaute sich noch einmal nach mir um. Er trug einen sehr guten grauen Anzug und eine heiter gemusterte, jugendliche Krawatte. Er wirkte auf mich wie ein Fleischfresser und Trinker. Ich bin Vegetarierin.

»Ich weiß gar nicht, wie ich zurechtkommen soll«, sagte er. »Ohne sie. Wie ich leben soll.« Er sprach laut genug sowohl für Aphra im Lager als auch für Barbara im hinteren Raum der Galerie, die mit irgendeinem Kuddelmuddel beschäftigt war, bei dem es um den Preis eines besonders kleinen MacIntyre ging, den ein prospektiver Käufer ausgemessen haben wollte, einmal mit Rahmen und einmal ohne, brutto und netto, wenn man so will. »Liebe kleine Marion«, sagte er dann sinnierend, »ich denke viel an dich, weißt du.«

Wenn er das nicht gesagt hätte, hätte ich vielleicht vermutet, daß er unter einer Art retrospektiver Amnesie litt und für das, was er sagte oder tat, oder dafür, wie er das Andenken seiner Frau beleidigte, nicht verantwortlich zu machen war, und ich hätte ihm verziehen. Hätte er mich überhaupt völlig vergessen, wäre das, würde ich meinen, verständlich, wenn auch nicht erfreulich gewesen. Daß er sich jedoch durchaus erinnerte und an unserer Geschichte immer noch nichts Verkehrtes erblicken konnte, daß er mir das Bild der armen Anita verkaufen wollte, und nicht genug damit, daß er das Leben der unglücklichen Frau kurzerhand nachgebessert hatte, um sich eine glückliche Ehe zu verschaffen, und damit immer noch nicht genug, daß er, wiewohl in sein Unglück verliebt, es auf eine derart seichte Weise war, daß er doch immer noch Flirtversuche mit meinen Angestellten unternehmen konnte – das alles war unerträglich.

»Und wie du dich schließlich doch rausgemacht hast«, sagte er. »Die Marion Loos Gallery! Wer hätte das gedacht. Und das alles aus dem hohlen Bauch, oder hast du einen Geldgeber? Irgendeinen netten reichen Bankier?«

»Keinen Geldgeber«, sagte ich, »keinen Bankier. Alles mein eigenes Werk. Aber mach doch bitte die Tür zu. Du läßt die Abgase herein. Ich krieg Asthma.«

»Ach richtig«, sagte er und lächelte, und fast hätte es gewirkt. »Ich erinnere mich. Aber das mußten wir ja für uns behalten, nicht?« Als er lächelte, zeigte er die Zähne und sah jung und boshaft aus, als habe er plötzlich wieder Oberwasser bekommen und als sei seine Art, die Dinge zu sehen, die richtige, die einzig zivilisierte weit und breit.

»Wunderst du dich nicht manchmal noch?« fragte er.

»Ich wundere mich nie«, sagte ich.

»Über manche Dinge«, sagte er, »bewahrt man am besten Schweigen. Ich bin jedoch überzeugt, daß du schon einen Weg finden wirst, um Anitas Bild aufzuhängen. Es hat bereits weniger schwierige Zeiten gegeben, das wirst du ja wissen.«

Seine Zähne waren immer noch ebenmäßig, spitz und weiß. Früher hatten sie mich an ein kleines, freundliches, herumstöberndes Tier erinnert oder, in dem Maße, wie er gebieterischer wurde, auch an etwas Gefährlicheres, einen prächtigen Fuchs, der um mich herum und über mir sein Unwesen trieb: eine Vision, die sich zuweilen selbst mitten im Liebesakt zum Bild vom Fuchs im Hühnerstall veränderte, wie er dort fetzte und metzelte, ein einziges Gestöber von Blut und Federn, und dann verlor ich meinen Schwung oder, genaugenommen, meine Fähigkeit, das Bewußtsein auszuschalten – was ohnehin nie meine starke

Seite war –, und mußte den Orgasmus vortäuschen. Er war leicht zu überzeugen. Und dann wechselte er die Seite und verschmolz mit dem Hahn, der das Gemetzel überlebt hatte und sich auf den Misthaufen schwang, sich in die Brust warf und krähte: »Kikeriki, mich kriegt ihr nie.« Was ist Sex nicht für ein vertrauensvoller Akt: daß man dem Fuchs dermaßen weit die Tür des Hühnerhauses aufmacht, ganz zu schweigen davon, daß man sich mit dem Hahn zu Bett legt.

»Anitas Trauerfeier ist am Freitag«, sagte Leslie Beck. »So viele Menschen haben sie geliebt. St.Martin-in-the-Fields. Um drei. Wäre wirklich eine nette Geste, wenn du kämst. Es wird für mich natürlich schrecklich sein. Wahrscheinlich stehe ich es nicht durch. Doch Lebenskraft – na ja, ich denke, die besitze ich in reichlichem Maße. Ich spüre sie bereits«, und er spreizte die Finger und blickte auf sie nieder, und ich blickte ebenfalls auf sie nieder. Seine langen Daumen bogen sich von der Hand weg, die schon vom obersten Gelenk an biegsam und beweglich ist. Bei der Erinnerung daran verschlug es mir nahezu den Atem. Er fing meinen Blick ein. Er lächelte. Und dann schloß er endlich die Tür und ging.

Aphra räumte bereits die Umhüllung des Bildes weg und faltete sie zusammen. Ich war dankbar für ihre Gegenwart. Und weiß Gott auch für Barbaras, die zwar geistesabwesend sein mag und alles durcheinanderbringt, sich jedoch darauf versteht, genau zur richtigen Zeit die richtigen Worte für die Kunden zu haben und das Gesagte beiläufig klingen zu lassen – was es womöglich auch ist, wie ich manchmal denke – und dadurch aufrichtig. Es widerstrebt ihr dermaßen, unangenehme Dinge über irgend etwas zu sagen, sie ist so erpicht darauf, in allem das Beste zu sehen, daß sie noch über das schlechteste unserer Bilder einfach begeistert sein muß – genaugenommen, besonders über das schlechteste –, aus Angst, die Worte könnten irgendwie durch den Äther fliegen und den Künstler in seiner Höhle aufstören: Und die Kunst ist für Barbara nun einmal heilig. Manchmal hätte ich sie trotzdem schon gern durchgeschüttelt. Nur daß es Kunst ist, hätte ich ihr gern begreiflich gemacht, macht es noch nicht gut. Nur weil es sich verkauft, ist es noch nicht schlecht.

»Was für ein widerlicher Kerl«, sagte Aphra hinter Leslie Becks Rücken. Diesem Mann, diesem widerlichen Kerl, hatte Anita nun ihr Leben gewidmet. Wenn man mit einem Mann zusammen ist, sagt einem niemand, daß er ein widerlicher Kerl ist. Das mag niemand – alle denken, na schön, das ist ihre Sache, vielleicht ist mein eigener ja auch nicht viel wert – wie sollen wir das in dieser höflichen Welt je herausbekommen? Mit anderen Worten, wir alle wissen: Was der einen ein widerlicher Kerl, ist der anderen der Liebste, mit dem gleichen Recht. Ich wollte nicht glauben, daß Leslie Beck nach objektiven Maßstäben wirklich ein widerlicher Kerl war, um Jocelyns und Anitas, um Rosalies, Noras und auch meiner selbst willen.

Barbara hatte das Bild auf einen Stuhl gestellt und musterte es. Aphra tat es ihr nach.

»Es dürfte zwar nicht klappen«, sagte Barbara, »tut es aber. Was macht denn der Kamm da? Der scheint ja aus einem ganz anderen Bild zu stammen. In der Mitte rockwellsche Detailtreue, außen herum monetsche Magie.«

»Monet-Gemuschel«, sagte Aphra, die gern den Schlußpunkt hinter Barbaras Worte setzte. »Schade, daß sie tot ist. Das Stück in der Mitte gefällt mir wirklich gut.«

»Da sind doch wohl nicht irgendwelche Haare in dem Kamm?« fragte ich. Ich wollte nicht allzu genau hinsehen. Vier hätte ich schließlich kennen können – eins von Anita, rötlich und kraftlos, eins vielleicht von mir, lang und dunkel, eins von Rosalie, drahtig und braun, und eins von Nora, kurz und blond. Und noch andere; wie viele andere wohl? Leslie Becks Lieblingsbett war das seiner Frau. Verdammte Anita, ewig unschuldig.

»Nein«, sagte Barbara, und sie klang überrascht, »keine Haare, das kann ich erkennen.«

Meine Stimme war laut geworden, ich konnte es hören. Das tut sie immer, wenn ich angespannt bin. Darum war Barbara auch überrascht. Widerliche Kerle gingen ununterbrochen in der Galerie ein und aus, hatten eine Menge zu sagen und trennten sich selten auch nur von einem Penny. Das war also nichts Ungewöhnliches.

»Stellt es ins Depot«, sagte ich. »Ich überlege erst mal, was damit geschehen soll«, denn ich nahm an, daß etwas geschehen mußte, und Aphra schnappte sich das Bild und eilte von dannen. Ihre schwarzweißen Beine, erkannte ich auf einmal, waren eine durchaus begrüßenswerte Rückkehr zur Living Op Art, und mein Schreibtisch war zwar wieder leergeräumt, doch nichts war mehr wie vorher, oder konnte es sein; was man getan hat, kann man zwar vergessen, nicht aber ungeschehen machen. So viele Jahre ist es nun her, und endlich fühle ich mich schuldig.

DIES IST GENUG AUS MARIONS BLICKWINKEL. ICH HABE mich, aufgewühlt wie ich war durch Leslie Becks Rückkehr in unseren Kreis, zu ihrer Biographin auf Zeit ernannt. Doch weiß ich vom Geschehenen, wohlgemerkt, nur durch Rosalie, der Marion telefonisch und einigermaßen verstört davon berichtet hat: Also hat das Ereignis erst durch Marions und dann durch Rosalies Kopf gefiltert werden müssen, und noch mehr Verzerrung und Übertreibung ist jetzt zu erwarten, wenn ich, Nora, es zu Papier bringe. Obwohl ich das nicht glauben möchte.

Marion Loos, alte Jungfer, Kunsthändlerin und Galeriebesitzerin, ist mehr Rosalies Freundin als meine. Sie und ich haben in letzter Zeit ziemlich den Kontakt verloren. Aber ich kaufe ja auch keine Bilder. Rosalie hingegen tut das gelegentlich, obwohl es Wahnsinn ist. Sie sollte besser jeden Penny beiseite legen.

Ich verwende die Bezeichnung alte Jungfer für Marion mit Bedacht, die Natur, so argwöhne ich, hat in ihrem Fall das Faktum vorbestimmt, oder besser: sein Ausbleiben. »Ich bin eine alte Jungfer«, erklärt Marion gern, »und ich bin stolz darauf.« Ihr braucht diesen Ausdruck wirklich nicht zu meiden, ermuntert sie uns: Es sei weit besser, den Zustand wünschenswert und das Wort auf diese Weise akzeptabel zu machen. Sie findet Geschmack an einem Leben als Kampf gegen Windmühlen. Ich dagegen nicht. »Marion hat versucht, so zu tun, als fände sie das urkomisch«, meinte Rosalie, »doch sie war wirklich verstört. Sie hat sogar geweint. Ich habe noch nie erlebt, daß Marion weint, du?«

»Nicht in der Öffentlichkeit«, sagte ich, wobei ich immer schon gedacht habe, daß Marion womöglich weint, wenn sie allein ist oder nur mit ihren beiden Perserkatzen zusammen, mit Manet und Monet, die genauso gepflegt, keß, großäugig und unerschrocken sind wie sie. Wenn die Gäste gegangen sind, und die Wohnung still ist, und das breite Bett so beharrlich leer, ob dann die Bilder an den Wänden – jene Zeugen ihres Geschmacks, ihres Urteils, ihres Spürsinns, von ihrem Einkommen gar nicht zu reden –, die Bücher in den Regalen, das Flackern des Fernsehers, die Erwartung eines weiteren Arbeitstages am anderen Morgen gemeinsam schon ausreichen, um die Einsamkeit fernzuhalten? Lebte Marion Loos mit dem Gefühl eines vergeudeten oder eines sinnvoll angelegten Lebens?

»Ich weiß, was du denkst, Nora«, sagte Rosalie. »Du denkst, jede Frau, die nicht Mann und Kinder hat, ist zu bedauern. Du spinnst.«

Rosalie hat oder hatte einen Mann, der Berge besteigt. Wallace Hayter ist an einem Wochenende zu einer Bergtour in die Schweiz gefahren, jedenfalls sagte er das, und einfach nicht wieder nach Hause gekommen. Ein Leichnam wurde nicht gefunden. Er wurde dabei beobachtet, wie er in Zermatt aus einem Zug stieg, wo er in einem Gasthaus ein Zimmer bestellt hatte, nur tauchte er dort am Abend, als er erwartet wurde, einfach nicht auf. Es war Februar und Hochsaison, und deshalb vergaben sie das Zimmer anderweitig, ein nebensächliches Detail, nehm ich an, aber es bleibt im Gedächtnis haften. Das Gericht hat es abgelehnt, Rosalies Mann für tot zu erklären, ehe nicht weitere zwei Jahre verstrichen sind. Unterdessen verschafft – wunderbarerweise oder auf das ahnungsvolle Betreiben ihres Mannes hin – eine Art Sportversicherungspolice Rosalie und ihren zwei halbwüchsigen Kindern einen bescheidenen Wohlstand. Rosalie erträgt, was für viele eine unbehagliche und niederdrückende Lage wäre, mit einem Gleichmut, der mich, Marion und Susan, ihre Freundinnen, beunruhigt. Susan ist auch weiter Rosalies Freundin, obwohl sie nicht mehr meine ist.

»Wenn er tot ist«, sagte Rosalie, »kann er nicht leiden. Wenn er nicht tot ist, ist er mit irgendeiner Frau zusammen und glücklich.«

Sie hat Gewicht angesetzt, sie sieht fern und ißt mit ihren Kindern Fish and Chips, trägt geblümte, blusige Oberteile und dehnbare Röcke. Sie sprengt ihren BH und fühlt sich dabei wohl, und klatscht mit ihren Freundinnen.

Eines Tages wird, so mahnen wir Freunde sie, bei der Versicherungsgesellschaft natürlich jemand der Notwendigkeit auf den Grund gehen, immer weiterzuzahlen, und die Einkommensquelle wird versiegen, aber Rosalie lehnt es ab, sich über das lästige Problem Zukunft Sorgen zu machen, geschweige denn, sich dagegen zu wappnen. Marion, Susan und ich haben ihr durch die ersten, tränenreichen, aufgeregten Wochen geholfen, als ihr Mann vermißt wurde, haben ihr die Beruhigungspillen erst eingetrichtert und dann wieder abgewöhnt. Jetzt sitzt Rosalie selbst ohne Diazepam den ganzen Tag lang nur herum. Diese Fähigkeit zum Nichtstun entsetzt uns einigermaßen. Wenn bei uns zu Hause in den Ecken nicht gefegt wird, liegt das daran, daß wir zu tun haben und andere Dinge wichtiger sind. Rosalie hingegen ist das derzeit einfach egal. Ihre Strumpfhosen ziehen Wasser. Wenn sie in den Hüften weit genug sind, werfen sie an den Beinen Falten. Im Supermarkt würde man ihr keinen zweiten Blick gönnen.

»Wenn du mich fragst«, sagte Rosalie, »ich glaube, der eigentliche Grund, weshalb Marion so verstört ist wegen Leslie Beck, liegt darin, daß er sich an ihre Angestellten herangemacht hat und nicht an sie.« Das wollte ich lieber nicht glauben. Ich zog es vor zu glauben, daß Marion die Nachricht von Anitas Tod verstört hatte, die für mich weiß Gott ein Schlag vor den Kopf gewesen war.

»Na schön«, sagte ich, »aber du hast ja auch Zeit, über derlei Dinge nachzudenken, Glückliche, du«, und ich schaute auf die Uhr und fuhr los, den Hügel hinunter zu dem Büro, wo ich halbtags arbeite. Ich verrichte Büroarbeiten für eine Immobilienfirma namens *Accord Realtors*: *Accord* deshalb, weil ihr das auf den Gelben Seiten einen Platz ganz am Anfang verschafft, und *Realtors*, weil das Ganze dadurch einen transatlantischen, expansiven Anstrich bekommt – oder jedenfalls glauben die das! Die Immobilienfirma *Accord Realtors* hat ihr Büro in den Geschäftsarkaden gleich beim Bahnhof von Richmond, der lebhaften Endstation der District Line, die einen rasch, wenn auch nicht bequem, mitten ins Zentrum von London bringt. Richmond ist ein angenehmer Ort. Die Themse fließt durch ihn hindurch. Er liegt weit genug von der Innenstadt entfernt, um ein eigenes Gesicht zu haben, und nahe genug dran, um ein bißchen Großstadtvitalität für sich abzweigen zu können. Man braucht in der Abenddämmerung, wenn die Lichter gerade eingeschaltet worden sind und die Jalousien noch nicht heruntergelassen, nur in irgendein Fenster zu schauen und sieht Fichtenholz und blauweißes Porzellan, Bücherregale, Schreibmaschinen und Bilder an den Wänden, und wenn man dann neidisch wird, dann ist das auch so beabsichtigt. Seht mal her, sagen all diese Dinge: Wir gehören der sanftmütigen Intellektuellenschicht Englands an, Menschen mit Geschmack, die geistige Freuden zu schätzen wissen, Menschen, die nicht eben unter einem Überfluß an Geld zu leiden haben, die jedoch eines Tages, wenn es denn eine Gerechtigkeit in der Welt gibt, welches haben werden. Richmond ist ein halbwegs blühender Ort. Bettler gibt es nur wenige, Obdachlosenasyle viele. Kleine Mädchen können unbegleitet zur Schule gehen. Von der Öffentlichen Leihbücherei wird fleißig Gebrauch gemacht, es gibt einen Laden, in dem ausschließlich Palmen verkauft werden, und die Umweltschützer sind aktiv. Überall auf der Welt gibt es solche Enklaven, wohin sich Menschen wie Rosalie und Wallace, Ed und ich, Susan und Vinnie zurückziehen, heraus aus dem Getöse der großen Welt, um ihren heranwachsenden Kindern Geborgenheit zu schenken.

Mein Schreibtisch und mein Computer stehen links von der Tür. Wenn die Telefonistin gerade unterwegs ist, und sie ist oft unterwegs, beim Arzt oder beim Zahnarzt, geht es im Büro der *Accord Realtors* ruhig zu, so ruhig, Leser, daß ich mich wirklich frage, ob ich diesen Job noch lange haben werde. Doch immerhin ruhig genug, daß ich täglich etwa für eine Stunde Gelegenheit habe, dieses unveröffentlichbare Werk voranzubringen. Was ich schreibe, kann ja nur zur Schmähschrift geraten – und Leslie Beck zieht gern vor Gericht. Und überhaupt, wer möchte seine Freunde schon wegen einer Handvoll Dollar kränken und in Aufregung versetzen? So etwa reden wir jedenfalls in Richmond; wir gefallen uns als Bewahrer einer höheren Moral, was natürlich mit gewissen Nachteilen verbunden ist. Also ist in diesem Falle ausnahmsweise der Leser einmal das Phantasiegeschöpf, während der Stoff dieses autobiographischen Werkes es nicht ist. Allerdings muß ich sagen, daß mich allein der Gedanke an einen Leser bereits antreibt, mich an das Blatt Papier vor mir fesselt; aus Hoffnung und Furcht zugleich, daß da draußen eventuell doch jemand mitlesen könnte, jemand mich auf der Reise durch diese Geschichten begleitet. Doch, Leser, vergessen Sie das alles wieder: Eigentlich möchte ich nichts als Ihre Gesellschaft. Zuweilen fühle ich mich einsam hier bei den *Accord Realtors*. Und eine Art Traurigkeit hat sich über die Arkaden gesenkt, die auch noch soviel helle Beleuchtung nicht verscheuchen kann. Niemand scheint die hauchzarten Slips im Wäschegeschäft haben zu wollen, die belgischen Pralinen in der Patisserie, niemand will mehr Frivolität, niemand mehr etwas *ausgeben.* Ich bin davon überzeugt, daß das etwas mit Aids zu tun hat.

Manchmal machen sich schon noch hauskaufende Kunden an mich heran, wenn auch nicht so oft wie früher, obwohl ich mir sage, daß das daran liegt, daß es weniger von ihnen gibt. Nicht ernsthaft, sondern nur darauf aus, den Blick an einem hinabwandern zu lassen, um einen gleich darauf ad acta zu legen. Überhaupt sind sie heute anders, dabei überwiegend von der Sorte, die sich die Häuser nur deshalb ansieht, um hinterher sagen zu können: »Verrückt, wie jemand solchen Schamott auf den Markt bringen kann.« Ich habe »gute Knochen« und war immer schon dünner, als gut für mich ist, und ich habe kurze, blonde Haare. Ed sagt, ich könnte alles zwischen dreißig und fünfzig sein, aber vielleicht will er ja auch nur nett sein. Ed ist aufmerksam und gutmütig. Er arbeitet in der Verlagsbranche. Er ist dünn, hat helle Augen und trägt eine Brille. Er geht mit einem Buch in der Hand im Haus herum. Ich rede ziemlich viel, er nicht. Er hört gern sehr lauten Jazz. Seine sanftmütige Art hat etwas Unaufrichtiges. Manchmal sieht er jünger aus als sein Sohn Colin – die beiden sehen einander sehr ähnlich. Ed trinkt allerdings nur sehr wenig Alkohol, Colin dagegen ziemlich viel, und zuweilen erscheint er völlig gerädert zum Frühstück. Ich bin jedoch immer froh, wenn die Probleme der Kinder eher vom Zuviel herrühren als vom Zuwenig.

Und diese »Lebenskraft«, von der Leslie Beck sprach – laut Rosalie, laut Marion Loos, die sie im Beben von Leslie Becks Händen entdeckte – und der ich selbst, Nora, große

Bedeutung beimesse, existiert wirklich, ich schwöre es: Sie läuft durch unser aller Leben mit genügend Energie, um aus wirklichen und erfundenen Gestalten Wesen von ein und derselben Natur zu machen, sie verschmilzt den tatsächlichen mit dem eingebildeten Leser. In ihrem gleißenden Licht sind der Roman, den man liest, und das Leben, das man lebt, nicht mehr zu unterscheiden. Leslie Becks Lebenskraft entspringt nicht so sehr sexuellem Verlangen als sexuellem Ungenügen, dem Drang, irgendwoanders eine Bessere und dadurch etwas Besseres im eigenen Ich zu finden, wobei das eine gegen das andere arbeitet und eine ebenso feine wie belebende Reibung erzeugt; oder sie andernfalls nebeneinanderher jagen, wie die Streitwagen in *Ben Hur*, die mit den Rädern zusammenstoßen, einander streifen auf Teufel komm raus, und von denen Glück und Unglück aufstieben und in unseren aufgeregten Köpfen zügellose Vorstellungen von Sieg und Niederlage entstehen lassen, dies jedoch, genau besehen, auf bewußtlose Weise und von wenig mehr abhängig als von Unfall und Überleben. Denn wo fahren die Streitwagen schon immer nur rund um die Rennbahn, und wie soll dieses Rennen nur jemals zu Ende gehen? Wer kann da Sieger und Verlierer bekanntgeben? Wie schwierig ist es doch, das Ich der Nacht, das gleichsam innen in der schleimigen Membrane haust, jenes Geschöpf prallen Entzükkens, mit dem hochorganisierten und würdevollen Ich des Tages zu versöhnen. Das erste, das nächtliche Ich ist irrational, unkontrolliert, universal und schändlich, das des Tages arm, kläglich, aber doch mächtig, und es sehnt sich nach einer Moral, um das Universum zu formen. Früh schon hat Marion Loos ihr erstes, ihr nächtliches Ich, hat ihre Lebenskraft ihr einen solchen Schreck versetzt, daß sie zu einem Halbleben mit Katzen erstarrt ist. Genau das glaube ich, auch wenn Rosalie es nicht tut. Rosalie behauptet, Marions Leben sei erfüllter als das aller anderen, da sie es als Selbstzweck betrachte und nicht einfach nur als den Abfluß, durch den andere Leben hindurchfließen. Rosalie behauptet, nur die Kinderlosen seien Herr über die eigene Seele, der Hölle und des Himmels gleichermaßen teilhaftig.

Marion selbst hat bis jetzt, wo sie weinend zu Rosalie gelaufen kommt und sich darüber beklagt, daß Leslie Beck wieder in unserem Leben aufgetaucht und Anita tot ist, über dies alles herzlich wenig gesagt und nachgedacht. Es ärgert mich immer, wie für manche Menschen Tag um Tag ins Land gehen kann, ohne daß tatsächlich etwas geschieht. Wie Büchse um Büchse Katzenfutter aufgemacht und hinuntergeschlungen werden kann, wie Woche um Woche Katzenklobeutel um Katzenklobeutel hinausgetragen werden kann, während anderer Menschen Kinder geboren werden und heranwachsen, und wie diese Menschen, während ihr Leben verrinnt, sich immer weiter so aufführen und vor sich hin schwatzen und so tun, als wäre alles ganz normal; wo sie sich doch eigentlich in einem Lähmungszustand befinden und das auch wissen müssen. Menschen können in einem solchen Lähmungszustand sterben, das ist das Schlimme daran, und nur die Tränen in ihren Augen, während sie stumm aus dem Leben scheiden, verraten, daß sie sich dessen am Ende doch noch bewußt geworden sind. Das Leben ist vergeudet. Die Lebenskraft vorbeigeschossen, einfach über die Umlaufbahn hinaus, enttäuschend; wie ein Meteor, auf den man lange gewartet hat, so weit an der Erde vorbeizieht, daß an seinem Anblick nichts Spektakuläres mehr ist. Wenn du nichts tust, passiert auch nichts, sage ich Marion Loos immer wieder, und sie sagt dann: »Halt die Klappe, Nora, ich will gar nicht, daß etwas passiert. Ich bin vollkommen zufrieden mit dem, was ist. Du sprichst von dir selbst.«

Immerhin war Anita eines Tages aus ihrem Dämmerzustand erwacht und hatte angefangen, etwas zu tun. Sie begann zu malen, wenn sie es auch so lange hinausgeschoben hatte, daß der Tod sie dabei unterbrechen konnte.

Marion, Rosalie, Susan und Nora, ich selbst. Zusammen haben wir acht Kinder, die alle im Teenageralter sind, im frühen und späten. Ich werde sie zwar nennen, aber nicht viel über sie schreiben, wenn ich es verhindern kann. Alles, was gesagt werden muß, ist, daß diese Kinder für nimmerendende Sorgen gut sind, für die es nur gelegentlich eine Entschädigung gibt. Daß das Leben jahrelang um ihr Dasein herum organisiert worden ist – selbst das Marions, die als Tante fungiert und sagt, damit sei sie mehr als ausreichend bedient – und daß wir in unserer liebevollen Besorgnis irrigerweise glauben, unsere Sorge um sie wirke wie eine Art Talisman. Wenn man die ganze Nacht in einem Strudel der Verzweiflung kein Auge zutut, weil man darauf wartet, daß die leichtsinnige Tochter oder der drogennehmende Sohn nach Hause kommt, tun sie das schließlich auch. Im großen und ganzen. Manchmal tun sie's auch nicht. Falls diese Verzweiflung ambivalent ist – das heißt, sich der (bestenfalls) halbbewußte Wunsch hineinmischt, sie nie wieder zu sehen oder an sie denken zu müssen –, um so schlimmer. Und falls der Anblick eines fremden Babys einen auch weiterhin augenblicklich mit echter Freude erfüllt – Triumph der Hoffnung, so heißt es ja, über die Erfahrung –, um so besser. Ihre Namen sind Catharine und Alan (Rosalies), Barney, Amanda und David (Susans), Richard, Benjamin und Colin (meine). Marion – keine. Rosalies vermißter Mann heißt Wallace. Catharines Vater ist Leslie Beck, wie auch Amandas. Wallace hat im Hinblick auf Catharine nie Verdacht geschöpft, wie auch Vinnie sich nie gefragt hat, warum Amanda krauses Haar mit einem Stich Orange hat und eine Zahnspange tragen muß. Sowohl Vinnie als auch Susan haben breite Kiefer und kräftige, ebenmäßige Zähne. Tatsache ist, daß Amanda Susans Zähne in Leslie Becks fuchshaftem, stöberndem Kiefer trägt und unaufhörlich Probleme damit hat, das arme Kind, während der Zahntechniker gegen ein ungnädiges genetisches Geschick ankämpft.

Was man alles über seine Freunde weiß, darf man niemals, niemals offenbaren! In den Vereinigten Staaten bewegen sich die Menschen ständig fort, schließen neue Freundschaften und lernen die Kunst, weiterzuziehen und von vorn anzufangen: Vielleicht sind sie damit gut beraten. Hier in Richmond, in England, neigen wir dazu, entsetzt an einer Stelle verwurzelt zu bleiben.

SO WILL ICH SIE DENN AUS DER ZÜCHTIGEN GEBORGENheit Richmonds und der Nichtigkeit der *Accord Realtors* zu den Dramen und Aufregungen von 1974 führen, zu Leslie Becks hohem, schmalem Stadthaus, No. 12 Rothwell Gardens, London NW1. Es ist gerade erst weiß gestrichen worden, nachdem es acht Jahre von einem eher atemberaubenden Sechzigerjahrerosa überzogen war. Die einst gelben Regenrohre und Dachrinnen sind von einem vernünftigen, vorsichtigen Schwarz. Wie der Rest der Nation, so sieht auch Leslie Beck sich vor. Eine nüchterne Betrachtungsweise spiegelt sich zuallererst in den Farbvorstellungen. IRA-Bomben sind in Bussen und Zügen hochgegangen. In Restaurants sitzt man in Fensternähe nicht mehr sicher, und was noch schlimmer ist, der Ölpreis schnellt dramatisch in die Höhe, seit sich die OPEC-Staaten der Golfregion zusammengeschlossen haben und ein Kartell bilden. Farbe mag mutig sein, Unauffälligkeit ist jedoch sicherer. Es geht das Gerücht, es würden Lebensmittelkarten gedruckt. Allgemein herrscht das Gefühl, daß der Westen zusammenbricht, eine Art Implosion, und Marx doch recht gehabt hat. Ein Punkt, mit anderen Worten, für die Sowjetunion. Wir Ahnungslosen.

Es war an einem Frühlingsmorgen. Zur vormittäglichen Kaffeestunde. Rosalie bugsierte ihre Kinderkarre die Stufen von Leslie und Jocelyn Becks Haus hinauf. Catharine, fünfzehn Monate alt, Leslie Becks nicht eingestandenes Kind, saß in der Karre, die für sie eher zu klein war. Der elegante Magnolienbaum im Vorgarten war voller Knospen. Es war ein strahlend schöner Tag. Rosalie erwartete, im Innern des Hauses alles glücklich und zufrieden vorzufinden, denn die Dramen und Schrecknisse der Außenwelt hatten im Jahr 1974 noch weit weniger Einfluß auf das häusliche Leben als heute. In den neunziger Jahren dann werden die Leute einem weinend die Haustür aufmachen, und wenn man sie nach dem Grund fragt, antworten: »Ich habe gerade die Nachrichten gesehen.« Damals nicht. Vielleicht waren ja einfach nur weniger Kameras unterwegs.

Rothwell Gardens besteht aus einer Reihe von zwölf prachtvollen spätviktorianischen Häusern, an einer angenehm belaubten Privatstraße gelegen, die in einem Bogen von der Rothwell Lane weg und wieder zu ihr hinführt und so ein Streifchen Land umschließt, das die Bäume nährt, die wiederum für das Laub sorgen, das den Preis der Häuser endlos in die Höhe treibt. (Vergessen Sie nicht, daß ich das alles hier im Büro eines Immobilienmaklers schreibe – solche Einzelheiten beschäftigen mich nun mal.) Rothwell Lane bot in den Siebzigern ausgezeichnete Einkaufsmöglichkeiten; da gab es einen Kaufmann, eine Drogerie, ein Haushaltswarengeschäft, einen Schreibwarenladen, einen Antiquitätenhändler, einen Schuster und so weiter. Das hat sich inzwischen natürlich geändert. Sinkende Umsätze haben diese nützlichen und freundlichen Ladeninhaber aus dem Geschäft gedrängt, und Badezimmerdesign und Reizwäsche haben ihren Platz eingenommen. (Marion meint, das müßten Abschreibungsgeschäfte sein – sie kann sich nicht vorstellen, daß davon irgend jemand anständig leben kann.) Und die Anwohner der Rothwells – der Lane, des Crescent und der Gardens – sind gezwungen, zum neuen Sainsburys nach Camden Town zu fahren, wie alle anderen auch, und sich ihren Weg durch ein Labyrinth von Fahrzeugen und Abgasen zu bahnen, um dorthin zu gelangen, wo die wegelagernden neuen Bettler und Obdachlosen von Camden darauf warten, ihnen Schuldgefühle zu bereiten.

Die Häuser von Rothwell Gardens flößten Anhänglichkeit und Liebe ein. Doch schließlich zogen auch die letzten von uns dort weg, als die grauenvollen Phänomene der Innenstadt uns immer stärker auf den Leib rückten – als erste machten sich Susan und Vinnie auf, nach Richmond, wir anderen folgten, das heißt Rosalie und Wallace, Ed und ich, nur Leslie Beck blieb, wo er war, klammerte sich an sein Eigentum durch gute und schlechte Zeiten hindurch, heiratete um seinetwillen, knauserte um seinetwillen, litt, zweifellos, nicht weniger als es selbst unter Unwettern, verstopften Abflußrinnen, Holzwurm und Verzweiflung. (Wenn über einem Haus ein Unstern steht, trifft es den Besitzer durch irgendeinen Übertragungszauber genauso. Diese Dinge sind zwar bekannt, werden jedoch bei den *Accord Realtors* nur selten erwähnt.) 12 Rothwell Gardens ist inzwischen eine Million Pfund wert – das heißt, wenn Leslie einen Käufer finden kann. Wieviel er von seinem Verkauf profitieren würde, ist eine andere Sache. Soweit ich weiß, ist das Haus über seinen derzeitigen Wert hinaus mit Hypotheken belastet. Bausparkassen und Banken haben während des Immobilienbooms in den Achtzigern häufig Darlehen weit über Wert des gebildeten Eigentums vergeben und Schuldner zurückgelassen, die, zu Unrecht, davon ausgegangen waren, daß Leute, die Geld verleihen, knauseriger und mithin vorsichtiger sein müßten als die, die welches leihen; am Ende dann wurden sie zu ihrem Leidwesen und Erstaunen eines anderen belehrt.

Die Becks, die die glanzvollsten von uns waren und im größten und schönsten Haus lebten, konnten es sich durchaus leisten, alles um sich herum von oben herab zu behandeln. Selbstverständlich nahmen wir ihnen das übel. Rosalie und ich lebten um die Ecke – Bramley Terrace, einer sympathischen Zeile hoher, schmaler Häuser, die in den zwanziger Jahren des 19. Jahrhunderts alle nach demselben Muster erbaut worden sind und einander wie ein Ei dem anderen ähneln. Wie ich zu meiner Freude feststellte, als ich kürzlich wieder einmal unsere alten Trampelpfade ablief, sind sie immer noch unversehrt. Mittlerweile sind sie wahrscheinlich gut eine halbe Million Pfund wert (wenn man einen Käufer findet), die Grundstücke um ein Drittel kleiner als die von Rothwell Gardens, doch im Verhältnis dazu wertvoller, da sie billiger im Unterhalt sind und, wenn man es aushält, ständig Treppen rauf und runter laufen zu müssen, auch leichter zu bewohnen. In den Sechzigern damals konnte ein Paar wie Ed und ich, er Lektor eines Jungverlegers und sie in der Redaktion von ›Consumer's Watchdog‹, es sich bequem leisten, ein Haus in Bramley Terrace zu kaufen, ja selbst dann noch, als sie ihre Stelle verlor, weil sie sich zuviel um ihre Kinder und zu wenig um ihren Job kümmerte. Jedenfalls angeblich.

Ich hatte Rosalies Tochter Catharine mitgenommen auf diesen Ausflug zu den Pfaden der Vergangenheit. Ich dachte, es müsse sie freuen, den Ort kennenzulernen, an dem sie ihre ersten paar Jahre verbracht hatte, die Straßen, in denen sie gespielt hatte. In den Siebzigern konnten kleine Mädchen noch auf der Straße spielen. Catharine erklärte, keine davon käme ihr auch nur im geringsten bekannt vor. Dann ließ sie sich auf die Knie nieder.

»Betest du?« fragte ich beunruhigt, doch sie machte sich lediglich kleiner, um festzustellen, ob sie die Straße aus einem anderen Blickwinkel wiedererkannte. Und so war es tatsächlich, oder jedenfalls behauptete sie das.

»Kannst du dich erinnern, hier glücklich gewesen zu sein?« fragte ich. Was wir unserem Nachwuchs letztlich wünschen, ist doch, daß er sich an eine glückliche Kindheit erinnert, obwohl viele durchgequengelt zu haben scheinen, was unser Werk ganz gewiß nicht war, ich schwöre es.

»Nur wenn ich nicht allzu gründlich darüber nachdenke«, antwortete sie, und ich fragte mich, was um alles in der Welt Rosalie und Wallace wohl hätten tun können, um sie glücklicher zu machen.

»Ich kam mir immer vor wie aus einem Kuckucksei geschlüpft«, erklärte sie.

Ja, was sind einige von uns denn anderes als bloße statistische Pannen? Den Ergebnissen der Genforschung zufolge ist einer von sieben Menschen nicht von dem Vater, den er dafür hält. Man nehme dazu noch die gewöhnlichen Unterschiede in Temperament, Intelligenz und ästhetischer Wahrnehmung, und es kann wohl kaum mehr überraschen, daß so viele von uns sich wie ein Kuckuck fühlen, der nicht in das Nest paßt, in dem er sitzt.

Rosalie und Wallace wohnten schräg gegenüber in No. 7 Bramley Terrace. Die Häuser auf ihrer Straßenseite waren ohne Gärten: Die waren in den neunziger Jahren des letzten Jahrhunderts von Rothwell Gardens' großen Häusern gestohlen worden. An die unteren Äste der Apfelbäume von Bramley, die ursprünglich Teil großer Obstgärten gewesen waren, wurden nun die Schaukeln der Kinder von Rothwell Gardens gehängt. Den Sprößlingen der Reichen geht's überall gut, dafür haben ihre Eltern schon gesorgt.

Wallace bestieg Berge und war viel unterwegs. Rosalie kümmerte sich um die Kleinen und restaurierte gelegentlich antikes Porzellan. Die Äpfel von Bramley sind groß, grün und säuerlich, sie gehen auf, wenn man sie kocht, und eignen sich vorzüglich zum Backen. Konkrete Tatsachen lassen sich mühelos aus dem Gedächtnis kramen, Affekte – womit ich Empfindungen und Reaktionen meine – sind da problematischer.

Vielleicht waren wir ja anfänglich alle einmal ein Kukkuck im fremden Nest, weshalb wir denn auch in unserem uralten Apfelgarten endeten, gleich zu gleich, und zusammenzupuzzeln versuchten, was um uns herum vorging. Die Bramleys waren für uns alle eine neue Nachbarschaft, ein Schritt auf das hin, was wir als unsere natürliche Heimat empfanden. Man könnte, im Hinblick auf Leslie Beck, sagen: Sowie wir uns dort erst einmal niedergelassen hatten, machten wir uns zwanghaft daran, Kuckuck auf Kukkuck zu schaffen, so viele, wie sich mit unseren ehelichen Banden und den allgemein gültigen Verhaltensregeln nur vereinbaren ließen. Das Leben eines Kuckucks ist alles in allem doch ziemlich erfreulich; zwar sitzt er anfangs etwas unbequem in seinem Nest, verleibt sich dann jedoch rastlos und rücksichtslos alle verfügbare Nahrung ein, bis er herangewachsen ist, und dann ist er auch schon auf und davon. Er wurde nun einmal zugleich als Gierschlund und als undankbares Geschöpf geboren.

Rosalie war als Mädchen aus Schottland gekommen; ihr Vater war Bäcker. Sie machte die Reise nach England hinten auf dem Fahrrad ihres Freundes, die Werke Tennysons im Ranzen: gab ihm den Laufpaß: ging auf die Handelsschule: mäßigte ihren Glasgower Akzent: stieg mit einem Antiquitätenhändler ins Bett: lernte alles über Möbel: gab ihm den Laufpaß: tat sich mit einem Buchhändler zusammen: lernte Sprache und Verhaltensweisen des künstlerisch angehauchten Mittelstandes: traf Wallace vor einem Fernsehstudio und heiratete ihn. (Ihr Buchhändler war gerade mit einer Ehefrau herausgerückt.) Wallace war groß und gutaussehend, schwierig und verschlossen. Und die Ehe war auch bei weitem nicht so schlecht, wie sie hätte sein können. Rosalie bewunderte ihn; und auch sie ließ sich vorübergehend vom geheimnisvollen Zauber der Bergwelt hinreißen. Sie habe Spaß am Sex, egal mit wem, hat sie mir einst eröffnet. Das konnte in ihrem Fall nur von Vorteil sein.

Ich glaube nämlich, Wallace' Verhältnis zum Sex mit Rosalie entsprach seinem Verhältnis zu den Bergen: Beides galt es mit aller Energie in Angriff zu nehmen, und, oben angekommen, nach vollbrachter Tat, pflanzte man unter mechanischem Beifall eine Fahne auf, um sich dann eine schöne lange Ruhepause zu gönnen. Wallace wirkte so zerklüftet wie einer seiner Gipfel, knochige Knie, hervorspringender Adamsapfel, war dabei jedoch durchaus rege und praktisch und überlegt, wenn es um die Erörterung von Problemen ging, nur daß man des Erörterns irgendwann einmal müde wird. Manchmal mag es ja ratsam sein, dem »Schweig und leide« den Vorzug zu geben, und ich vermute, Hand in Hand mit diesen beiden, Schweigen und Leiden, geht, und sei es auch nur als Alliteration, ein Hang zur Verschwiegenheit. Rosalie wirkte ziemlich robust: Sie hatte eine Menge schwarzes Haar, das ihr sehr blasses Gesicht halb verbarg und so kräftig wuchs, daß man den Eindruck haben mußte, sie besitze genügend Energie, um auf sich selbst aufzupassen, was immer auch geschehen mochte, und dieser Eindruck erwies sich als richtig. Die Augen, wenn man sie in ihrem reichlich zugewucherten Gesicht überhaupt sehen konnte, hielt sie gewöhnlich gesenkt. Ihr Mund war beinahe schlaff. Anfänglich sah sie in Hosen gut aus, da sie einen langen geraden Rücken und schmale Hüften hatte, doch schien sie davon nicht die geringste Ahnung zu haben oder sich jedenfalls nicht genügend daraus zu machen, um diese Attribute beizubehalten, nachdem Wallace von seinem Berg gestürzt war. Machte Rosalie einem die Tür auf, wußte man, sie würde einen nicht kritisch mustern oder an irgend etwas Anstoß nehmen. Wenn man ihre Freundin war, war man ein Teil ihres Lebens, und damit basta. Sie war großzügig, Wallace war es nicht. Rosalie hatte gern den Kühlschrank voll.

Wallace hatte ihn gern leer. Rosalie goß die Weingläser randvoll, was Wallace nicht mit ansehen konnte.

Da Wallace bestimmte, wieviel Haushaltsgeld zur Verfügung stand, konnte Rosalie, wenn es um Abendeinladungen ging, mit den Becks nicht mithalten, und ich glaube auch gar nicht, daß sie das wollte. Die Becks servierten gern Champagner und eröffneten das Essen mit Räucherlachs, dem dann etwas in der Art von Bœuf Wellington folgte – ziemlich schlecht zubereitet von Jocelyn, Leslies erster Frau. Oft gab es auch ein Trifle, Leslies Lieblingsdessert, mit üppig Sahne und Brandy. Leslie war reich und verschwenderisch zugleich und wollte auch so gesehen werden. Susan und ich schlugen mit Elizabeth Davids Mittelmeerküche zurück und verließen uns dabei eher auf Kochkunst und harte Arbeit als auf verschwenderisch teure Zutaten; Rosalie aber stellte Rindsragout und Dampfnudeln auf den Tisch, damit war die Sache für sie erledigt, und Wallace sagte dann: »Siehst du, man muß nicht reich sein, um gut zu essen«, und er war der einzige, der nicht bemerkte, daß Jocelyn unter Rosalies Küchentisch das Kinderspielzeug mit den Füßen beiseite schob und so aussah, als ginge sie »slummen« und habe keinen Spaß daran. Leslie aß einfach nur mit Appetit und kam voll auf seine Kosten.

Jocelyn servierte das Essen auf einem schimmernden Mahagonitisch, der mit Familiensilber und Tellerdeckchen mit »Redhener Jagdszenen« gedeckt war. Redhen war der Grundbesitz ihres Onkels. Leslie machte auf die Deckchen immer aufmerksam. Er hatte nach oben geheiratet, und das sollten nun auch alle wissen. Er war ausgebildeter Architekt, und Tüchtigkeit sowie Selbstvertrauen hatten ihm den Weg an die Spitze der alteingesessenen Firma *Chartered Surveyors* geebnet, vormals Agee & Rowlands, mittlerweile Agee, Beck & Rowlands, und wie es ihm gelingen konnte, sich da zwischen Agee und Rowlands zu mogeln, läßt sich vielleicht so erklären, daß Chas Rowlands achtzig war und ein Old Etonian, der keine Einsicht in die Notwendigkeit von Arbeit besaß, und Leslie Beck war jung, vital, bot Klienten Champagner an statt Tee und hatte Freunde im Bauministerium, die wie er die Grammar School absolviert hatten und dann nach Cambridge gegangen waren. Jocelyns Vater war ein Landarzt, dessen Vetter ein Earl war. Jocelyn ritt Fuchsjagden mit, und wenn sie sich auf sonst nichts verstand, so doch darauf, wie man sich selbst und wie andere sich zu benehmen hatten. Leslie hielt einen über seine eigene soziale Herkunft im unklaren – sein Vater Beamter in Lancaster? Was bedeutete das wohl? Lokomotivführer? Steuerinspektor? Was immer es sein mochte, Jocelyn ermöglichte ihm, wiewohl nicht gerade strahlend schön und ohne Vermögen, kraft ihrer Herkunft und Erziehung in No. 12 Rothwell Gardens nicht nur zu wohnen, sondern auch zu empfangen und sich unter Bankiers, Börsenmaklern und jüngeren Kabinettsministern heimisch zu fühlen – der Art Leuten, die einem Geschäftsmann schon einmal den einen oder anderen Finger reichen konnten. Leslie und Jocelyn Beck hatten zwei kleine Mädchen, Hope und Serena, die breit und stämmig waren wie Leslie und die ziemlich breite Nase ihrer Mutter und ihre engstehenden Augen geerbt hatten, nicht aber sein rotes, krauses, kräftiges Haar. Das war vielleicht nicht gerade die geglückteste Kombination elterlicher Anteile, aber Rosalie und Nora, Jocelyns Freundinnen, nahmen an, die Mädchen würden sich schon herausmachen, wenn sie in die Pubertät kamen. Etwas mußte ganz einfach geschehen.

Susan und Vinnie wohnten zu dem Zeitpunkt, als Leslie Jocelyn gegen Anita eintauschte, in Bramley Crescent, einer Straße, die Bramley Terrace sehr ähnlich, nur kurvig war. Sie folgte wahrscheinlich dem ursprünglichen Lauf des Flusses, der einst den Obstgarten begrenzte und nun unterirdisch verlief und dann in den Souterrains der großen Häuser von Bramley Square wieder an die Oberfläche kam, wo er eine derartige Feuchtigkeit verursachte, daß deren Marktwert wenigstens um ein Drittel sank – eine Situation, die Jahrzehnte fortdauerte, bis der Immobilienboom der achtziger Jahre derlei Einzelheiten wie ein mögliches Absacken der Häuser zur Nebensache machte. Die Crescent-Preise lagen immer um zwanzig Prozent über den Terrace-Preisen, und den Crescent-Häusern war es gelungen, sich ihre Hintergärten zu erhalten. Außerdem waren sie zehn Jahre älter und hatten sich viele der ursprünglich georgianischen Charakteristika erhalten, etwa zierlich gearbeitete Balkongitter, Stuckdecken und marmorne Kamine, die für die Größe der Häuser zur Zeit ihrer Entstehung eher allzu prätentiös gewesen waren, ja, im Grunde reichlich *nouveau riche*, würde ich sagen, nun jedoch, hundertfünfzig Jahre später, recht hübsch wirkten und sehr begehrt waren. Der Schätzwert von Vinnies und Susans früherem Haus am Crescent beträgt gut eine dreiviertel Million Pfund – der von Eds und meinem an der Terrace unter einer halben Million. Ich weiß auch nicht, weshalb uns das Komplexe verursachen sollte: tut es aber. Von uns allen wohnt nur Leslie Beck noch in der Gegend. Anita ist dort gestorben.

Derlei Einzelheiten, was Immobilien angeht, sind mir nie aufgefallen, ehe ich anfing, bei den *Accord Realtors* zu arbeiten. Bitte haben Sie Nachsicht mit mir. Ich muß an den Webervogel denken, der sein Leben damit zubringt, raffinierte Nester zu bauen, indem er Glassplitter und Silberpapier aufliest und sie vor seinem Heim zur Schau stellt: Seht mich an, seht mich an – was habe ich nicht erreicht! Wie das funkelt! Komm, zieh zu mir und werde meine Braut – was bin ich doch für ein Prachtkerl!

Susan arbeitete als Sprachtherapeutin für die lokale Schulbehörde, denn das war damals die Zeit, als diese Art von Spezialistentum öffentlich gefördert wurde. So konnte sie sich denn nicht nur am Wert ihres Hauses, sondern auch an der unaufhörlichen Bestätigung ihres Selbstwerts wärmen, ganz zu schweigen von Vinnie Rose, der seit kurzem Dr. med. und breit, rundlich, fleischig, laut, emotional, sinnlich und lebhaft war. In jenen Tagen galten die beiden als völlig gegensätzlich: Susan war kühl, kritisch, ernst, ordentlich und humorlos. Doch das waren ja auch die Tage, als Vinnie in allem die Oberhand hatte, als die Gesellschaft auf der Seite des Genießers, des Bonvivants stand und Susan ihn liebte, seine Ansichten und Vorlieben übernahm und nicht so sehr um ihre eigene Identität rang.

Vinnie arbeitete halbtags in der chirurgischen Klinik von Bramley und schrieb »Heile dich selbst«-Bücher, die sich gut verkauften – gut genug jedenfalls für die Roses, als sie meinten, nun sei es an der Zeit, die Innenstadt zu verlassen und an den Stadtrand zu ziehen und schließlich ein Haus im besten Teil von Kew zu kaufen, immer noch nah genug bei Richmond, daß wir einander im Supermarkt begegnen konnten, wenn das Schicksal es wollte, doch weit, weit jenseits dessen, was Ed und ich uns leisten konnten, ganz zu schweigen von Rosalie mit ihren Erträgen aus Wallaces Versicherungspolice.

Ich glaube, ich sollte nicht mehr länger bei den *Accord Realtors* arbeiten. Das macht mich nur neidisch und materialistisch. Besser, man reißt seine Schicht bei der Wohngeldstelle herunter und läßt sich, je nach Lage, eine Schockbehandlung verpassen.

Marion wohnte zu der Zeit, als Anita Jocelyn ersetzte, in der Souterrainwohnung von Leslie Becks Haus und hatte den Status einer Studentin. Sie bezahlte zum Ausgleich dafür, daß sie Jocelyn mit den Kindern zur Hand ging, eine niedrigere Miete und ergänzte ihr Einkommen durch Babysitting und kleine Arbeiten für die anderen in unserem Kreis. Marions Vater war Bauunternehmer in einer Kleinstadt und meist unbeschäftigt, ihre Mutter eine müßiggehende Hausfrau, und Marion – der Kuckuck in ihrem unordentlichen Nest – ein großes, schlankes, beschwerliches Mädchen mit großen Augen. Sie hatte ihr Arbeitsleben auf langweilige Weise bei einer Bank begonnen, war dann, beinah zufällig, dazu ausersehen worden, sich um die Wanderausstellung von zeitgenössischen Künstlern zu kümmern, die von der Bank gesponsert wurde und bei der sie meinen Mann Ed kennenlernte, und hat es, nach einem Kurs über Bildende Kunst am Courtauld, bis zur Besitzerin einer Galerie im Westend gebracht, ist reicher als irgend jemand sonst von uns. Geschichten im Schnelldurchlauf.

Traurige Tatsache war, daß wir alle, obwohl wir uns große Mühe gaben, egalitär zu sein und uns einzureden, daß es aufs Geld nicht ankäme, doch den gesellschaftlichen Status annahmen, der der jeweiligen Behausung, in der wir lebten, angemessen war. Die Becks konnten nicht anders, als uns herablassend zu behandeln, wir im Mittelfeld drängelten uns um den Vortritt, und Marion war die arme Verwandte. Sie saß zwar mit uns an einem Tisch, verbrachte jedoch mehr Zeit damit, der jeweiligen Gastgeberin im richtigen Verhältnis zu ihrem Status beim Geschirrspülen zu helfen, und hatte es auf diese Weise in der Hand, eben jenen Status zu definieren. Und wir ließen uns von ihrem Urteil leiten: Sie war der lebende Beweis.

So war die Gruppe beschaffen, die Leslie und Jocelyn von Zeit zu Zeit um ihren Eßtisch versammelten. Auch wenn wir nur die zweite Garde waren. Von Marion erfuhren wir, wie die Becks im Wechsel Beinahe-Größen und Fast-Berühmtheiten bei sich gehabt hatten, führende Architekten, Schriftsteller, Politiker – für diese förmlicheren Veranstaltungen waren wir offensichtlich nicht die geeigneten Tischgenossen. Wir trösteten uns damit, daß wir die Paare waren, die er *mochte*, nicht die, die er einladen mußte, wenn seine Pläne zur Sanierung des Londoner Hafenviertels und der Innenstadt usw., an der Agee, Beck & Rowlands in wachsendem Maße beteiligt war, Gestalt annehmen sollten.

Doch kehren wir, Leser, innerhalb unserer Geschichte wieder zu jenem turbulenten Tag zurück, an dem Leslie Beck die Frau wechselte. Als Rosalie an die Tür klopfte, hörte sie Gekreisch. Konnten das Hope und Serena sein, die normalerweise so unerschütterlichen, die aus irgendeinem Grund nicht in der Schule waren? Sie fragte sich, ob sie sich nicht einfach wieder davonstehlen sollte, doch freute sie sich auf den gelegentlichen Vormittagskaffee mit Jocelyn, die, bei aller Zurückhaltung, stets freundlich und wohlgelaunt war, und Rosalie passierte es oft, insbesondere wenn Wallace auf einer seiner Expeditionen war, daß sie sich isoliert fühlte, zu Hause eingesperrt und überfordert im Umgang mit der kleinen Catharine. Und außerdem bereitete es ihr Vergnügen, Catharine, ein lebhaftes, hübsches Kind, mit ihren heimlichen Halbgeschwistern zu vergleichen, was stets zu Catharines – und damit ihrem eigenen – Vorteil ausging. Porträts von Leslie, Jocelyn, Hope und Serena hingen in der Diele nebeneinander, gemalt von einer einigermaßen bekannten Malerin, die, darin waren Rosalie und Nora einer Meinung, Leslie zu mögen, Jocelyn, Hope und Serena hingegen zu verabscheuen schien. Deren bleiche Pfannkuchengesichter erhoben sich nämlich auf dünnen Hälsen über vierschrötigen Schultern. Leslie hingegen schien wenigstens aus solidem Felsgestein gehauen und war völlig halslos, was ihm ziemlich gut stand. Und Kunst ist Kunst: Von Leslie war bekannt, daß er sich darin auskannte, von Jocelyn hingegen nicht – und so hingen denn die greulichen Witzbilder, wie Susans Mann Vinnie es ausdrückte, an der Wand, wurden allseits bewundert, stiegen Jahr um Jahr im Wert und sorgten dafür, daß sich kein Mitglied von Becks legitimer Familie jemals allzu wohl in seiner Haut fühlen und etwa glauben konnte, daß man ja, falls alle Stricke rissen, zur Not immer noch auf sein Aussehen würde setzen können.

Rosalie und Wallace tendierten ungefähr so sehr dazu, ihre Porträts malen zu lassen und sie sich an die Wand zu hängen, wie sie dazu neigten, eine Bank zu überfallen – es war nicht ihr Stil, sie hatten keinen Sinn für Selbstdarstellung. Wie Nora und Ed zu dem Zeitpunkt der nötige Sinn für Dynastien und gar schon die Zeit abging, die es für ein derartiges Unterfangen brauchte! Um vom Geld gar nicht zu reden.

Leser, soeben geht mir auf, daß es noch eine ziemlich große Zahl weiterer Menschen auf der literarischen Palette gibt, die ich gewählt habe. Irgendwie muß es mir gelingen, Ihnen klar umrissene Porträts von ihnen zu zeichnen. Was nicht gerade einfach ist, soweit ich das begreife. Das Leben anderer Menschen ist ebenso voller Einzelheiten wie das eigene, und in der realen Zeit braucht unsere eigene Einzelheit schon ihre sechzehn Stunden Wachleben, um sich Gehör zu verschaffen, und dann noch weitere acht Stunden Traumzeit – und weiß der Himmel, welche Abenteuer das Bewußtsein im Schlaf besteht –, also ist das Problem, Charaktere aufs Papier zu bannen, wahrhaft beängstigend. Ich frage mich, während ich hier bei den *Accord Realtors* sitze, wie es dazu kommen mag, daß Sie, der Leser, wenn Sie von Leslie Becks genauer Körpergröße erfahren – eine aus unserem Kreis maß eines Nachts, zweifellos unter viel gedämpftem Gekicher der Erregung, sowohl Leslie Becks Größe als auch die Länge seines Penis, das waren einmal knapp einsachtundsiebzig und dann, in ausgefahrenem Zustand, gut fünfundzwanzig Zentimeter (und nun wissen Sie schon wieder etwas Neues), also genau ein Siebtel seiner Körpergröße –, wie es also dazu kommen mag, daß Sie sich damit zufriedengeben und nun nicht auch noch die Maße von sämtlichen anderen Personen erfahren wollen? Gehen Sie als Leser womöglich von einer allgemeinverbindlichen Norm aus, solange man Sie nicht anderweitig unterrichtet? Falls Rosalie schielt, werde ich Sie das schon wissen lassen. Falls Marion ganze einsdreißig mißt, ebenfalls. (In Wirklichkeit ist sie einsachtzig, hart an der Grenze des Ungewöhnlichen – nun wissen Sie auch das). Ich selbst bin einssechzig, was ziemlich erbärmlich ist.

Ich bin, falls Sie sich erinnern, Nora, verheiratet mit Ed, dem Verleger, und diejenige, die dieses Buch hin und wieder nachmittags im Büro der *Accord Realtors* schreibt.

Marion Loos ist diejenige, die sich selbst als alte Jungfer bezeichnet, eine Kunstgalerie besitzt und dafür ihr Baby verkauft hat. (Ich wollte Ihnen das eigentlich erst später eröffnen: Natürlich war es Leslie Becks Baby. Mir liegt daran, daß Sie das Buch nun nicht in die Ecke werfen und dabei ausrufen: »Was für ein albernes Zeug!« Es ist nicht meine Schuld, daß, was wahr ist, zugleich auch albern sein kann. Machen Sie Gott dafür verantwortlich, der Leslie vom Rührigen Penis schuf, nicht mich. Was mich angeht, so vertreibe ich mir nur einen müßigen Nachmittag, wie der Engel mit dem Großen Buch, während ich darauf warte, daß der Immobilienmarkt sich belebt.)

Marion hat außerdem zwei ununterscheidbare Katzen, Monet und Manet.

Rosalie ist diejenige, die dick und schlampig geworden und deren Gatte Wallace abgestürzt ist, oder vielleicht auch nicht. Das ältere ihrer beiden Kinder, Catharine, wurde von Leslie Beck gezeugt, und die beiden Ereignisse mögen natürlich miteinander zu tun haben. Eines Tages erzählt Rosalie es mir ja vielleicht, und dann erzähle ich es Ihnen. Ich bin ziemlich sicher, daß mein Sohn Colin nicht von Leslie Beck stammt; ich bin ziemlich sicher, daß Ed Colins Vater ist. Wenn ich die Vergangenheit mit so großer Sorgfalt durchkämme, dann vielleicht in dem Bemühen, mich hinsichtlich dieser beiden separaten Rechnungen zu beruhigen. Aber das Gedächtnis ist so selektiv, ständig wird es vom Wunschdenken mit Gewalt unter dessen Fuchtel gebracht.

Jocelyn Beck war Leslie Becks erste Frau, Anita Beck seine zweite. Ich spreche von Jocelyn nicht deshalb in der Vergangenheit, weil sie wie Anita tot wäre, sondern deshalb, weil sie sich a) aus unserem Leben verabschiedet hat und b) erste Ehefrauen nach Sitte und Gebrauch so betrachtet werden, als hätten sie nur in der Vergangenheit existiert. Obwohl man fairerweise sagen muß, wenn Jocelyn wieder heiratete, hätte Leslie Beck aus ihrer Sicht ebenfalls kein Anrecht auf den Luxus der Gegenwartsform.

Susan, die mit Vinnie verheiratet ist, war bis vor ein paar Jahren unsere Freundin, das heißt, bis sie etwas so Schlimmes tat, daß auch sie in die Vergangenheitsform gesetzt werden mußte, nur lebt sie immer noch bei uns in Richmond, und ich ahne schon, daß wir ihr bald verzeihen werden oder sie uns. Es bedarf einer Krankheit, eines Todesfalles oder einfach auch nur des Verstreichens von Zeit, damit, zumindest unter Frauen, die Macht gemeinsamer Erfahrungen die kurzlebige Natur von Beleidigungen zu überwinden vermag. Ich weiß, es schickt sich nicht zu sagen: »Ach, Frauen sind nun einmal so«, und: »Männer sind eben so«, denn je stärker wir die Geschlechtsunterschiede betonen, desto mehr werden sie gegen die Frauen und zugunsten des Mannes ins Feld geführt, aber trotzdem, ich halte es für zulässig zu behaupten, daß Männer an ihren Haßgefühlen und Kränkungen stärker festhalten als Frauen. Das mag durchaus daherrühren, daß es wahrscheinlicher ist, daß Männer mit erhobener Axt aufeinander losstürzen als Frauen, die das vielleicht auch gern täten, dafür jedoch erst ihre Babies fallen lassen müßten, was bedeutet, daß Beleidigungen unter Männern nur schwer zu vergeben sind. So wie es die Gesellschaft für angebracht hält, der Frau, wenn ihr Östrogenspiegel sinkt, eine Hormonersatztherapie zu verabreichen, die die Frauen weiblich, weich, lieb und lächelnd erhält, es jedoch für antisozial erachtet, dem alternden Mann Testosteronspritzen zu verpassen – wenn man das macht, läuft er nämlich vergewaltigend durch die Gegend und haut anderen Männern auf den Schädel. Was für ein Beschiß!

Wenn wir dieses Problem betrachten und es annehmen, besteht die vorübergehende Lösung für die Frauen natürlich darin, die Babies einfach an die Männer weiterzureichen. Susan hat das eine Zeitlang mit Vinnie versucht: Sie ging hinaus in die Welt, um sie zu retten, und er kümmerte sich um Amanda. Aber vielleicht hatte sie dafür das falsche Baby gewählt: Es sah Leslie nämlich ungeheuer ähnlich.

Heute nickt Susan nur höflich und sagt hallo, wenn sie im Supermarkt oder auf dem Bahnhof zufällig an eine von uns gerät, und wir äußern schon mal ein Wort über das Wetter oder die politischen Ereignisse, doch werden ihr keine

Gefühle, Anwandlungen von Begeisterung oder Kümmernisse mehr anvertraut; was eben den Stoff der Freundschaft ausmacht. Allerdings vermissen wir sie, und ich nehme an, ihr geht es genauso. Eine von uns wird wohl demnächst mit ausgestreckten Armen auf sie zustürzen, und das Geschäft der Aussöhnung, für das Nationen Jahrzehnte benötigen, wird im Nu erledigt sein. Nur daß nicht gerade ich diejenige sein werde, die das übernimmt. Doch davon später mehr. Wir waren gerade beim Rekapitulieren.

Die Kinder sind Catharine und Alan (Rosalies), Richard, Benjamin und Colin (meine – *ich bin Nora*) und Susans Bande, Barney, Amanda und David. (Ich erwähne auch sie, weil wir dafür gesorgt haben, daß die Feindseligkeiten zwischen den Erwachsenen ohne Auswirkungen auf die Kinder geblieben sind.) Marions Baby war nicht lange genug in der Gegend, um eigens angeführt werden zu müssen. Es kommt mir sonderbar vor, es auch nur zu erwähnen. Wir haben diese Episode derart rasch aus dem Gedächtnis gestrichen, und trotzdem bin ich der Meinung, daß dieses spezielle Kind der Schlüssel zur Leslie-Beck-Story ist.

Leslie Beck, dessen Penis genau ein Siebtel seiner Körpergröße maß. Ich weiß es; ich war es, die beides vermessen hat.

Wahre Geständnisse!

Ich habe bis jetzt noch nie jemandem davon erzählt. Wenn doch nur die Rezession aufhören wollte und der Immobilienmarkt wieder Auftrieb bekäme, dann hätte ich keine Zeit, mein Leben auf diese Weise zu betrachten. Dann hätte ich nicht mal die Zeit, auch nur meinen Nabel zu betrachten, woraus ich nun, wie Tücher aus dem sehr tiefen und persönlichen Hut eines Zauberers, Ereignisse und Erinnerungen ziehen zu können scheine, wie blutige Eingeweide...

Meine Befürchtung ist folgende: Einmal angenommen, ich zöge allzu viele von ihnen hervor oder sie fingen an, aus eigenem Antrieb hervorzuquellen, wie könnte ich dann künftig verdauen? Da könnte ich doch tatsächlich an unverdautem Material sterben. Wir vergraben schließlich bestimmte Erinnerungen mit Rücksicht auf unsere geistige Gesundheit.

Leslie Beck und ich, wie wir nackt in einem Zimmer umhertanzen! Und wo war Ed, mein Mann, zu der Zeit? Sorglos zu Hause, da er annahm, ich sei meine Mutter im Krankenhaus besuchen gegangen. Sie lag im Koma und konnte folglich nicht berichten, ob ich an ihrem Bett gesessen hatte, wie es sich für eine gute Tochter gehört, oder nicht. Und in welchem Haus befanden wir uns da, Leslie und ich, als wir so tanzten und Maß nahmen? Na, in No. 12 Rothwell Gardens. Und in welchem Zimmer? Etwa in Anitas Schlafzimmer? Aber selbstverständlich!

Als Leslie Beck mit einem Bild der armen, toten Anita mit eben jenem Schlafzimmer drauf in Marions Galerie platzte und Marion heulend zu Rosalie gelaufen kam und Rosalie mir das Ereignis weiterreichte und ich es niederschrieb und dabei mein Bestes tat, um in Marions perfekten (perfekt gewienerten, würde ich nicht sagen, denn sicher waren sie zu neu, um gewienert werden zu müssen) Schuhen zu stehen und aus ihrer Sicht, Marions Ich, heraus zu berichten – nach Rosalies Erzählung, die ihr nähersteht als ich, von mir, Nora, gedeutet und in ein Stück Text gegossen, das ich immer wieder überarbeitet habe und auf das ich stolz bin –, da gab ich zu bedenken, daß Marions Verstörtheit von Schuldgefühlen herrühren könnte. Doch glaube ich nicht, daß Marion jemals Schuldgefühle gehabt hat, noch hat Rosalie einen sonderlichen Hang dazu. Ich bin diejenige, die davon geplagt wird.

Da sind wir also wieder, ganz am Anfang, in den Siebzigern. Leslie Beck ist noch mit Jocelyn verheiratet (gerade noch), und Rosalie hat gerade ihre Kinderkarre die Treppen von 12 Rothwell Gardens hinaufbugsiert, um ihr Geheimnis auch ordentlich am Leben zu erhalten, es wie einen lockeren Zahn mit der Zunge wackeln zu lassen und zu sehen, ob es noch weh tut, und findet Jocelyn mitten in einer Krise vor. Jedenfalls sieht so Rosalies Bericht aus.

Jocelyn Beck, so behauptet Rosalie, öffnete die Tür. Sie trug einen seidenen Morgenmantel und nichts drunter; er sprang auf, und Rosalie konnte die Brüste mit den rosa Brustwarzen sehen – größere Brüste, als sie sich vorgestellt hatte – und einen flüchtigen Blick auf schwarzes Schamhaar werfen. Jocelyns normalerweise wohlgeordnete Haare waren wild zerzaust, ihre Augen gerötet und tränenverschmiert. Sie schluchzte, sie war hysterisch, sie zog Rosalie an sich und umklammerte sie, was Rosalie aufatmen ließ, die schon gedacht hatte, Jocelyn hätte vielleicht irgendwie entdeckt, daß Leslie Catharines Vater war. Die kleine Catharine, die fassungslos zuschaute, fing an zu weinen. Hope und Serena standen im Hintergrund in der Diele, stumm und trübsinnig.

»Ich hab Leslies Büro angerufen«, weinte Jocelyn, »und jemand hat den Hörer nicht wieder aufgelegt. Also hab ich mit angehört, was da gerade los war. Leslie hat ein Verhältnis mit einer seiner Mitarbeiterinnen.«

»Woher willst du das denn wissen«, sagte Rosalie, »wenn du einfach nur mitgehört hast?«

»Es ist so schrecklich, daß ich es gar nicht sagen mag«, sagte Jocelyn, und um ihren Mund zuckte es wieder. »Wie konnte das nur passieren, daß ich einen derart gräßlichen Menschen geheiratet habe?«

»Vielleicht handelt es sich ja um ein Mißverständnis«, schlug Rosalie versuchsweise vor. »Hat er denn irgend etwas gesagt?«

»Natürlich nicht«, antwortete Jocelyn patzig, denn ihr Kummer begann sich in Gereiztheit zu wandeln. »Aber immerhin weiß ich jetzt, wer es ist, und er kann sich nicht mehr herausreden. Diese langweilige, häßliche und gewöhnliche Frau. Ihr Name ist Anita Alterwood. Ich habe ihr nie mehr Aufmerksamkeit geschenkt als meiner Putzhilfe. Sie quäkt, wenn sie am Telefon spricht.«

»Ich glaube nicht, daß es etwas Ernstes ist«, sagte Rosalie. »Du kennst doch Leslie«, und sie beruhigte Catharine, überredete Jocelyn dazu, sich anzuziehen und das Gesicht zu waschen und schickte Hope und Serena gnadenlos zum Spielen in den Garten hinaus. Es war Rosalie immer schon ein Vergnügen gewesen, in Krisensituationen das Heft in die Hand zu nehmen. Sie gab Jocelyn zwei von den Tranquillizern, die der Arzt ihr verschrieben hatte, weil sie, wenn Wallace unterwegs war, vor Sorge nicht richtig schlafen konnte, und wenn, nur Alpträume hatte, in denen er tot und mit gebrochenen Knochen tief in einer Gletscherspalte lag.

Tage wie dieser, an dem Jocelyn Anitas Platz im Leben ihres Mannes entdeckte, durchleben Ehefrauen überall auf der Welt. Daß sie vorkommen, ist nicht gerade ungewöhnlich. Bemerkenswerte und schreckliche Tage trotzdem, und erinnerungswürdig, da die ganze Existenzgrundlage ins Wanken gerät und sich verändert und all die Liebe, die hegende Fürsorge und die Selbstaufopferung, die die eheliche Verbindung mit einem Mann im Gefolge hat, blitzartig als Torheit enthüllt werden und das Ich damit zum Narren wird. Binnen eines Augenblicks springt die Zukunft auf ein ungewisses Gleis, drohend kündigt sich eheliche Monotonie an, und die Selbstachtung sinkt im Handumdrehen in ein bodenloses Loch – vielleicht eben jenen tiefen Hut des Magiers, den ich weiter oben schon erwähnt habe –, und man kann weiter nichts tun, um Halt zu finden, als verhindern, daß sie für immer verlorengeht. Und die Tatsache, daß das jeden Tag so vielen passiert, macht es auch nicht besser, wenn man selbst dran ist. Unsicherheit gängelt das Leben der abhängigen Frau und schnappt nach ihren Fersen. Und die meisten Frauen bleiben, ganz gleich, wie ihr Gehalt ausfällt, abhängig, so schwer sie auch arbeiten mögen. Heute müssen nun mal zwei arbeiten, um einen Haushalt in Gang zu halten.

Ich nehme an, daß es auch Männern so geht: Natürlich tut es das. Daß sie die Untreue ihrer Frau entdecken und beim Nachhausekommen eine Nachricht auf dem Kaminsims vorfinden und ein leeres Bett, doch scheint der Schock für Männer besser zu verkraften zu sein, denn eine verlassene Frau hat einen weit niedrigeren gesellschaftlichen Status als ein verlassener Mann. »Du bist so altmodisch, Nora«, höre ich Rosalies Klage, noch während ich dies behaupte. »Weil du etwas glaubst, meinst du, alle anderen täten das auch. Tun sie jedoch nicht. Was glaubst du wohl, wer in den Augen der Welt besser dasteht – Marion oder Leslie Beck? Marion natürlich.« Ich bin mir nicht sicher, daß Rosalie recht hat. Wenn Leslie Beck wieder heiraten möchte, dann kann er das tun. Marion hingegen wird nicht leicht jemanden finden, der sie nimmt, selbst wenn sie es richtig anstellt, was sie nicht tun wird. »Ach Nora«, (das ist wieder Rosalie), »bitte gewöhn dir die Vorstellung ab, daß es traurig ist, ein Single zu sein.«

Zurück zu dem Tag, der sich Rosalie ins Gedächtnis gebrannt hat, dem Tag, an dem sie Jocelyn dabei half, sich der Wahrheit über Leslie Beck zu stellen. Sie lief ins Souterrain hinab in der Hoffnung, Marion dort vorzufinden, doch Marion war bei einer Vorlesung über die Kubisten oder etwas in der Art. Also lief Rosalie wieder hinauf und traf Jocelyn dabei an, wie sie die Fichtenholzplatte des Küchentischs mit ihren ziemlich großen, tüchtigen Fäusten bearbeitete. Sie war zwar gewaschen, aber noch nicht angezogen. Hope und Serena schaukelten draußen an den Apfelbäumen, die von Rechts wegen zur Bramley Terrace gehörten.

»Ich könnte ja noch verstehen«, sagte Jocelyn, »wenn er eine Affäre mit jemandem hätte, der besser ist als ich, doch warum muß er sich eine aussuchen, die mir unterlegen ist? Wie stellt er mich denn hin in den Augen der Welt?«

»Die Welt muß es doch gar nicht mitbekommen«, sagte Rosalie, die einigermaßen fassungslos war, als sie erkannte, daß es Jocelyn mehr um ihren öffentlichen Ruf ging als um ihren persönlichen Kummer. Damals waren wir, da wir jünger waren, alle ein gutes Stück kritischer gegenüber dem Verhalten anderer. Wir glaubten, es gäbe bestimmte Verhaltensmaßstäbe, nach denen die Menschen sich richten sollten, um der Norm des Guten und Schönen zu genügen, der Verhaltenslehre kultivierter Gesellschaftsschichten. Man durfte nicht materialistisch eingestellt sein, durfte nicht elitär sein, mußte seinen Zorn unterdrücken und auf Verständigung aussein statt auf Konfrontation etc. Nur wenn das Licht aus war oder die Gesichter der anderen von uns abgewandt waren, legten wir die Schlechtigkeit an den Tag, die wir für unser ureigenes Merkmal hielten, was sie natürlich nicht war. Nur wenn wir wirklich unter Druck gerieten, kreischten und brüllten wir, meldeten das Au-pair-Mädchen der Einwanderungsbehörde, schliefen mit den Männern unserer Freundinnen, hauten den Fleischer übers Ohr und langten unseren Kindern eine, liefen im Nachthemd auf die Straße hinaus und hofften sehnlich, unsere Männer würden aufs Meer hinausschwimmen und niemals wiederkommen. Wir haßten und verachteten uns selbst und andere, wenn wir das taten. Heutzutage ist es weniger wahrscheinlich, daß wir andere verurteilen, weil wir uns der Erkenntnis nicht länger verschließen können, daß sie nicht anders sind als »wir«. Brich den Stab über deine Schwester, und du brichst ihn über dich selbst. Brich den Stab über deinen Bruder, und du führst ein Leben in Einsamkeit!

Eine harte Lektion, doch wir haben sie gelernt. Demnächst werde ich Susan verzeihen. Ich spüre, der Tag ist nicht mehr fern.

Und es stimmt durchaus, daß Jocelyn sich besser gefühlt hätte, hätte sie erfahren, daß Leslie Beck sich nicht in seine Sekretärin, sondern, sagen wir, in einen Filmstar verknallt hatte. Zugunsten von jemand Angeseheneren verschmäht worden zu sein, macht es leichter, das Selbstwertgefühl aufrechtzuerhalten, während das Schicksal daran rüttelt wie die Turbulenzen am Flugzeug. Wenn ein Mann mit einer zwanzig Jahre Jüngeren ins Bett steigt, dann ist das gewiß schmerzlich, doch ist es nicht die Schuld seiner Frau, daß die Jahre vergehen. Wenn er eine Angestellte vorzieht, eine bloße Untergebene, und sie auch noch im gleichen Alter und dazu häßlicher ist als seine Frau, wenn deren Vorzüge nur für ihren Mann erkennbar sind und nicht für die Welt, wie soll seine Frau dann dastehen? Da muß sie ja irgendwas Schreckliches angestellt haben. Ausgestoßen, verschmäht, zu den Eltern nach Hause geschickt, untauglich, ganz gleich in welcher Gesellschaft der Welt.

Rosalie war ebenfalls empört. Sie gestand Jocelyn zwar die Rechte einer Ehefrau zu – Erstnutzungsrecht usw. –, fand jedoch, und das täten Sie doch wohl auch, Leser (sofern sie eine LeserIn sind, wovon ich ja nicht selbstverständlich ausgehen kann), daß Leslie Beck, wenn er schon vom ehelichen Pfad abzuweichen wagte, das doch gefälligst auf die Weise tun sollte, daß er in ihre, Rosalies, Arme zurückkehrte. Sie war da durchaus aufnahmebereit.

Rosalie erinnerte sich, an jenem TAG DES GRAUENS zu Jocelyn gesagt zu haben: »Jocelyn, vielleicht hast du irgendein x-beliebiges Telefonat mißdeutet? Vielleicht bist du einfach in ein fremdes Telefongespräch geraten? Es kann sich doch nicht ein ganzes Leben verändern, bloß weil jemand den Telefonhörer nicht wieder richtig auflegt.«

Ach nein?

»Na, dann werde ich dir mal erzählen, was ich gehört habe«, erwiderte Jocelyn. »Wenn Leslie sagt: ›Mach die Tür zu, Anita, ich will dich auf meinem Schoß vögeln‹, und eben die darauf sagt: ›Aber Leslie, du wolltest doch, daß ich diesen Brief an Austins fertig tippe, damit er noch in die Post kommt‹, und Leslie antwortet: ›Na schön, machen wir es eben gleichzeitig‹, dann ist vermutlich doch wohl jedes Mißverständnis ausgeschlossen.«

Und Rosalie dachte ein wenig nach und sagte: »Jocelyn, vielleicht waren das ja innere Stimmen. Phantasien«, doch sie erinnerte sich daran, wie Leslie Beck sich einmal in ihrer eigenen Küche von hinten an sie herangemacht hatte, als sie gerade belegte Brote machte, erinnerte sich an das Gefühl von Sand und Gischt auf der Haut und vermutete, daß diese Stimmen doch nur allzu wirklich gewesen waren.

Rosalie empfand schlagartig keine Eifersucht mehr und spürte statt dessen, daß sie auf der Seite von Leslie Beck und Anita war, und sie wünschte ihnen von Herzen alles Gute: Jocelyn war nun einmal eine Frau, an die kein Mann sich je von hinten heranmachen konnte. Erst würde er sich ordentlich waschen und um Erlaubnis bitten müssen, die ihm dann ungnädig gewährt werden mochte. Zweifellos waren viele von den Frauen bei den Essenseinladungen der Ersten Beckschen Division von dieser speziellen Art, trugen echte, sorgfältig angesteckte Brillantbroschen und hatten nicht irgendwelchen hingepfuschten Ethnozierrat um Hals und Arme geschlungen. Wir von der Zweiten Division geizen nicht mit unseren Körpern – das gehört sich nicht. Wir neigen vielmehr dazu, uns freigebig anzutragen, vielleicht allzu freigebig, um eines bißchen Vergnügens willen und um unsere Ehen zugunsten unserer Kinder und durchaus auch unserer Männer zu erhalten. Ich habe den Verdacht, Rosalie, Susan und ich haben sämtlich Männer geheiratet, deren sexuelle Energie etwas schwächer ausgebildet ist als unsere eigene, das heißt, wirklich *nette* Männer. Wir befanden uns noch stets auf der benachteiligten Seite jener, die erst einverstanden sind und dann, zu recht, benachteiligt. Erstere freilich bekommen selten Pelze und Diamanten – die bekommen letztere. Doch wir wollen sie ja auch gar nicht. Wir wollen lieber die Seele eines Mannes als sein Geld.

Marion beobachtete das alles aus ihrer Wohnung im Souterrain und heiratete gleich gar nicht erst. Es war dunkel und feucht da unten in den frühen Siebzigern, ehe man eine Baufirma damit beauftragte, die Räume in etwas zu verwandeln, das einer vermietbaren Gartenwohnung näher kam als einem bloßen Untergeschoß zur Vorrats- und Dienstbotenhaltung. In jenen frühen Tagen hat Marion sich ihr Asthma geholt.

Doch zurück zum TAG DES GRAUENS. Jocelyn stand auf, warf ihre Hülle ab und stolzierte nackt aus dem Zimmer. Rosalie bewunderte die rosige und zugleich feste Vollkommenheit ihres Körpers, ihre kühnen hochangesetzten Brüste, das muskulöse Hinterteil, die generelle Ausstrahlung der Unzugänglichkeit, doch Jocelyn hatte es nicht auf Bewunderung abgesehen; sie wollte sich einfach nur so rasch wie möglich anziehen. Rosalie hob den Umhang auf und faltete ihn zusammen. Leslie Beck hatte das noch nie gemocht, achtlos hingeworfene Frauenkleider. Er sah sie gern schön ordentlich im Schrank aufgehängt. Seine eigenen Kleider legte er selbst dann noch zusammen, wenn sein Penis bereits auf seine volle Länge von zehn Zoll anwuchs, ein Siebtel seiner Körpergröße.

Jocelyn kam schick angezogen in weißer Bluse und marineblauem Rock zurück.

»Wohin willst du denn?« fragte Rosalie. »Mach ja keinen Blödsinn. Denk daran, du hast Tranquillizer genommen.« Sie hatte die Gelegenheit genutzt, um Catharine etwas Milch aus dem Beckschen Kühlschrank und einen Keks aus der Beckschen Büchse zu geben; sie fand, das kleine Mädchen hatte Anspruch darauf. Jocelyn telefonierte jedoch bereits mit dem Mann von Rothwell Hardware und bat ihn, gleich vorbeizukommen und das Türschloß auszutauschen. Dann rief sie ihre Mutter an.

»Mami«, sagte Jocelyn, »ich bin ganz außer mir. Leslie will mich verlassen. Er will mit seiner Sekretärin zusammenziehen. Papi muß sofort seine monatlichen Überweisungen an ihn einstellen, und ich finde, er sollte auch den Wagen zurückverlangen.«

Hope, oder war es Serena?, fing draußen im Garten zu schreien an. Sie war von der Schaukel gefallen, oder besser gesagt, der Ast, der sie gehalten hatte, war abgebrochen.

Apfelholz ist ein weiches Holz und für Schaukeln letztlich nicht geeignet, doch versuchen Sie das einmal den Kukkucksnestbewohnern von Rothwell Gardens in ihrem gestohlenen Obstgarten zu erzählen, jetzt wo sie ihn endlich haben. Rosalie eilte sofort zu Hilfe nach draußen. Hope lag zusammengekrümmt und stumm vor Entsetzen am Boden, Serena atmete schwer unter einem Asthmaanfall. Hoffnungslose Kinder waren das, dachte Rosalie. Die würden Leslie Becks Glanz kaum vermehren, der doch Glanz so sehr liebte. Jocelyn blieb eine ganze Weile am Telefon; mittlerweile sprach sie mit ihrem Anwalt. Sie wollte die Scheidung von Leslie Beck wegen seelischer Grausamkeit und eine gerichtliche Anordnung, die ihm ab sofort den Zugang zum Haus verwehrte. »Jocelyn«, bat Rosalie, als sie mit Hope auf dem Arm ins Haus zurückkehrte, »bitte übereile nichts. Sprich doch wenigstens mit Leslie.« Doch Jocelyn wollte davon nichts wissen.

Gleich darauf kehrte Marion, Gott sei Dank, von ihrer Vorlesung zurück und bot aus freien Stücken an, Hope zur Unfallklinik zu fahren und sie röntgen zu lassen, für den Fall, daß ein Schädelbruch vorlag, und Serena nahm sie auch gleich mit, weil sie um die Lippen blau zu werden begann. Entweder passiert eine Ewigkeit gar nichts, oder alles passiert auf einmal.

Marion brachte die Kinder mit Jocelyns Wagen in die Klinik. »Solltest du nicht besser auch mit ins Krankenhaus fahren?« fragte Rosalie Jocelyn. »Du bist schließlich die Mutter.«

»Hope ist völlig in Ordnung«, sagte Jocelyn. »Ich bin meine ganze Kindheit hindurch unentwegt mit dem Kopf zuerst vom Pferd gefallen, und mir fehlt überhaupt nichts. Was ist schon eine Schaukel? Und Serena, die will nur die Aufmerksamkeit auf sich lenken. Die erträgt es nicht, daß sich alles nur um Hope dreht. Meinetwegen, wenn Marion deswegen soviel Aufhebens machen will, soll sie doch. Wahrscheinlich sucht sie sowieso nur eine Ausrede, um sich den Wagen leihen zu können.«

Sie ging ins Schlafzimmer hinauf, und Rosalie folgte ihr, da Jocelyn die Gartenschere in der Hand hielt. Jocelyn nahm Leslies schöne, wenn auch ziemlich langweiligen Anzüge aus dem wohlgefüllten Kleiderschrank, warf sie auf dem Bett auf einen Haufen und begann, die Hosen zu zerschneiden, indem sie sie zunächst vom Schritt bis zur Taille aufschlitzte. Catharine war in ihrer Karre eingeschlafen und blieb in der Küche. Rosalie bat Jocelyn, doch daran zu denken, daß sie Tranquillizer genommen habe, die durchaus die Nebenwirkung haben könnten, sie gewalttätig zu machen, und flehte sie an, doch bloß aufzuhören und sich hinzusetzen, sonst hätte sie am Ende noch das Gefühl, an allem schuld zu sein. Sie gab zu bedenken, daß sich doch vielleicht, wenn Jocelyn einfach gar nichts täte, sondern einfach nur Leslies Rückkehr abwartete und dann in aller Ruhe mit ihm spräche und vielleicht eine Familientherapie anregte, alles noch wieder einrenken und die Ehe haltbarer denn je aus der Geschichte hervorgehen könnte. Ob das denn nicht ein Jammer sei – das Haus, die Kinder, die Freunde, alles –, es stehe doch soviel auf dem Spiel? Aber Jocelyn fuhr fort zu schlitzen und zu fetzen.

»Dieser Mensch ist sexbesessen«, sagte sie. »Ein Tier. Abstoßend. Mein Vater hat die Anzüge bezahlt. Ich kann damit machen, was ich will.«

Leslie hatte Susan erzählt, und Susan hatte es Rosalie erzählt, und Rosalie hatte mir erzählt, daß Jocelyn der Ansicht sei, einmal Sex alle sechs Wochen sei großzügig bemessen. Jocelyns Vater hatte ihr allem Anschein nach, als sie noch klein war, gesagt, einmal alle zwei Monate sei die Norm, und Jocelyn hatte diese Frequenz des »Verkehrs«, wie sie es nannte, irgendwie verinnerlicht. Ihr Vater war schließlich Arzt, wie käme sie also dazu, an seinen Worten zu zweifeln? Und wir alle kannten Leslies Zwangslage, wenn wir auch unter uns nie darüber sprachen, weil wir diese Information für nur beschränkt veröffentlichbar hielten, was sie tatsächlich wohl war. Wir dachten deshalb jedoch nicht schlechter von Jocelyn, wie wir auch wegen Wallaces Mangel an sexueller Finesse nicht schlechter von ihm dachten, eine Kunde, die ebenfalls die Runde gemacht hatte. Aber Wallace war wenigstens hager und gutaussehend und trat im Fernsehen auf. Und Jocelyn behandelte uns herablassend und war nicht ganz unser Fall: Sie war lediglich ein Beleg dafür, wie traurig das Leben der Reichen verläuft, was wir gern glauben wollten. Es hinderte uns daran, Eifersucht zu empfinden, und wenn wir Eifersucht empfanden, hielten wir weniger von uns selbst.

Eins der auffälligsten Merkmale, worin sich No. 12 Rothwell Gardens von unseren Häusern unterschied, war, einmal abgesehen von Größe und Anzahl der Zimmer und der Breite der Treppen, daß es ohne Bücherregale auskam. Offenbar lasen Leslie-und-Jocelyn selten etwas anderes als Zeitungen, und Jocelyn hielt sich zudem die *Vogue*, wenn auch nicht ersichtlich war, zu welchem Zweck. Wir hingegen lasen Romane und hatten dadurch eine gewisse Vorstellung davon, was in den Köpfen anderer Menschen vorging. Selbst Wallace führte einen Thriller oder etwas in der Art in seinem Rucksack mit, damit er im Schneesturm in seinem Zelt etwas zu lesen hatte. Jocelyn las bisweilen historische Biographien – doch nur sehr wenige Biographen warten im Hinblick auf die Häufigkeit des »Verkehrs« ihrer Helden mit Einzelheiten auf, so daß die Vorstellung von den zwei Monaten, die sich in Jocelyns Kopf festgesetzt hatte, schwerlich von einer anderen hätte abgelöst werden können.

»Warum fährst du nicht einfach zu Leslie ins Büro und sprichst dich mit ihm aus«, schlug Rosalie vor. »Dann fühlst du dich ja vielleicht besser.«

»Die verdammte Marion hat doch den Wagen«, sagte Jocelyn, schnippelnd und fetzend, »um die verdammten Kinder in die Klinik zu fahren.«

»Dann rufe ich eben ein Taxi«, sagte Rosalie, und das tat sie auch. Jocelyn bestieg es ohne Widerrede, nachdem sie ihr Werk der Hosenzerstückelung beendet und zur Abrundung auch noch ein paar Socken mit den Zähnen zerrissen hatte.

Agee, Beck & Rowlands hatten ihre Büros in einem jener recht sympathischen, fast quadratischen Häuser in einer seriösen Straße hinter dem Fitzroy Square, wo wohlsituierte Firmen von Architekten, Anwälten und Bauingenieuren ihre Büros eben haben.

Man male sich die Szene aus (in Zeiten, als wir noch auswärts aßen, brachte sie Rosalie so manches Gratisessen ein): Rosalie bezahlt das Taxi. Der Eingang von Agee, Beck & Rowlands ist geschlossen. An der einen Seite der Haustür ist eine Sprechanlage: ein Knopf, auf den man drückt, und eine Tafel, in die man in gebückter Haltung hineinspricht, und wenn man Glück hat, wird man gehört. Das Fenster im Erdgeschoß ist offen; dieser schöne Frühlingstag beschert uns die ersten warmen Sonnenstrahlen des Jahres. Am Fenster steht und reckt sich, selbst noch während Jocelyn und Rosalie zusehen, Leslie Beck und schaut hinaus. Er sieht gut aus, zufrieden und wohlgenährt, was er zweifellos auch ist – stämmig, fröhlich, tatkräftig. Ob das wohl Anita ist, die Frau hinter ihm an der elektrischen Schreibmaschine? Ein eher häßliches, langweiliges Mädchen mit einer großen Nase, einem stumpfen Teint, das Haar zu einer ebenso altmodischen wie kunstvollen Bienenstockfrisur aufgetürmt? Ob das noch derselbe Brief ist, mit dem sie sich gerade beschäftigt – der an Austins? Vielleicht hat sie ihn ja noch einmal abtippen müssen, da sie ihn beim ersten Durchgang nicht tadellos hingekriegt hat? Wir befinden uns in der Vor-Computer-Zeit, vergessen wir das nicht, da wurde noch vieles neu getippt, verworfen und von neuem begonnen. Oder vielleicht war es ja auch einfach nur Rosalies Phantasie: Der Brief an Austins steckte längst im Umschlag, und sechs weitere waren seitdem entstanden. Obwohl das unwahrscheinlich scheint, wenn Anitas Tippkünste auch nur ungefähr das waren, als was sich ihre Kochkünste erweisen sollten.

Wie auch immer, Leslie erblickte Jocelyn und Rosalie, und zunächst schrak er, Rosalie zufolge, zurück, und dann lächelte er.

»Liebling«, rief er aus dem Fenster, »wie wunderschön, dich zu sehen. Und Rosalie. Und Catharine, das Neugeborene! Je mehr kleine Mädchen auf der Welt sind, desto besser. Die Tür ist nur angelehnt, kommt einfach rein!«

Catharine war fünfzehn Monate alt, aber Rosalie erkannte, daß dies nicht der geeignete Augenblick war, um ihn darauf hinzuweisen.

»Du Scheißkerl!« kreischte Jocelyn, so daß die ganze Straße es mitbekam. »Hurenbock! Ehebrecherischer Schweinehund! Ich hack ihn dir ab und schmeiß ihn den Hunden meines Vaters zum Fraß vor! Das ist schon unnatürlich, das ist abgeschmackt, das ist monströs!«

Irgendwie war es ihr gelungen, die Gartenschere mitzubringen, und die schwenkte sie nun. Leslie Beck, dessen Reflexe erstaunlich rasch funktionierten, knallte das Fenster zu und verschwand außer Sicht. Passanten drehten sich um. Ein verblüfftes Gesicht – das von Mr. Roger Agee, Rosalie war einst privilegiert genug gewesen, um bei den Becks mit ihm zusammen zu Abend zu essen – schaute aus dem obersten Fenster heraus. Anita Alterwood, denn um sie handelte es sich in der Tat, stand von ihrer Schreibmaschine auf und nahm für einen Augenblick Leslies Platz am Fenster ein. Halb lächelte sie: Sie schien unangenehm berührt und dabei doch zufrieden.

»Jocelyn«, flehte Rosalie, »du spielst ihr doch nur in die Hände. Begreifst du das denn nicht?«

»Miststück!« kreischte Jocelyn. »Hure, Schlampe – was nimmst du bloß als Haarspray? Wohl Leslie Becks Sperma? Und gleich tassenweise, wie?«

»Jocelyn«, bettelte Rosalie, »hör doch bitte auf. Nicht so. Keine öffentliche Szene. Darüber kommt er nicht weg.«

»Um so besser«, sagte Jocelyn grimmig entschlossen und versetzte Rosalie einen ungnädigen Schubs, so daß Catharine zu weinen anfing. Kleine Kinder hassen das, wenn die angeblich Verantwortlichen laut werden und sich als ihrer Aufgabe nicht gewachsen erweisen.

»Nun komm doch nach Hause«, flehte Rosalie, und Jocelyn zögerte einen Augenblick, ehe sie versuchte, die Haustür aufzudrücken, da hörte sie drinnen das Knirschen von Riegeln und kam so eine Sekunde zu spät. Die Tür war nun sicher verschlossen. Jocelyn trat wild dagegen. Dann beugte sie sich zur Seite und kreischte weitere Beleidigungen in die Sprechanlage.

»Ihr seid alle Schweine und Miststücke da drin! Tiere seid ihr – läufig von morgens bis abends!«

Das Fenster im Erdgeschoß öffnete sich. Es war Mr. Roger Agee.

»Jocelyn«, sagte er, »ich weiß zwar nicht, was vorgefallen ist, doch Sie sind offensichtlich sehr aufgeregt. Bitte beruhigen Sie sich, dann komme ich raus, und wir besprechen das alles. Wahrscheinlich ist es besser, wenn Sie im Moment nicht mit Leslie sprechen.«

»Wieso denn? Treibt er es mit ihr gerade im Besenschrank? Sie stecken da auch mit drin. Wenn Sie diese Frau nicht auf der Stelle rauswerfen, zeige ich Sie an, Sie und Ihre Planungskommission Berkeley Square. Mein Anwalt sagt, die stinkt! Sie und ihre ganze Bagage, Sie stinken doch! Ich habe die Akten gelesen. Ihr seid alle fauler als verfaulter Fisch, also erzähl mir jetzt bloß nicht, was ich zu tun habe, Mr. Roger Stink-Agee!«

Mittlerweile liefen die Passanten zusammen, und es waren nicht wenige. Ein Paar graugekleideter Herren, die sehr gut leitende Beamte aus dem Bauministerium hätten sein können, entstiegen einem Taxi, steuerten auf Agee, Beck & Rowlands zu und wären die Stufen hinaufgestiegen, hätte Jocelyn sich nicht gartenscherenschwenkend auch über sie hergemacht.

»Mein Mann ist Leslie Beck«, sagte sie, »von Agee, Beck & Rowlands, und er vögelt seine Sekretärin, und ich bin seine Frau, und wenn Sie Geschäfte mit ihm machen, sind Sie genauso üble, korrupte Hunde wie er. Ihr stinkt doch alle miteinander zum Himmel!«

Roger Agee entschuldigte sich vom Fenster aus bei ihnen und erklärte, sie würden von einer Wahnsinnigen belagert, es täte ihm leid, die Polizei sei bereits unterwegs. Sie winkten ein Taxi heran und fuhren wieder davon.

»Ich bin aber nicht wahnsinnig!« kreischte Jocelyn. »Die Welt ist wahnsinnig geworden. Ihr steckt einer wie der andere mit dem üblen Miststück unter einer Decke!«

Und Rosalie erklärte mir, ihrer Ansicht nach habe Jocelyn damit völlig recht, in der Tat steckten alle unter einer Decke, wenn auch nicht speziell mit Anita, so doch wenigstens hinsichtlich des Grundsatzes, alles Vertraute über Bord zu werfen und dem Neuen und Frischen hinterherzuhuren. Von älteren Frauen erwartet man, daß sie das grinsend ertragen und nicht Krach schlagen und protestieren –

verschmähte Ehefrauen sind nun mal kein Vergnügen. Die Leute heucheln zwar Anteilnahme, doch wären sie eigentlich froh, wenn sie einfach nur verschwänden. Ganz abgesehen davon, war ja allgemein bekannt, daß Jocelyn Leslie nur alle zwei Monate in ihr Bett ließ, und was war das denn für eine Frau? Niemand war auf ihrer Seite.

Rosalie brachte Jocelyn nach Hause, weil Catharines Geheul selbst deren Kreischen zu übertönen begann, die Fenster von Agee, Beck & Rowlands nun stumm waren und die Polizei jeden Augenblick eintreffen konnte. Die ganze Straße hinab hörten sie noch, wie Jalousien heruntergelassen und Fensterläden geschlossen wurden. Rosalie fühlte sich an die Chinesische Botschaft am Portland Place erinnert, die zwanzig Jahre lang so ausgesehen hatte: mit Brettern vernagelte Fenster, ausdruckslos und stumm, wiewohl drinnen ungeheuer betriebsam. Gesichtslos und doch düster: Hat man einen Angriff vor, oder erwartet man einen? Wie soll man das wissen? Vermutlich erwartet man, wenn man einen vorhat, unvermeidlich einen auch gegen sich selbst. Susan behauptet, Schlaflosigkeit sei ein Symptom für unterdrückte Wut: Da ist man wieder in seiner Höhle, das Adrenalin flutet nur so, und man plant den Tod des Tigers, während man mit seinem Angriff rechnet. Susan kann nicht einmal dulden, daß man nachts wachliegt, ohne einem das als schuldhaftes Versagen und nicht etwa als Mißgeschick anzurechnen.

Sowie sie zu Hause angekommen waren, gab Rosalie Jocelyn in Marions Obhut. Serena hatte eine Spritze bekommen und atmete wieder frei. Hope war geröntgt worden, und man hatte nichts festgestellt. Hope weinte immer noch: Der Röntgenapparat, so erklärte Marion, sei wohl ein traumatisches Erlebnis für sie gewesen – in jenen Tagen eine recht gewaltige, klobige Angelegenheit, die an kantigen Armen über dem Patienten schwebte wie ein bedächtig zu Werke gehendes Metallungeheuer, das gerade überlegt, wie es sein Opfer am besten verspeisen kann.

»Ich habe Ihnen ja gesagt, Sie könnten sich die Mühe sparen, Marion«, sagte Jocelyn und richtete dann unüberhörbar die Frage an Rosalie: »Woher kommt das bloß, daß Leute, die man zur Hilfe heranzieht, alles immer nur noch schlimmer machen?«

»Ich gehe besser schlafen«, sagte Rosalie und ließ Jocelyn mit zwei weiteren Valium allein.

»Ich finde nicht, daß sie die nehmen soll«, meinte Marion. »Sie scheinen sie sehr aggressiv zu machen«, doch es war bereits zu spät – Jocelyn hatte sie schon mit Whisky und noch mehr Whisky heruntergespült.

»Nun dürfte es wohl an mir hängenbleiben, die Kinder ins Bett zu bringen«, sagte Marion. »Ich hatte gehofft, meinen Aufsatz schreiben zu können.«

Rosalie kehrte mit der kleinen Catharine nach Hause zurück, um Wallace seinen Tee zu machen. Er würde bald vom Fernsehstudio zurücksein. Jocelyn weinte und wütete am Küchentisch in Rothwell Gardens. Dann ging sie in Leslie Becks bücherloses Arbeitszimmer, leerte den Aktenschrank, holte eine Flasche Olivenöl aus der Küche und goß es über alles drüber. Sie riß ein Bild von der Wand, das seiner Behauptung nach ein Watteau war, und trat es mit Füßen. Irgendwoher holte sie ein Schweizer Armeemesser – denn Marion hatte die Küchentür abgeschlossen, so daß sie an die Messer dort nicht herankam – und zerschlitzte, was nach Leslie Becks Behauptung ein unentdeckter Stubbs war, von dem Marion hingegen behauptete, es sei nichts als irgendein alter Gaul von einem zu Recht nicht entdeckten Dilettanten. Dann setzte Jocelyn sich auf ihr schmuckes Sofa in ihrem hübschen Zimmer, das die teuersten Vorhänge von ganz Rothwell Gardens hatte, und weinte.

Es war, nebenbei gesagt, Marion, die gewöhnlich über alles Bericht erstattete, was es aus No. 12 Rothwell Gardens zu berichten gab, vom Preis der Vorhänge bis zum Fehlen von Büchern, die bestätigte, was Leslie zu Susan gesagt hatte, die es Rosalie erzählte, die es allen erzählte – nämlich, was Jocelyns Arzt-Vater ihr für Erwartungen in bezug auf das Eheleben eingeimpft hatte. Und Marion hütete genauso bei uns die Kinder: Neuigkeiten aus dem einen Haus waren im Nu im nächsten.

»Da schenkt man nun jemandem sein Leben«, sagte Marion an jenem Abend zu Jocelyn, »und der weiß nichts Besseres zu tun, als eine Sekretärin dazu rumzukriegen, mit einem Stück von ihm in ihrem Innern auf seinem Schoß zu sitzen, um einen Brief zu tippen. Vielleicht ist das alles doch ziemlich belanglos.«

Jocelyn sagte zu Marion: »Was weißt du denn überhaupt? Du bist doch einfach nur eine aufgemotzte Bankangestellte, die keine Miete zahlt, Stielaugen nach meinem Mann macht, meine Kinder vernachlässigt und sie nach Lust und Laune traumatisiert.«

Marion war beleidigt und half Jocelyn später am Abend nicht, als sie das vielleicht hätte tun sollen.

Gegen acht Uhr fing Jocelyn, wie das so Hausfrauenart ist, an, die Heimkehr ihres Mannes zu vermissen. Hunde tun das auch – nicht nur Ehefrauen. Wenn der Herr es versäumt, zur erwarteten Stunde zurückzukehren, ganz gleich, ob sie von ihm nichts anderes erwarten können als Gebrüll und Fußtritte, fangen sie an, unruhig zu werden und sich zu fragen, was sie denn wohl falsch gemacht haben. Gewohnheit und Schuldgefühle bewirken, daß sie zwischen seinem Eintreffen und dem ersten Fußtritt zu wedeln und zu lecken anfangen.

»Ich hätte es mir auch denken können«, sagte Jocelyn gegen halb neun zu Marion. »Oder vielleicht bin ich ja doch in ein fremdes Telefonat geraten, wie diese Langweilerin Rosalie gemeint hat. Was habe ich bloß getan? Ob er mir je verzeihen wird? Warum hat Rosalie mich bloß zu seinem Büro fahren lassen? Alles ist ihre Schuld. Armer Leslie. Ich hoffe nur, er geht nicht in sein Arbeitszimmer. Morgen werde ich saubermachen, jetzt bin ich zu erschöpft. Ich warte auf ihn, bis er nach Hause kommt, und dann küsse ich seinen Rocksaum oder was immer er sonst geküßt haben will. Wenn er will, daß ich ein Tier bin, dann werde ich eben ein Tier sein. Wen kümmert das schon? Ich gebe es auf!« Und wieder und wieder rief sie in Leslies Büro an, erhielt aber natürlich keine andere Antwort als das Besetztzeichen. Zweifellos hatte das ganze Büro in weiser Voraussicht alle verfügbaren Hörer abgenommen.

Jocelyn war zu betrunken und zu weinerlich, um das Telefon in Marions Souterrainwohnung läuten zu hören. Marion ging hinunter und nahm den Hörer ab. Es war Leslie.

»Ist sie noch da, oder ist sie schon zu ihrer Mutter gefahren?«

»Noch da«, sagte Marion.

»Ist sie ruhiger?«

Marion, die immer noch an ihrer Kränkung kaute, erklärte, Jocelyn sei jetzt zwar ruhiger, doch habe sie einiges an Schäden angerichtet.

»Welcher Art?«

»Sie hat den Watteau in Stücke getreten, den Stubbs aufgeschlitzt und Olivenöl über die Kelims und die Gebetsteppiche gegossen. Öl ist aus Seidenteppichen am allerschwersten wieder herauszukriegen. Ich glaube, Sie sollten so rasch wie möglich nach Hause kommen, Mr. Beck. Ich finde das nicht richtig, daß die Verantwortung für eine Frau in diesem Zustand an mir hängenbleibt. Ich bin zu jung, und ich muß einen Aufsatz schreiben.«

Eine Weile herrschte Stille. Dann sagte Leslie Beck: »Okay, Marion, ich kümmere mich drum«, und legte auf. Marion sah nach Hope und Serena, die völlig ungefährdet bei laufendem Fernseher in ihrem Schlafzimmer Dame spielten, und kehrte zu Jocelyn zurück. Jocelyn hatte sich sämtlicher Kleider entledigt, den Whisky zu Ende getrunken und versuchte nun, Bohrasseln über die Tischplatte zu jagen. Sie rollten sich immer wieder vor Entsetzen zusammen, wenn Jocelyn mit der Faust auf den Tisch haute und die Platte, auf der sie umherliefen, zum Erzittern und Wackeln brachte.

Es läutete an der Tür, und Marion, die ja Leslie Beck erwartete, ging erleichtert aufmachen. Zwei Männer und eine Frau standen davor. Der eine war ein Arzt aus der Praxis, für die Vinnie arbeitete, der andere bezeichnete sich als Psychiater und die junge Frau als zuständige Sozialhelferin. Jocelyn kam unbekleidet zur Tür, warf einen einzigen Blick auf die Besucher, schoß an ihnen vorbei und wäre die Straße hinabgelaufen, wenn man sie nicht eingefangen und sanft festgehalten hätte. Die drei zogen sie mit geübten Händen ins Innere des Hauses, setzten sie aufs Sofa und saßen beschwichtigend um sie herum. Jocelyn wurde bewußt, daß sie nichts anhatte, und sie sah sich suchend nach ihren Kleidern um, doch Marion hatte sie, mit Rücksicht auf Leslie, bereits in den Kleiderschrank im oberen Stockwerk gehängt, also gab sie es auf. Marion brachte ihr eine Decke. Jocelyn erklärte, sie könne Wolle auf der nackten Haut nicht ausstehen, also holte Marion ihr einen seidenen Bettüberwurf.

»Nun gut«, sagten sie zu Jocelyn, als das alles arrangiert war, »was haben wir denn für ein Problem? Wir hören, Sie sind ein unartiges Mädchen gewesen.«

»Ich?!« sagte Jocelyn und sprang auf. »Ich? Ich bin doch

nicht das Flittchen von der Stenotypistinnenvermittlung! Ich bin die Ehefrau!«

Sie versuchten, sie wieder zu beruhigen. Jocelyn wollte davon nichts wissen und hieb der zuständigen Beamtin im Zuge ihrer Weigerung den Ellbogen ins Auge.

»Tut mir leid«, sagte Jocelyn, doch es tat ihr nicht leid. »Das hier ist mein Haus, gekauft vom Geld meines Vaters, und ob ich stehen oder sitzen möchte, ist meine Angelegenheit, und wenn Sie uneingeladen hier reinkommen, und ich habe zufällig nichts an, dann haben Sie eben Pech gehabt – oder Glück, je nach dem, wie Sie das sehen wollen.«

»Schon«, sagten sie, »doch wir haben da so eine Ahnung, daß es heute auf der Straße ein bißchen Ärger gegeben hat.«

»Wer hat Ihnen denn das erzählt?«

»Ihr Mann. Er macht sich große Sorgen um Sie.«

Jocelyn kreischte los.

»Aber, aber«, sagten sie, »wecken Sie nur die Kinder nicht auf«, und dann kam die Sache mit dem Watteau zur Sprache und die mit dem Stubbs, und daß beider Wert sich auf mehr als eine halbe Million Pfund belief, fand Erwähnung.

»Die sind nicht mehr ein Watteau und ein Stubbs«, sagte Jocelyn, »als ich ein kopulierender Hund bin«, und sie ging, wuff, wuff, ziemlich hitzig auf die zuständige Beamtin los.

Die drei baten Marion um die Bestätigung, daß Mrs. Becks Betragen unangemessen sei, womit Marion nach einigem Zögern einverstanden war. Sie fragten Mrs. Beck, ob sie bereit sei, sich selbst als freiwillige Patientin ins Colney Hatch Psychiatric Hospital einzuweisen, und als sie empört erklärte, sie dächte gar nicht daran, und die drei aufforderte, ihr Haus zu verlassen, und noch hinzusetzte, falls sich ein Rembrandt unter ihrem Dach befände, würde sie dem mit der Axt zu Leibe gehen, wenn ihr danach wäre, da nickten sie einander zu und teilten ihr mit, in diesem Fall würde sie gemäß Abschnitt 136 des Psychiatriegesetzes zwangseingeliefert werden. Die zuständige Beamtin hielt Jocelyn bei den Armen, während der Arzt ihr ein Beruhigungsmittel verabfolgte, und gleich darauf führten sie sie in eine Decke gehüllt aus dem Haus.

Etwa zwanzig Minuten, nachdem der Krankenwagen abgefahren war, schloß Leslie Beck die Haustür auf. Er hatte Anita bei sich.

»Vielen Dank für die Mithilfe«, sagte Leslie zu Marion. »Ich hoffe, Sie können sich um die Kinder kümmern, bis wir ein wenig klarer sehen?«

»Morgen kann ich nicht«, sagte Marion. »Da habe ich eine Vorlesung.«

»Ich bin mir sicher, wenn Sie die Situation erklären«, sagte Leslie Beck, »dann werden die ein Einsehen haben.«

Anita streifte durchs Haus, sah sich Jocelyns Satinkissen gründlich an, schüttelte den Kopf über die Tapeten an den Wänden, die Auslegeware in den Schlafzimmern und die Tatsache, daß mit Strom gekocht wurde. Es war deutlich, daß Veränderungen ins Haus standen.

»Sie wollen sagen, Sie haben die große Wohnung unten praktisch mietfrei?« fragte sie Marion.

»Sie mag zwar groß sein«, sagte Marion, »aber sie ist feucht, und es gibt keine richtige Heizung.«

»Trotzdem«, sagte Anita, »ich muß schon sagen, kein schlechter Fang. Leslie ist sehr großzügig. Aber irgendwer muß ja wohl nach den Kindern sehen. Ich habe die Absicht weiterzuarbeiten. Dann bleiben Sie meinetwegen.«

Leslie meldete seiner Versicherungsgesellschaft über das Nottelefon die Zerstörung seiner Anzüge, und Anita und er verbrachten die Nacht im ehelichen Schlafzimmer zwischen Bergen von zerkleinertem Stoff und mit den Zähnen zerfetzten Socken, und Marion ging nach unten und schlief wie ein Stein, so erschöpft war sie. Sehr bald danach zog sie aus, und unser spezieller Draht zu den Fährnissen des Beckschen Haushalts war dahin. Wie schon gesagt, die Becks waren genaugenommen niemals wirklich Freunde gewesen: Sie gehörten zu den Rothwells, nicht zu den ärmlicheren Bramleys. Wir hatten kein Mitgefühl mit ihnen in ihrem Unglück, obwohl ich meine, wir hätten es haben sollen.

SO KAM ES ALSO, DASS ANITA JOCELYNS PLATZ IN LESLIE Becks Leben einnahm, und Jocelyn Haus, Ehe und Kinder einbüßte. Frauen sollten, wenn das Scheitern ihrer Ehe unmittelbar drohend bevorzustehen scheint, niemals und unter keinen Umständen das eheliche Zuhause verlassen, wie Ihnen sämtliche Anwälte bestätigen werden. Das führt nämlich zu allen möglichen Schwierigkeiten. Der bloße Besitz, werden sie hinzusetzen, wiegt allein schon neun Zehntel vor Gericht, und so ist es denn auch.

Und wenn man seinen Fall aus dem Irrenhaus heraus zu verfechten sucht, an dessen Verlassen man gewaltsam gehindert wird, und einen die Familie nur den alten Familienanwälten anvertraut und Leslie Beck an die teuersten in der ganzen Stadt herankommt, wie es Agee, Beck & Rowlands natürlich können, na, dann hat man natürlich auch nicht die Spur einer Chance. Richtern gefällt die Vorstellung nun einmal nicht, daß Frauen auf der Straße eines angesehenen Stadtviertels stehen und Beschimpfungen ihrer Männer herausschreien, während eben jene Männer mit ihrer Arbeit voranzukommen bemüht sind, insbesondere, wenn angesehene Firmen dadurch Kunden und Geschäftsabschlüsse einbüßen. Und das um so weniger, wenn Sie, die schreiende Frau, gleichzeitig behaupten, Sie hätten Ihre Sinne vollständig beieinander, Sie würden lediglich provoziert – denn das müssen Sie nun schon sagen, um am Ende wenigstens das Sorgerecht für Ihre Kinder zu bekommen, weil Richter nämlich nicht nur befürchten, daß Sie sich das womöglich zur Angewohnheit werden lassen, sondern auch, daß andere Frauen anfangen könnten, sich genauso zu verhalten. Womöglich würde das schließlich damit enden, daß unabsehbare Schlangen von Gattinnen der Richterschaft vor den Gerichtshöfen lautstarke Auftritte hätten. Wenn Jocelyn ihre Sinne beisammen hatte, sah das nicht gut aus, und wenn sie sie nicht beisammen hatte, noch schlechter.

»Gerahmt!« kreischte Jocelyn vor Gericht. »Zusammengenäht!«, und sie brachten sie wieder zurück nach Colney Hatch, und danach vertrat ein Freund der Beklagten sie vor Gericht und machte dabei eine ziemlich schlechte und obendrein alkoholisierte Figur. Das war jedoch Leslie Becks Glück, nicht seine Erfindung.

Es schlägt einem nie zum Guten an, ob nun im Auge der Öffentlichkeit oder dem des Gesetzes, daß man das kulturelle Erbe Europas zerschnetzelt hat, und zu dem Zeitpunkt, als die Gemälde dem Gericht vorgelegt wurden, war es nur mehr schwierig zu beweisen, daß sie nicht Watteau, nicht Stubbs waren, sondern nur Leslie Becks Anmaßung, seinem verzweifelten Bedürfnis entsprungen, Rothwell Lane Antiques um eine Nasenlänge vorauszusein – davon später mehr –, und die Familienanwälte vermochten nicht einzusehen, was das überhaupt mit dem Fall zu tun haben sollte, ob die Gemälde nun wertlos (genauer gesagt, das eine bei Rothwell Lane Antiques sechs Pfund, das andere sieben Pfund gekostet hatte, wie Marion hätte bestätigen können, doch niemand fragte sie) oder zusammen eine halbe Million wert waren.

So kam es denn. Leslie ließ sich von seiner Frau scheiden und behielt das eheliche Zuhause und, fürs erste, das Sorgerecht für die Kinder. Es kostete Jocelyn gute neun Monate, Colney Hatch davon zu überzeugen, daß sie nicht mehr wahnsinnig war. (Sie hatte den Standpunkt aufgegeben, daß sie niemals in erster Linie wahnsinnig, sondern bloß betrunken gewesen und provoziert worden war und obendrein Valium schlecht vertrug. Was war ihre Behauptung, geistig gesund zu sein, schon wert angesichts der Erklärung seitens des Arztes, des Psychiaters und der zuständigen Beamtin, sie sei es nicht?) Nachdem das endlich geschafft war, verging ein weiteres Jahr, ehe sie das Gericht davon überzeugen konnte, daß sie mittlerweile imstande sei, sich selbst um ihre Kinder zu kümmern, wenn sie bei ihren Eltern lebte und unter deren Obhut blieb. Leslie verpflichtete sich, die neuen Sorgerechtsvereinbarungen nicht anzufechten, wenn Jocelyn keinen Anspruch auf 12 Rothwell Gardens erhob. Dementsprechend übertrug sie ihm auf dem Schenkungswege das Eigentumsrecht, als Zeichen ihres natürlichen Vertrauens und ihrer Zuneigung.

Das solchermaßen abgefaßte Dokument wurde von den Familienanwälten aufgesetzt. Ihre Büros lagen im Bereich Berkeley Square und wurden gerade Teil eines großen Stadterneuerungsvorhabens, in dessen Verlauf eine vollständig intakte Zeile früherer Londoner Stadthäuser abgerissen und an ihrer Stelle ein gläserner Büroblock errichtet wurde. Agee, Beck & Rowlands spielten bei diesem Sanierungsprojekt eine Hauptrolle. Ich erwähne das bloß am Rande. Der Wert von 12 Rothwell Gardens – insbesondere zu jener Zeit, als er einige Nullen weniger dranhängen hatte als heute – war natürlich winzig im Vergleich zu den Geldsummen, die für die Sanierung von Berkeley Square aufgewandt wurden, und ich unterstelle durchaus nicht, daß da irgendwer irgendwen bestochen hat. Selbstverständlich nicht – es ist nur einfach so, daß die Menschen anderen gern einen Gefallen tun. Hier draußen bei den *Accord Realtors* handelt es sich oft nur um Drinks im Black

Lion oder ein anständiges Mittagessen im Wirtshaus The Bear, doch ich habe schon davon gehört, daß Wartelisten für begehrte, aber schwer erhältliche neue Autos auf einmal verschwunden waren, oder auch solche für chirurgische Eingriffe, und daß unbedeutende Ausschüsse nach kleinen gesellschaftlichen Ereignissen reichlich verzwickte Entscheidungen mit einem Kopfnicken vom Tisch geschoben haben, und das ist nur das, wovon ich weiß, und nicht das, wovon ich nicht weiß. Was mich angeht, so bin ich ja hier nur eine Schreibkraft. Und sowieso, was ist das Leben ohne Gefälligkeiten? Und Rosalie vergißt auch nicht, daß sie einmal »diese Langweilerin« genannt worden ist (wie von Marion berichtet), wie Marion wiederum die Anspielung darauf nicht gefiel, daß sie nicht genügend Gegenleistungen für ihre niedrige Miete erbrächte, und es mir nie gefallen hat, wie Ed und ich in die zweite Abendeinladungs-Garnitur hinabgestuft wurden, und ich vermute, in Wahrheit konnte keine von uns Jocelyn je verzeihen, daß sie mit dem sagenhaften Leslie in dem großen Haus lebte und auch noch zuließ, daß er ungenutzt blieb; und Jocelyn selbst war, ehrlich gesagt, nie wirklich *liebenswert* gewesen.

Hier bin ich nun, Leser, viele Jahre später, und sitze im Büro der *Accord Realtors* und schreibe und wundere mich über die Vergangenheit, als plötzlich Rosalie höchst persönlich hereinkommt. Sie trägt so etwas wie einen kastanienbraunen Velvettrainingsanzug, von dem ich ohne weiteres behaupten würde, daß er bequem ist, und ihr dickes Haar ist emporgerafft, oben auf dem Kopf zu einem Knoten zusammengedreht worden und mit einem plissierten purpurroten, dehnbaren Haarband befestigt, wahrscheinlich Catharines, und sie scheint froh und zufrieden zu sein. Sie hat eine Tragetasche von Marks & Spencer dabei, die von Tiefkühlgerichten förmlich überquillt. Das ist an sich ein Laden, wo sie einem die Sachen noch einpakken. Wahrscheinlich versuchen sie jedoch gerade bei den Tragetaschen zu sparen, oder irgendwer hatte einfach nur keine Lust. So was passiert eben, wenn man beim Einkaufen kastanienbraune Trainingsanzüge trägt. Rosalie wirkt weder wie ein Verkäufer noch wie ein Käufer von Immobilien, sondern eher wie jemand, der zum Zeitvertreib hereinschaut und damit gleich auch mögliche Kunden vertreibt, und ich sehe mich nervös um, aber weder Mr. Collier noch Mr. Render scheinen sich gestört zu fühlen. Der Immobilienmarkt liegt so sehr im argen, daß normales Unglück vergleichsweise nur erfreulich wirken kann.

»Hallo«, sagt sie, und sie lächelt und setzt sich auf meine Schreibtischkante, und ihr breiter Rumpf quillt unmittelbar an mein Töpfchen mit Frühjahrsblumen heran, so daß ich es wegschieben muß, und ihr Gesicht hellt sich auf, und trotz allem ist sie hübsch.

»Ich habe gerade über Leslie Beck und Jocelyn nachgedacht«, sage ich, »und die ganze Angelegenheit.«

»Sie war immer schon halb verrückt«, sagte Rosalie. »Ehrlich gesagt, wenn ein Gericht erklärt, du kannst deine Kinder nur haben, wenn du bei deiner Mutter lebst, dann bist du wahrscheinlich sogar dreiviertel verrückt.«

»Das entschuldigt Leslie Becks Verhalten aber keineswegs«, sage ich. »Auch wenn damals alles Schritt für Schritt vor sich ging und uns offensichtlich nicht auffiel. Und da es sonst niemand als entsetzlich zu betrachten schien, haben wir es erst recht nicht als solches registriert, doch wenn man darüber nachdenkt, dann war es das. Und er ist immer noch am Werk – und Gott hat ihn nicht ein einziges Mal gestraft.«

»Er ist älter geworden«, fällt Rosalie dazu ein.

»Auf die Weise werden wir alle gestraft«, sage ich.

Mr. Collier blickt zu Rosalie herüber. Rosalie sagt, sie finde nicht, daß Leslie Beck sich schlimmer benommen habe, als es irgendein anderer Mann in jener Situation getan hätte. Wenn Männer mit ihren Ehefrauen keinen Sex haben dürften und sie schlechte Köchinnen seien, sähen Männer nur selten ein, weshalb sie ihnen ihre weltlichen Besitztümer vermachen sollten.

»Meiner Erinnerung nach war Jocelyn in Wirklichkeit gar keine so schlechte Köchin«, sage ich, doch Rosalie erinnert sich deutlich an ein Bœuf Wellington, das Jocelyn einmal auf den Tisch gebracht hat; dröges, zähes graues Fleisch und innen und außen herum eine dicke Pastete, die so fest war, daß Rosalie eine Krone verlor.

»Wenn sie für Leslies wichtige Kunden so gekocht hat, und das müssen wir annehmen, dann hätte das Leslie nicht viel eingebracht. Nein«, sagt Rosalie, »die Frauen müssen ihren Teil der Abmachung, was den gemeinsamen Hausstand betrifft, auch erfüllen. Wenn die Männer bezahlen, müssen die Frauen auch liefern: Sex, häuslichen Komfort und Kinder. Sieh dir doch an, wie viele Männer es gibt«, sagte Rosalie, »die ihrer Unterhaltsverpflichtung nicht nachkommen oder sich halb zu Tode prozessieren, weil sie nicht zahlen wollen – die Konten fälschen, Zeugen bestechen und sich weigern, ihren anderswo lebenden Kindern Strümpfe und Schuhe zu kaufen, für teure Spielereien und Ferienreisen jedoch Geld übrig haben. Diese Männer sind nicht gemein, sondern sie führen ihren Kampf im Namen dessen, was sie als naturgewollte Gerechtigkeit ansehen. Es ist unnatürlich, so finden sie, wenn die Frau nicht im Bett ist oder am Spülbecken und sie die Kinder gar nicht um sich haben, von ihnen zu erwarten, daß sie für sie bezahlen. Warum denn auch?«

Mr. Collier sieht aus, als könne er jeden Augenblick herüberkommen. Er ist einer von den grauen Männern, einer mit Doppelkinn und Eulenbrille.

»Rosalie«, sage ich, »du verteidigst Leslie Beck doch nur, weil er Catharines Vater ist...«

»Wie kommst du denn *darauf*...?«

»Und du deine ehebrecherische Beziehung zu ihm irgendwie rechtfertigen mußt.«

»Da gibt es nichts zu rechtfertigen. Jocelyn wollte nicht mit ihm schlafen, folglich war es keine Ehe.«

»Und wie kommt es dann, daß die beiden Kinder bekommen haben?« Wir wurden laut. Mr. Collier kam mit ein paar Objektbeschreibungen herüber, die ich abtippen sollte. »Sonnenüberfluteter Patio« war in »angenehmer, von Mauern umgebener Hof« geändert worden, eine Reaktion auf die immer häufiger auftretenden Proteste der Kunden, was die irreführenden Angaben vieler Immobilienhändler anging. So säuberten sie lieber selbst ihre Akten, ehe die Regierung auf die Idee kam, sich in Angelegenheiten einzumischen, von denen sie nichts verstand.

»Ist das nicht Mrs. Hayter?« fragte Mr. Collier. »Wallace Hayters Frau?« Rosalie bejahte das. Mr. Collier sagte, was für eine Tragödie, was für ein Rätsel – ihr trauriges Schicksal habe immer auf seinem Gemüt gelastet. (Ich fand es überraschend, daß Mr. Collier die Art von Gemüt besaß, auf dem etwas lasten konnte, schämte mich dann jedoch dafür, daß ich andere Menschen so rasch so verächtlich abtat. Ich meine, mit zunehmendem Alter gehört es sich so, daß ich mich darin schule, andere Menschen nicht aus meiner Sphäre des Dazugehörens zu verstoßen, denn darum geht es dabei: Es ist jungen Frauen und, eher in geringerem Maße, auch jungen Männern, die von der ganzen Raserei ihres Paarungsverhaltens in Anspruch genommen sind, angemessen, jene, die sie nicht als geeignete Sexualpartner betrachten, zu verlachen und als unbrauchbar abzutun, was ihnen jedoch schlecht ansteht, wenn sie älter werden. So!)

Rosalie erklärte, auch auf ihrem laste es nicht wenig, und Mr. Collier entschuldigte sich stammelnd und sagte, warum sie, wo doch Lunchzeit sei, nicht zusammen in den Pub schauten. Rosalie fragte, ehe sie gingen, ob ich abends nicht vorbeikommen wolle: Marion hätte stundenlang mit ihr telefoniert. Ich sagte: Na schön. Sie schenkte Mr. Collier ein Grübchenlächeln, doch, das tat sie, und rückte wenigstens den Gummizug in der Taille zurecht, ehe sie das Büro verließen.

Binnen Sekunden tauschte ich den »sonnenüberfluteten Patio« gegen den »angenehmen, von Mauern umgebenen Hof« aus (wiewohl ich aus meiner Erfahrung mit der Konsumentenbewegung vor langer Zeit wußte, daß das wohl kaum jemanden beschwichtigen würde), druckte das Blatt neu aus und kehrte zurück an mein Werk. Mr. Render döste.

Ich werde Marion jetzt gestatten, mit der Geschichte fortzufahren, das heißt mit meiner Version der Ereignisse am folgenden Freitag, wie Marion sie beobachtet hat, oder wie ich *vermute*, daß sie sie beobachtet hat, denn ich habe ja nur Rosalies Äußerungen als Anhaltspunkt. Um das »ich« meiner eigenen Person erneut zu Marions zu machen, muß ich sozusagen Rosalies Aufschlag auf die Geschichten wieder abziehen, bemüht, zu dem zurückzufinden, was wir so sehnsüchtig »die Wahrheit« nennen. Wir Schriftsteller haben keine leichte Aufgabe, wenn wir so Biographie und Autobiographie miteinander vermengen. Vermutlich könnte ich Marion einfach anrufen und fragen: »Was ist denn passiert, was ist denn bloß passiert?« und die Antwort auf Band aufnehmen und dann abschreiben, doch wo bliebe dann der Spaß? Und ob sie mir überhaupt die Wahrheit sagen würde? Ich glaube schon, daß sie es versuchen würde – aber ob es ihr gelingen würde? Ich sehe schon, ich gleite anmutig und sanft ins Romanhafte über, und das soll nun Marion sein, die da spricht, aber macht ja nichts.

LESLIE BECK KAM AM FREITAG NACHMITTAG SO UM FÜNF in die Galerie. Samstag ist der beste Tag für Von-der-Hand-in-den-Mund-Verkäufe, und Barbara, Aphra und ich waren damit beschäftigt, den MacIntyre abzuhängen und die Frühjahrs-Gruppenausstellung zu arrangieren, die sich dadurch auszeichnet, daß was mit Blumen und Fischen dabei ist. Natürlich nicht unbedingt auf demselben Bild. Die Ausstellung war Aphras Idee, nicht meine, doch wo die Rezession drückt, frißt der Teufel Fliegen. Nach Schweinen gehen Fische am besten, und Blumen sind immer eine Bank. Langfristig allerdings ist eine Gruppenausstellung keine so gute Investition wie eine Einzelausstellung – zwar mögen sich bei der Vernissage mehr rote Punkte einheimsen lassen, doch das wirkliche Geld steckt in den großen, schwer an den Mann zu bringenden, schwer zugänglichen Leinwänden des Künstlers mit dem bekannten Namen, die womöglich einmal in einem Tokioter Sitzungssaal oder irgendeinem bizarren Palast in Sydney enden und bei jedem Schritt ihres Weges Geld einbringen. Schweine, Fische und Blumen sind im Handumdrehen an ihrem Endpunkt angelangt – und aus dem Handumdrehen springt kein Geld heraus –, über Kaminsimsen in kleineren Salons, auf dem Treppenabsatz oder gar in der Küche eines gewöhnlichen Privathaushalts, und das ist weder der Stil der Bond Street noch die geeignete Marketingstrategie einer ehrgeizigen Galerie wie der von Marion Loos. Doch die Ausstellung sollte nur drei Wochen hängen, das Barmittelproblem mildern, und wenn wir es nur locker genug, ja scherzhaft anfingen, dann würden wir, so stellte ich mir vor, sogar ohne Beschädigung unseres guten Rufes daraus hervorgehen. Und sie gefiel Aphra. MacIntyre hatte nur sieben rote Punkte von zwanzig möglichen eingebracht, doch war es zu ein, zwei längerfristig interessanten Kontakten gekommen, einer davon mit dem Metropolitan in New York. Was mit Fischen, Blumen oder Schweinen einfach nicht zu erreichen ist.

Aphra und Barbara blickten interessiert auf, als Leslie Beck hereinkam. Jene Fähigkeit hatte sich also noch nicht erschöpft: Frauen doch wenigstens zu einer Reaktion zu bewegen, wenn nicht gar zu tatsächlicher Zuneigung. Leslie kommt immer noch als männliches Wesen daher, dabei tendieren die Männer heutzutage, und insbesondere die jungen, doch dazu, sich Frauen gegenüber nur als Menschen bemerkbar zu machen. Ich hatte angenommen, daß dies etwas mit meiner Generation zu tun hätte, doch die Reaktion meiner Angestellten auf Leslie bewirkte, daß ich zu einem anderen Schluß gelangte: Es sind die Männer, die sich verändert haben, weicher geworden sind, sich zunächst als Menschen und dann als Angehörige eines bestimmten Geschlechts sehen. Das ist wahrlich eine Verbesserung, doch trägt sie beileibe nicht dazu bei, meine Laune zu heben.

»Du bist nicht zur Trauerfeier gekommen«, sagte Leslie Beck vorwurfsvoll. »Man hat dich vermißt. Serena und Hope waren da. Zwei elegante junge Damen sind das geworden. Sie hatten ihre Stiefmutter so gern. Serena wird mich demnächst zum Großvater machen. Hope ist Sozialarbeiterin; geht zu sehr in ihrer Arbeit auf, um sich in die Ehe zu stürzen.«

Ich sagte, es täte mir wirklich leid, die Trauerfeier versäumt zu haben, doch ich könne es mir einfach nicht leisten, um eine so heikle Uhrzeit die Galerie zu verlassen. Es freue mich, daß es Hope und Serena gutgehe, ich hätte sie ja eigentlich nur ein paar Monate lang gekannt, als sie noch klein gewesen waren, zu meiner Studentenzeit. Er sehe wohl, wir hätten zu tun und würden, wie es aussähe, noch bis spätabends bleiben müssen.

»Bis spätabends!« wiederholte er. »Wie romantisch. Kann ich den Damen vielleicht irgendwie behilflich sein? Vielleicht alle hinterher zum Essen einladen? Das würde mich ein bißchen auf andere Gedanken bringen. Das Leben muß schließlich weitergehen.«

»Um die Ecke ist ein sagenhafter Japaner«, sagte Aphra zu meinem Erstaunen.

»Ben hat bestimmt nichts dagegen, zwei Stunden länger auf Holly aufzupassen«, sagte Barbara.

Was sollte ich da sagen?

»Lassen Sie mich mit anfassen«, sagte Leslie zu Barbara im Hinblick auf einen ziemlich wuchtig gerahmten MacIntyre. »Keine Sorge. Ich bin an Bilder gewöhnt. Ich weiß, wie anfällig sie sind. Wir haben einen Stubbs zu Hause – da, sehen Sie, wie schwer es mir fällt zu begreifen, daß es nicht mehr ›wir‹ heißt, sondern ›ich‹, also noch einmal richtig: Ich habe einen Stubbs zu Hause. Anita hat das Pferd förmlich angebetet.«

»Wohnst du denn immer noch in Rothwell Gardens?« fragte ich.

»Selbstverständlich. Es ist mein Zuhause. Ich bin jetzt ganz allein. Nachdem Anita gestorben ist, hat selbst die kleine Polly mich verlassen. Wie herzlos Frauen doch sind. Sie ist bei ihren Großeltern, den trefflichen Alterwoods. Banausen zwar, aber gemütlich. Wie Banausen so sind.«

Er klang traurig.

»Aber Hope und Serena werden doch wohl manchmal kommen?«

»Das sind vielbeschäftigte junge Frauen«, sagte Leslie,

»wie Sie, Aphra, und haben nicht so arg viel Zeit für ihren alten Vater. Warten Sie nur ab, bis Ihre Kleine groß ist, Barbara. Hören Sie auf meinen Rat, und kümmern Sie sich um sich selbst, die Kinder können schon für sich sorgen. Keine Frau sollte sich für ein Kind aufopfern. Sich irgendwelche Freuden versagen. Das Leben ist kurz.«

Er sah heute jünger aus. Die blauen Augen lebhaft, und unter dem Stoff des eleganten Baumwollhemds spielten seine Muskeln. Barbara hatte ihren Gürtel enger geschnallt, fiel mir auf. Ich fragte ihn, was aus dem Watteau geworden sei. Er antwortete obenhin, er habe ihn im günstigsten Augenblick für zweiunddreißigtausend Pfund verkauft. Er sei sehr stark restauriert gewesen, sonst hätte er sicher sehr viel mehr eingebracht. Ich konnte es mir nicht verkneifen, ihn zu fragen, ob er Mr. Tallow von Rothwell Lane Antiques irgendwelche Prozente abgegeben habe.

»Das war damals, so etwa 1970«, erklärte ich Aphra und Barbara, »als ich am Courtauld studierte und in Mr. Becks Souterrain wohnte und ihm dabei behilflich war, sich um seine beiden kleinen Mädchen, die von seiner ersten Frau, zu kümmern.«

»Lebt sie denn noch?« fragte Aphra, was, wie ich fand, nicht gerade von Feingefühl zeugte, doch dann sagte ich mir, daß die siebziger Jahre, was Aphra betraf, Geschichte waren, und niemand grämt sich um historische Personen – wann sollte man dann auch je damit fertig werden? –; oder verzichtet mit Rücksicht auf die Lebenden-die-darannicht-erinnert-werden-möchten darauf, ihr Hinscheiden zu erwähnen.

»Soweit ich weiß, ja«, erwiderte Leslie. Er wanderte zwischen dem Ausstellungsraum und meinem Büro hin und her, las meine Merkzettel und sah die Korrespondenz durch; dann brachte er Anitas Bild in eine günstigere Position, er trug es in die eigentliche Galerie hinaus und lehnte es an eine Wand, wo das Licht gut war.

»Und dann«, fuhr ich fort, »eines Tages, als wir alle miteinander spazierengingen – das war ungewöhnlich, aber ich glaube, es waren Wahlen, und Mr. Beck war aus dem Büro nach Hause gekommen, ehe das Wahllokal zumachte –, kamen wir am Schaufenster von Rothwell Lane Antiques vorbei.« Es war mir gleich, ob Leslie es hörte. Er hatte sich selbst in meine Galerie eingeladen. Da konnte er nicht viel Höflichkeit erwarten.

Im Fenster hatten zwei besonders düstere und schmutzige Gemälde gestanden – eins war ein ziemlich sentimentales Porträt von einem Mädchen in einem weißlichen Kleid, das andere eine kindliche Pferdedarstellung.

»Na, was halten Sie von denen, Marion?« fragte Leslie Beck. »Soviel freie Zeit, wie Sie im Courtauld verbringen, da müßten Sie doch Bescheid wissen.« Ich nahm mir selbstverständlich nicht frei, um ins Courtauld zu gehen, ich nahm mir vom Studium frei, um mich um die häßlichen, langweiligen kleinen Mädchen der Becks zu kümmern, als Gegenleistung für ein paar feuchte, schäbige, halbunterirdische, ungeheizte Zimmer, für die sie sonst keine Verwendung hatten, doch lassen wir das. Ich war mir klar darüber, Leslie »machte mich an« (um es in Aphras Sprache auszudrücken).

»Man könnte sagen, es ist ein sehr schlechter Watteau und ein um einiges weniger schlechter Stubbs«, erwiderte ich, »oder man könnte sagen, der Lieblingsonkel von irgendwem hat sie gemalt, und niemand hatte das Herz, sie zu verbrennen.«

So drängten wir uns alle in den Laden, und Jocelyn wandte ein, wir hätten dazu keine Zeit, das Wahllokal würde gleich schließen, es sei wichtiger zu wählen, als das Haus mit noch mehr Schund vollzustopfen, und Mr. Tallow nahm die beiden Gemälde aus dem Fenster, damit wir sie begutachten konnten.

»Sie sind gerade erst hereingekommen«, sagte er. »Ich habe sie noch nicht einmal im Benezet nachgeschlagen.«

Es roch durchdringend nach feuchten Einbänden und holzwurmzerfressenen Möbeln, aber Mr. Tallow hatte auch Übertriebenes und Exotisches auf Lager: Bemalte Galionsfiguren, ausgestopfte Vögel in Käfigen und Glasaugen kämpften mit der gängigeren abgebeizten Fichte um Platz.

Mr. Tallow wollte zwanzig Pfund pro Bild. Leslie Beck handelte ihn auf sechs und sieben Pfund herunter und hätte die sieben auch noch auf fünf gedrückt, wenn Hope nicht geplärrt und Jocelyn lamentiert und Serena sich die Glasaugen in den Mund gesteckt hätte.

»Falls sie sich als was Wertvolles erweisen sollten«, sagte Mr. Tallow, »darf ich wohl erwarten, daß Sie mich angemessen entschädigen.«

Leslie lachte und sagte: »Selbstverständlich«, und damit war der Handel perfekt, und während wir hinausgingen, setzte er noch hinzu: »Unsere Marion behauptet natürlich, das wären ein Watteau und ein Stubbs! Und sie ist schließlich am Courtauld«, so daß Mr. Tallow etwas zum Erbleichen und Leslie etwas zum Lachen hatte.

»Nun sei aber nicht albern«, sagte Jocelyn, als wir im Laufschritt auf dem Weg zum Wahllokal waren. »Das sind doch nur irgendwelche schundigen alten Schinken.«

»Da bin ich mir nicht so sicher«, sagte Leslie, »Marion hat ein gutes Auge«, und kniff mir ins Hinterteil, und ich quietschte, und Jocelyn war beleidigt, und wir trafen genau eine halbe Minute vor Schließung im Wahllokal ein.

»Für wen haben sie denn gestimmt?« war alles, was Aphra wissen wollte, doch ich wußte es nicht, und wenn ich es gewußt hätte, hätte ich es ihr nicht gesagt. Das war Leslies und Jocelyns Angelegenheit.

Leslie rief mich von der anderen Seite des Raumes, und ich ging hin, als wäre alles immer noch wie damals, vor vielen Jahren, und ich wäre wieder der Kuli, und ich verachtete mich dafür.

»Ich sehe den Platz für Anitas Bild genau vor mir«, sagte er, und er zeigte auf jenen erstklassigen Fleck an der Wand, der jedem Börsenspekulanten sofort ins Auge springt, wenn er die Marion Loos Gallery anläßlich einer Vernissage betritt: der Tür zugewandt, gleich rechts.

»Ich hatte nicht die Absicht, es aufzuhängen«, sagte ich. »Es verträgt sich nicht mit den übrigen Bildern.«

»Wirklich, Marion«, sagte Leslie, »jetzt hör aber auf zu maulen. Das ist noch das Wenigste, was du tun kannst. Du hättest zur Trauerfeier kommen sollen. Es tut mir weh, daß du weggeblieben bist.«

Trauer und Stummheit bemächtigten sich seiner Züge. Seine Hände zitterten. Ausnahmsweise einmal nicht, so dachte ich, aufgrund der Lebenskraft, die sie durchschoß, wenn sie wieder neues Unheil ausheckten, sondern infolge echten, kaum bezähmten Kummers; der Verzweiflung des Hinterbliebenen, der weiß, daß das Leben weitergehen muß – oder weshalb sollten wir dessen Verlust um deretwillen, die es gerade haben verlassen müssen, sonst beweinen? –, der jedoch kaum die dazu nötige Willenskraft aufbringt.

»Marion«, sagte Leslie Beck, »wir werden alle älter. Sollten wir nicht einfach vergeben und vergessen? Ist es nicht an der Zeit?«

Das Problem war eher, dachte ich, daß wir alles schon vor langer Zeit vergessen hatten und erst jetzt zu begreifen begannen, daß da noch eine Menge zu vergeben war: noch ein großer unverdaulicher Brocken. Trotzdem, er klang überzeugend.

»Und es ist auch nicht fair, es an Anita auszulassen«, sagte er. »Sie hat es nicht verdient.«

Seine Hand streckte sich aus, um meine zu berühren, und ich wollte das nicht.

»Laß mich darüber nachdenken«, sagte ich und machte mir auf der anderen Seite des Ausstellungsraumes zu schaffen.

Leslie Becks Gezwicke und Getätschel damals, als ich bei ihm arbeitete, war zwar recht häufig gewesen, fand jedoch normalerweise statt, wenn Jocelyn im Zimmer war, so daß ich keine besondere Notiz davon nahm, wie ich es mir ohnehin wohl kaum leisten konnte, deshalb beleidigt zu sein. Allerdings fing ich von ihm zu träumen an, alarmierend anschauliche Träume, in denen ich das Gewicht seines Körpers fühlen und die Beschaffenheit seiner Haut spüren konnte: so etwas wie der Traum der Jungfrau vom idealisierten Sex. Ich glaube, ich war in jenen Jahren ein hoffnungsloser Fall. Vielleicht bin ich es immer noch oder werde jedenfalls von anderen so gesehen. Meine Eltern wußten von Anfang an nichts Rechtes mit mir anzufangen, als hätte ich von meiner Mutter wie von meinem Vater nur Gene geerbt, die ihnen selbst verborgen geblieben waren. Die Mutter meiner Mutter malte; der Großvater meines Vaters spielte Geige in einem Kirchenorchester, doch der kreative Drang hatte Ida und Eric übersprungen, die bloß das sahen, was sie vor der Nase hatten, und die das Verlangen des Künstlers nicht begreifen konnten, sowohl zu deuten, was da war, als auch Neues zu schaffen.

»Nun nimm doch bloß die Nase aus dem Buch«, sagte meine Mutter gern, »und geh an die frische Luft«, und mein Vater setzte, nur halb im Scherz, hinzu: »Das Mädchen wird vor lauter Bildung noch hockenbleiben, wenn es nicht aufpaßt.« Ich brachte mir zusätzlich zu den Büchern Drucke aus der Leihbibliothek mit nach Hause und hängte sie mir in meinem Zimmer an die Wand, und dann sagte meine Mutter über Picasso: »Das könnte ich mit dem

Mund genausogut hinkriegen«, und dergleichen mehr, doch ich will sie nicht herabsetzen oder abfällig von den beiden reden. Sie waren gut, ja liebevoll, und mochte auch der stehende Witz meiner Kindheit darin bestehen, daß sie konstatierten: »Das Kind wird bei der Geburt vertauscht worden sein, unseres ist es jedenfalls nicht«, wenn ich ein handfestes Stück halbkalten panierten Fisch samt seinem Berg erschlaffter fettiger Kartoffelstäbchen und dem roten Klacks Ketchup (als Farbakzent) wegschob, so sagten sie das weniger aus Bosheit als aus Ratlosigkeit. Andere Mädchen hatten einen Freund: Ich hatte keinen. Ich nehme an, ich rümpfte die Nase über so etwas.

In Geschichtenbüchern entdecken Lehrer solche Mädchen wie mich und helfen ihnen aus der kulturellen Wüste heraus, aber ich hatte wohl einfach kein Glück. Ich lernte nie einen Lehrer kennen, der nicht entweder angeödet oder spinnert war oder selbst in einer kulturellen Wüste hockte. Erst als ich Vinnie und Susan, Rosalie und Wallace und, in geringerem Maße, auch Nora und Ed kennenlernte und sie mich in ihren lebendigen, munter schwatzenden, aufgeschlossenen Kreis aufnahmen und ich in Häuser ging, wo Bücher in den Regalen standen, wo es Wein zu trinken gab und alles von einer Art kulturell angehauchter Lebensfreude durchdrungen war – selbst noch, so stellte ich mir vor, das Schlafzimmer – und Lachen und Tränen miteinander abwechselten, ohne daß jemand Schamgefühle hatte, nahm ich meine ersten Atemzüge wahren Lebens. Susan verschaffte mir den Platz am Courtauld und Ed und Nora die Herrschaft über Leslie Becks Souterrain, und da war ich nun, Mitte zwanzig, und träumte von Leslie Beck und fragte mich, wie ich meine Jungfernschaft loswerden sollte. Obwohl ich so eine Ahnung hatte, daß das Junggesellinnendasein und eine angemessene und gewissenhafte Einstellung zur Kunstgeschichte – ja, eigentlich zu allem –

Hand in Hand gingen. Zu jener Zeit, das bitte ich zu bedenken, schrieb ich eine spezielle Untersuchung über illuminierte Handschriften, und der Aufsatz, den ich an dem Tag zu schreiben versuchte, als Jocelyn unter Berufung auf das Psychiatriegesetz in die Klinik eingewiesen wurde, handelte von der Beziehung zwischen klösterlicher Lebensweise und dem Streben nach Auszeichnung. Das sind Dinge, die dazu führen können, daß einen angesichts des heillosen Schlamassels, das die Menschen aus ihrem Leben machen, die Ungeduld packt.

Wahrhaftig war es für mich schockierend gewesen, eines Tages vom Courtauld nach Hause zu kommen und eine hysterische Jocelyn vorzufinden, die gerade durch Leslies Sekretärin Anita ersetzt werden sollte, eine flattrige Rosalie, Klein-Hope mit einer halben Gehirnerschütterung im Garten liegend und Serena, die um ihr Leben nach Atem rang. Das war die schlechte Seite kulturell angehauchter Lebensfreude: Tage wie diese kamen daheim in Idas und Eriks Lebenssphäre einfach nicht vor.

Und ich war empört und auch ein bißchen eifersüchtig, glaube ich wohl, als ich von Anitas Existenz erfuhr. Ich hatte geglaubt, daß Leslies Auge, wenn es denn schon fremdgehen mußte, bestimmt in meine Richtung blicken würde.

Später natürlich, als er das Interesse an Anita verlor, weil sie ihren Zweck erfüllt hatte, da tat es das dann endlich auch; und das ist eine Episode, die noch einmal zu durchleben meine Kraft nicht ganz ausreicht, doch ich vermute, daß ich es dennoch lieber versuchen sollte, da das Wiederauftauchen Leslie Becks in meiner Galerie eine gewisse Wiederbelebung der Vergangenheit unausweichlich gemacht hat, gerade so, als hätte das Schicksal es beabsichtigt: Als hätte es uns diese Erfahrungsmuster vermittelt, damit wir, später im Leben, nachträglich einen gewissen Sinn in ihnen entdecken können. Im Augenblick selbst sind wir schon froh, die Geschehnisse einfach nur zu überleben, nehmen jedes Anbranden des Chaos, wie es kommt, und vergessen, ihm auf den Grund zu gehen.

Ich hoffe doch, Leslie versucht nicht, Aphra zu zwicken oder zu tätscheln. Sie ist von der neuen Schule und wird ihm die Finger abreißen.

»Marion«, sagte Aphra, »Leslie hat recht. Gleich hinter der Tür sieht es einfach gut aus. Da kriegen wir doch immer rote Punkte.«

(Leslie! So schnell also hatte der widerliche Kerl aufgehört, ein widerlicher Kerl zu sein, hatte er in Aphras Augen eine persönliche, vertraute Identität gewonnen. Wie machte er das bloß? Indem er das Jackett ablegte und schwere Sachen herumschleppte, nehme ich an, wobei er gerade eben erst frisch von einer Trauerfeier eingetroffen war. Nicht zu vergessen natürlich die Aussicht auf ein richtiges Abendessen hinterher. Eine Einladung zum Abendessen ist nie zu unterschätzen.) »Das erste, was man sieht, wenn man durch die Tür kommt.«

»Sehen Sie nur, wie sich das Licht in den Vorhängen fängt«, sagte Barbara, die der anderen offensichtlich in puncto Verrat nicht nachstehen wollte. »Ihre Frau war eine wirkliche Könnerin, Mr. Beck. Und wo ich jetzt schon begonnen habe, mich mit den harten Kanten des Kamms anzufreunden, kann ich mich ebensogut auch mit allem übrigen versöhnen...«

Da bist du ja fein raus, dachte ich.

»Und zum Preis«, sagte Leslie Beck, »was meinst du denn Marion? Sechseinhalb?«

»Du mußt verrückt geworden sein«, sagte ich. »Eine gänzlich Unbekannte? In einer Ausstellung, wo alles zwischen drei und fünf liegt und der Kleinkram sich auf die sechshundert zubewegt?«

Und Aphra sagte: »Na ja, wo es doch den tollsten Platz hat, einem als erstes ins Auge fällt, vielleicht könnten wir es da riskieren ...«

Und Barbara sagte: »Es hat wirklich etwas ganz Eigenes an sich – was man schon daran sieht, daß alles andere beginnt, zur Bedeutungslosigkeit zu verblassen. Es ist wirklich *der* Blickfang!«

Ich wünschte mir, Aphra wäre in ihre Schmuddelwohnung zurückgekehrt und Barbara zu ihrem Baby und ihrem Abwasch – wo sie hingehörten. Warum beschäftigte ich bloß solche schwachsinnigen Weiber? Leslie Beck lächelte mir zu, und genau wie ein Duft die ganze Erinnerung zurückbringen kann, so brachte dies Lächeln das mit sich, was, wie ich glaube, die Tönung der Träume, in diesem Fall jener frühen jungfräulichen, genannt wird, stärker als die Erinnerung an irgend etwas, das später kam. Ich setzte mich.

»Müde, Marion?« fragte er.

»Ja«, sagte ich. »Es war eine anstrengende Woche.«

»Für mich noch mehr«, sagte er, und ich wußte, es stimmte.

»Ich nehme sechzig Prozent Kommission«, sagte ich, immer noch unentschlossen.

»Für Freunde machen Sie es aber doch manchmal für dreißig«, sagte Barbara.

»Anita war nicht direkt eine Freundin. Sie war meine Arbeitgeberin«, sagte ich.

»Aber Leslie kennen Sie doch«, sagte Barbara.

»So gut wie eine Frau nur irgend kann«, sagte Leslie, scheu und verwegen zugleich, und setzte sich neben mich auf die kleine vergoldete, gepolsterte Bank mit den geschwungenen Armlehnen, die ich bei Christies aufgegabelt hatte – ein Stück Sperrmüll, genauer gesagt, aus dem Innenleben eines gemäßigten italienischen Renaissancepalastes. Ich fühlte mich ziemlich schlecht. »Meine Güte«, sagte er, »mir ist, als säßen wir auf einem Lustmöbel. Das Ding gehört in ein Bordell.«

Aphra und Barbara betrachteten es mit Interesse.

»Und wie soll das funktionieren?« fragte Aphra. »Ich nehme an, daß die Frau die Beine über die Lehne hängt, und der Mann hinter ihr...«

»Oder die Frau stützt sich auf die Ellbogen, niedergekauert...«, sagte Barbara.

Es war unerträglich. Ich bat die beiden, den Rest ohne mich fertig zu machen, da ich überflüssig zu sein schien, wünschte ihnen viel Spaß bei ihrem japanischen Abendessen mit Leslie Beck, rief ein Taxi, das glücklicherweise prompt eintraf, und fuhr nach Hause.

»Also dann dreißig Prozent?« wollte Leslie wissen, als ich die Galerie verließ.

»Nimm alles«, sagte ich, »was macht das schon?«

Ich fütterte Monet und Manet und beruhigte mich dadurch, daß ich sie in Ekstase streichelte. Und hörte mir ein wenig Vivaldi an, was immer hilft; rief dann Rosalie an und redete eine halbe Stunde am Telefon auf sie ein.

»Warum bin ich bloß so aufgebracht?« fragte ich sie.

»Weil du Schuldgefühle hast«, antwortete Rosalie.

»Wegen Anita?« fragte ich. »Also gut, ich habe mit Leslie Beck geschlafen. Aber das haben auch noch viele andere getan. Was ist daran so ungewöhnlich?«

»Schuldgefühle wegen Anita und auch wegen Leslie Beck«, sagte sie. »Du hast ihn fürchterlich verletzt, und er weiß es noch nicht einmal; und du wirst damit nicht fertig.«

Verletzt? Seit ewigen Zeiten hatte ich Rosalie immer

wieder gebeten, mir mein Verhalten zu erklären, doch nun nahm ich langsam an, ich sollte besser meiner eigenen, weniger oberflächlichen Interpretation folgen. Ich war Leslies Opfer, nicht er meins. Es ist immer die Schuld des Mannes, das weiß doch jeder.

Ich ging zu Bett und träumte von Leslie Beck. Nicht mehr die Träume der Unschuld, die es einst gewesen waren, sondern jene der Erfahrung: vom Durchbohren, Zweiteilen und Festnageln des Körpers, genau in seinem Zentrum, dort wo die Beine in den Rumpf übergehen. Anfangs war alles rostig und quietschig wie ein Ölbohrer, der so lange außer Gebrauch gewesen ist, daß er sich festgefressen hat, doch nach und nach wurde das Eintauchen und Aufsaugen müheloser, rascher und behender, so als erfüllte die Maschine endlich den ihr bestimmten Zweck.

Ich wachte mitten in der Nacht auf und war überzeugt, daß Leslie Beck es gerade in diesem Augenblick entweder mit Aphra oder Barbara trieb, oder mit beiden gleichzeitig, und beschloß, sie auf der Stelle vor die Tür zu setzen. Sie hatten mich ohnehin schon reichlich ausgenutzt. Und dies war das Ende: die absolute Freiheit.

Ich nahm zwei Schlaftabletten, schlief ein, und als ich wieder aufwachte, war ich bestens beieinander.

Soviel zum ruhigen Leben jener, die allein leben, mit nur zwei Katzen zur Gesellschaft, auf der Flucht vor Leslie Beck.

SOWEIT ZU MARION AM FREITAG ABEND. MIT EINIGER ERleichterung verlasse ich ihr Denken und kehre zu meinem eigenen zurück, das müheloser dahinfließt. Marion ist anstrengend. Ich spüre, daß es anstrengend sein muß, Marion zu *sein*. All die Verantwortung und so wenig Vertrauen zu den Menschen und eigentlich niemand, an den sie sich halten kann. Ich glaube, ich bin doch lieber ich, und hacke Tag für Tag an meinem Wordprocessor vor mich hin.

Wie dem auch sei, Leser, oder mutmaßlicher Leser, an jenem Freitagabend ging ich, Nora, zu Rosalie hinüber, um unsere jäh unterbrochene Mittagsunterhaltung wieder aufzunehmen, so plötzlich unterbrochen durch ihren Aufbruch mit Mr. Collier zum Mittagessen. Warum, so fragte ich mich, plagte ich mich bloß mit Gesichtcremes, fettreduzierten Diäten, Kopfhautmassagen, der exakten Länge meiner Röcke und so weiter ab, wenn Rosalie doch anscheinend nichts weiter zu tun brauchte, als herumzuhängen und zu existieren? Aber andererseits – warum sollte ich mir, wo ich Mr. Collier doch niemals auch nur eines zweiten Blickes gewürdigt hatte, Rosalie aus irgendeinem verborgenen Winkel ihres Auges heraus vermutlich aber wohl, nun darüber den Kopf zerbrechen?

Und Ed (mein Mann, falls Sie sich erinnern; derjenige, der liest, während er im Haus umherwandert) würde auch nie von einem Berg stürzen, wie Wallace es getan hat. Ed wird immer wieder zu mir nach Hause zurückkehren, ja, er scheut bereits davor zurück, es ohne mich überhaupt zu verlassen. Morgens küßt er mich zum Abschied, einmal, dann noch einmal, liebevoll und ganz unbekümmert darum, wie sehr er sich wird abhetzen müssen, um seinen Zug zu bekommen. »Den Hügel runterzurennen«, erklärt er, »das kann mir nur guttun. Und je schneller ich renne, desto besser für mich.« Ed schien einmal dazu ausersehen, einer jener bedeutenden Londoner Verleger zu werden, die in hochtrabenden Tönen über das Wesen der Kultur sprechen, statusbewußte Essenseinladungen mit berühmten Schriftstellern absolvieren, ihre Ferien in italienischen Villen bei Contessa Soundso verbringen und sich darüber amüsieren, was Umberto Eco zu Melina Mercouri über die Concorde gesagt hat – doch sein Leben (und dadurch auch meines) hat gottlob eine andere Wende genommen, als meine Eltern es erhofften. Ed ist inzwischen Cheflektor eines Verlages, an dem er bescheidene Anteile besitzt, und hat ein Jahrzehnt lang unbeschadet alle Übernahmeangebote und Massenentlassungen überlebt. Wir leben bescheiden, aber wohlgelaunt. Eds Begeisterung und sein Wissen, was die literarische Seite des Belletristikmarktes betrifft, leben unvermindert fort – sein Glaube, daß auch alle anderen so einsatzfreudig und voller guter Absichten sind wie er selbst, ist im Lauf der Jahrzehnte zwar ein wenig erschüttert worden, aber doch auch wieder nicht kläglich gescheitert. Meine Eltern haben mir gemeinsam ein Haus, ein Auto und dreißigtausend Pfund hinterlassen. Ich wüßte sonst auch nicht, wie ich hätte zurechtkommen sollen. Die *Accord Realtors* zahlen wirklich lächerlich wenig wie, genau betrachtet, auch House of Arbuss, die Verlagsgruppe, für die Ed, indem er einfach immer noch am selben Schreibtisch dieselbe Arbeit verrichtet, mittlerweile arbeitet. Halbwüchsige Kinder sind teuer und brauchen viel Platz. Ed macht seine Arbeit und glaubt im übrigen, wenn er das nur tut, wird sich die Welt um ihn herum schon einzurichten wissen – ich übernehme die Sorgen.

Manchmal habe ich mich gesorgt, daß mein Vorhandensein ihn auf mysteriöse Weise entkräftet haben könnte: Wenn er eine weniger praktische Frau geheiratet hätte, weniger ich weiß nicht was noch alles von dem, was ich alles bin, mit meinem kurzen blonden, praktischen Haar, meinen überschaubaren Gesichtszügen, meinen Röcken, die die richtige Länge haben, eine, die einen ausgeprägten Hang zum Trinken oder zum Ladendiebstahl hätte, hätte er sich vielleicht mehr Temperament erlaubt, wäre er geneigter gewesen, aufrührerische Artikel in Publishers Weekly zu schreiben, statt ebenso ausgewogene wie informative Beiträge in der Book World, wie er es regelmäßig immer getan hat. Er ist ein angesehenes Mitglied seiner Zunft.

Als ich verkündete, ich wolle auf einen Sprung zu Rosalie, statt mir den Dokumentarfilm über die Slums in Argentinien mit ihm anzusehen, blickte er ein bißchen betrübt, widersprach jedoch nicht. Bitte verstehen Sie mich nicht falsch. Ed ist nicht langweilig, oder nur insoweit, wie er *gut* ist, und es gibt einen Bereich, in dem diese Eigenschaften zusammengehören.

Rosalie telefonierte gerade mit Marion, als ich eintraf. Ich machte mir einen Kaffee. Catharine war im College und Alan ausgegangen. In zwei Zimmern lief ein Fernseher, den niemand beachtete. Ich schaltete beide Apparate aus, den Dokumentarfilm über die Slums in Argentinien inbegriffen, den zu versäumen mich zugleich mit Freude und Schuldgefühlen erfüllte. Eds Vorlieben sind meinen überlegen: Wir leben mit einer gewissen Förmlichkeit, uns wohl bewußt, daß die schlechten Dinge den guten den Garaus machen, daß Kinder, die heute Comics lesen, sich morgen nicht den Klassikern zuwenden werden. Die Fernsehprogramme werden sorgfältig auf ihre kulturelle und ideologische Vertretbarkeit hin ausgewählt – und Ed hat recht: Es ist ja nur, daß ich mich manchmal nach der ungestümen Energie dessen sehne, was zufällig ist und mehr dem gewöhnlichen Geschmack entspricht. Bei uns zu Hause wird das Licht ausgeknipst, damit keine Energie verschwendet wird, Mahlzeiten werden am Tisch eingenommen und nicht vor dem Fernseher auf dem Knie balanciert, die Katze wird regelmäßig entwurmt, die Kinder waschen abwechselnd das Geschirr ab. Mir selbst überlassen, würde ich, glaube ich, genauso leben wie Rosalie, seit Wallace verschwunden ist: nicht ständig von meiner Vervollkommnung in Anspruch genommen, nicht ewig in dem Gedanken, daß es der Disziplin und erheblicher Anstrengungen bedarf, wenn nicht alles einfach nur den Bach hinuntergehen soll, zum Chaos verkommen und von dort aus, wenn die Energie schwindet, schließlich zu einem einzigen großen Schlendrian zerfließen. Eher würde ich mir sagen: Schön, das Leben ist kurz, wenn es also dein Schönstes ist, Pralinen zu essen und dir dabei ein Horrorvideo anzuschauen, dann nur zu, tu es!

Ich tat sogar Zucker in beide Tassen Kaffee, nicht nur in Rosalies.

»Jetzt, wo Leslie Beck wieder da ist«, sagte Rosalie, als sie endlich den Hörer auflegte, »ist er auch zum Bleiben entschlossen. Das war Marion. Leslie Beck hat ihre Kommission für die Galerie auf dreißig Prozent gedrückt, ja womöglich auf gar keine. Die muß in einem Zustand sein!«, und sie gab mir Marions Bericht über die Zweite-Beck-Begegnung wieder, den ich, Nora, Ihnen ja schon geliefert habe. Und dann fragte ich Rosalie über das Mittagessen mit Mr. Collier aus. Worüber sie denn gesprochen hätten? Ob ich auch erwähnt worden sei? Wer bezahlt habe? Was als nächstes passieren werde?

Rosalie lachte und sagte: »Ich weiß, was du denkst, Nora.

Du fragst dich, wie verzweifelt meine Lage sein muß, wenn ich mit einem so widerlichen Kerl wie Collier ausgehe. Ihm die Brille abnehme, ihm den Anzug ausziehe ...« (Sie hatte doch wohl nicht *wirklich*? Ausgeschlossen!) »Er ist ein Mann wie jeder andere auch. Dein Problem ist, du bist zu kritisch. Du bist zu mäkelig. Wie Marion, nur glücklicher dran, weil du und Ed euch schon ganz früh zusammengetan habt, als der Drang noch stark war, und dann seid ihr zusammengewachsen. Du weißt doch noch nicht mal ahnungsweise, was es heißt, allein zu sein, oder was für ein Mensch du wärst, wenn du nicht mit Ed verheiratet wärst.«

»Ich würde prima allein zurechtkommen«, sagte ich. »Bei dir war es doch genauso, und dir geht's gut.«

»Es war nicht genauso«, sagte sie. »Wallace und ich, wir lebten immer schon jeder mehr für sich. Wir haben einander nie verstanden oder es auch nur versucht. Ich glaube nicht, daß du ohne Ed leben könntest, und das weißt du auch, sonst wärst du, als du ihn mit Susan im Bett erwischt hast, nicht dermaßen in Panik geraten.«

»Fast im Bett«, sagte ich, »und ganz bestimmt nicht *im* Bett, nur obendrauf haben sie sich gewälzt, auf dem Gästebett, zwischen den Mänteln, und das auch nur, weil sie Hasch in die Mousse au chocolat getan hatte. Trotzdem, es war unverzeihlich von ihr.«

»Ich glaube nicht, daß es Susan war, die das in die Mousse getan hat«, sagte Rosalie. »Das ist nicht gerade wahrscheinlich. Ich finde, das sieht weit mehr nach Vinnie aus, der die sechziger Jahre immer noch nicht überwunden hat. Vielleicht war sie ja nicht weniger Opfer als Ed – vielleicht ist es ja Zeit, daß du Susan verzeihst.«

Ich wollte jedoch nicht darüber reden. Der Zwischenfall mit Susan und Ed, das letzte der Großen Ereignisse, der Bedeutenden Hürden – ganze sieben Jahre war unser Leben in Richmond bereits alt, und Große Ereignisse, Große

Hürden hätten längst hinter uns liegen, alle hätten in Frieden und ehelicher Treue leben sollen, ohne an Scheidung auch nur zu denken und ohne von Emotionen aus dem Gleichgewicht geworfen zu werden, derer wir nicht Herr wurden, von Motiven getrieben, die wir nicht verstanden –, dieser Zwischenfall also hatte meinen Seelenfrieden erschüttert: Und obwohl ich wußte, daß Ed in der Tat zu mir gehörte und ich zu Ed, war doch unser Ganz- und Einssein getrübt worden. In diesem Sinne äußerte ich mich jetzt auch Rosalie gegenüber. Ich konnte nicht verzeihen. Noch nicht.

»Du bist eine solche Heuchlerin«, sagte Rosalie, »und mißt, was Ed und dich angeht, mit zweierlei Maß«, und ich hätte was drum gegeben, sie nicht besucht zu haben, auch wenn die Alternative die Slums von Argentinien waren. Sie hatte allerdings recht: Natürlich hatte sie recht. Ich muß ausgesehen haben, als wäre ich beleidigt, obwohl es nicht so war, denn sie fing an, über ihr Verhältnis mit Leslie Beck zu reden, damals, vor langer Zeit, als eine Art Friedensangebot. Und zwar erzählte sie folgendes ...

Es freut mich, Leser, Sie zu Anfang von Rosalies Affäre mit Leslie Beck an die frische Luft führen zu können, an die Küste von Dorset nämlich, wo die Wellen sich an den Klippen brechen wie eine rasende Frau, die mit den Fäusten gegen die Brust eines ungerührten Liebhabers trommelt – wenn Sie mir diese recht angestrengte Metapher nachsehen wollen, aber sie kam mir nun einmal in den Sinn –, und der Himmel sich hoch empor wölbt, windgepeitscht und ahnungslos. Es ist mir ein Vergnügen, und Ihnen vielleicht auch, weit weg zu sein vom heimischen Herd, vom Fernseher, von Maklerbüros, Kunstgalerien und ganz allgemein jenen Gefilden, die die Menschheit zu ihrer Sicherheit und Bequemlichkeit ersonnen hat, zu ihrer Ablenkung und zur individuellen Manifestation des sozialen Rangs. Zugegeben, ich hab bereits die eine oder andere Straße beschrieben und auch, wie Jocelyn draußen vor Leslies Büro stand und ihren Zorn hinausschrie (während sie versuchte, zu ihm hineinzugelangen, so schnell wie möglich die Situation draußen wieder mit der drinnen zu vertauschen), doch das alles hatte noch irgendwas mit Hauspreisen zu tun, und ich habe mich nicht damit begnügt, Sie und die Preise einfach *in Ruhe* zu lassen. Im Grunde mag ich es, wenn Sie denken und nicht nur zugucken.

Was halten Sie also davon, sich nun zu unserer, wenn auch peinlichen, Erbauung, diese beiden, Rosalie und Leslie, einfach nur anzuschauen, wie sie da einen menschenleeren Strand entlangwandern? Eher ein kurzes Stück Strand, so hat es sich gefügt, denn steil aufragende Landzungen begrenzen es von beiden Seiten. Eine davon haben sie eben umrundet, um dorthin zu gelangen, wo sie gerade sind, und streben nun auf die zweite zu. Ihr Auto ist liegengeblieben, sie sind unterwegs, um Hilfe zu holen. Leslie ist noch mit Jocelyn verheiratet. Rosalie ist mit Wallace verheiratet. Wallace ist auf einer Expedition am Everest oben. Er hätte schon vor zwei Tagen zum Basislager zurückfunken sollen, hat das aber versäumt. Das mag durchaus daran liegen, daß die Funkbedingungen schlecht sind, könnte aber auch bedeuten, daß die Dreier-Seilschaft, der er angehörte, verunglückt ist. Wallace hat einen Stich von Whimpers Seilschaft, wie sie gerade vom Matterhorn fällt, im Haus in Bramley Terrace über dem Kamin hängen, und Rosalie muß immer daran denken. Rosalie ist erst seit ein paar Monaten verheiratet und gekränkt, weil Wallace ihr den Himalaya vorzieht. Sie tut sich schwer damit, ihm zu verzeihen, daß er sie in solche Angst um sein Wohlergehen versetzt und gleichzeitig dabei den Wunsch in ihr weckt, er möge nie mehr zurückkehren – aus ihrem Leben ebenso rasch wieder verschwinden, wie er darin aufgetaucht ist, von Liebe redend und Integrität; und wie könnte das besser und einfacher geschehen als durch seinen Tod?

Leslie schreitet tüchtig aus. Er ist zwar nicht sehr groß, aber er ist robust, kräftig und energiegeladen. Rosalie muß beinah rennen, um mit ihm Schritt zu halten, und das bewirkt, daß sie sich wie ein Kind und merkwürdig abhängig vorkommt. Er hat Jeans und ein Hemd an, das bis zur Taille offen ist, hat kleingelocktes rötliches Haar auf der Brust, und darin trägt er, gegen den Wunsch seiner Frau, ein goldenes Medaillon, das ihm dieselbe Frau zur Hochzeit geschenkt hat, einer Feier, die Anlaß zum Austausch einer Menge wertvoller Geschenke war. Das Medaillon ist eine Antiquität und ungeheuer wertvoll, oder war es jedenfalls, und zeigt Europa, wie sie auf dem Rücken eines Stiers ins Meer reitet. Leslie ging damit zum Juwelier, der ein Loch hineinmachte, es auf eine Kette zog und die Gravur stärker herausfeilte, so daß man sehen konnte, was da los war, und seitdem ist es aus mit dem Wert. Das Haar reicht Leslie bis zum Kragen und ringelt sich wie das eines Kindes. Rosalie trägt ein weichfallendes Kleid mit einem langen Rock aus purpurrotem Pannesamt, das viel zu warm ist, und ihre Schuhe sind zu eng. Sie hat noch nie gewußt, wann sie was anziehen soll, mag aber nun einmal Purpurrot.

Jocelyn hatte sie an jenem Morgen angerufen und gesagt: »Rosalie, Leslie und ich fahren heute mit Hope und Serena ans Meer. Wir haben gehört, daß Wallace nicht da ist. Wie wär's, wenn du auch mitkämst?«

Also zog Rosalie irgend etwas über, das sich gerade anbot, ohne weiter nachzudenken oder sich auch nur zu fragen, weshalb Jocelyn sie eingeladen hatte.

Was schnell genug klar wurde. Das Au-pair-Mädchen Helga hatte sich den Sonntag unverantwortlicherweise frei genommen, da sie ihn als arbeitsfreien Tag betrachtete und nicht als den, an dem sie offenkundig am meisten gebraucht wurde, und Jocelyn hatte auf einmal niemanden, der ihr mit den Kindern helfen konnte. Hope steckte noch in den Windeln und saß die ganze Zeit feucht auf Rosalies Schoß.

Stellen Sie sich die Küste vor, wie sie daran entlanglaufen.

A, B und C sind Strände, X, Y und Z Landzungen. D ist die Stelle, wo Jocelyn mit Serena und Hope in einem geparkten Auto sitzt, das nicht anspringen will. Leslie nimmt die Abkürzung am Wasser entlang, um zum Dorf (F) zu gelangen und von dort den Automobilclub anzurufen. Rosalie begleitet Leslie, weil Jocelyn sie darum gebeten hat, denn Serena und Hope sind erstaunlicherweise im Auto eingeschlafen, und Jocelyn will nicht, daß Rosalie sie mit ihrem Geplapper aufweckt. Rosalie ist ein wenig gekränkt, weil Jocelyn nicht im mindesten eifersüchtig auf sie ist, da sie sich so überlegen fühlt, daß sie sich keine Sorgen zu machen braucht, oder jedenfalls reimt Rosalie sich das so zusammen.

Der Gang über Strand A verläuft ohne Zwischenfälle. Leslie spricht über sein Gesuch, bei Agee & Rowlands zum Direktor aufzusteigen: Er ist es leid, sich mit unbedeutenden Vorhaben abzugeben. Er möchte sich auf große Projekte verlegen. Es zeugt von gefährlichem Ehrgeiz, wenn einer Berge versetzen, Flüsse umleiten, Staudämme errichten, eben ganz allgemein Gott bei seinem Vorhaben mit der menschlichen Rasse ins Handwerk pfuschen will, aber trotzdem ist es beeindruckend, und Rosalie ist beeindruckt. Sie geht mit gesenktem Kopf, um kleiner zu wirken; ihre Schuhe könnten kaum flacher sein. Sie kommt sich schülerhaft vor. »Ist jetzt Ebbe oder Flut?« fragt sie, und der purpurrote Pannesamt schimmert in der Sonne. Ihre Augen sind sehr blau. Und die von Leslie Beck ebenfalls. Sie hat schmale, abfallende Schultern und in jenen Tagen einen seelenvollen, präraffaelitischen Blick. Ihr krauses Haar ist wie ein Glorienschein, während sie mit dem Rücken zum Meer steht und Leslie Beck und die Steilküste hinter ihm anschaut. Und das Meer kriecht höher und höher, an den Fuß von Landzunge X heran. Sie lassen sich Zeit.

»Ebbe«, sagte Leslie.

»Das ist seltsam«, sagt Rosalie, »weil mir nämlich die letzte Welle die Schuhe naß gemacht hat und die davor nicht.«

»Dann zieh die Schuhe doch aus«, sagt Leslie, und sie schleudert sie über die nackte Schulter ins Meer.

»Rosalie«, sagte ich zu ihr, »jetzt bleibst du nicht ganz bei der Wahrheit.«

»Es entspricht der Wahrheit im wesentlichen«, sagte sie. »Ich hab mein Leben lang alles auf das Wesentliche abgestellt.«

So kam es also, daß Leslie und Rosalie, während Jocelyn, unsichtbar auf der anderen Seite der Landzunge, ohne allen Argwohn Hope und Serena beruhigte (beide bekamen die Flasche, Jocelyn hatte keine Lust zum Stillen, und wer will ihr das verdenken? Als letzte doch wohl ich, Nora, ob nun modern oder nicht. Kleine Zicklein, die an der Zitze zerren! Bäh!), herumtollten und -poussierten und die Wellen zählten, um festzustellen, ob wirklich jede siebte die größte war, wie es hieß, und nach ihren Schuhen haschten, um sie dann abermals hinaustragen zu lassen. Leslie streifte seine ebenfalls ab und zog sein Hemd aus, und das

Haar auf seiner Brust war kleingelockt, drahtig und üppig, wie das Haar von Wallace' rotem Setter, den er um jeden Preis mit in die Ehe hatte bringen wollen und um den sie sich während seiner Abwesenheit kümmern sollte. Aber ob Wallace überhaupt je zurückkam? Oder lag er steifgefroren in einer Gletscherspalte, mit einem auf ewig schlaffen und blaugeschwollenen Penis?

»Mir ist so heiß!« rief Rosalie, und tatsächlich schien die Sonne heiß und stark von oben herab, und das Meer, das mittlerweile um die Landzunge geflutet kam, war erstaunlich wild und lebhaft.

»Dann zieh doch dein Kleid aus«, sagte er. »So was trägt man im Winter und nicht im Sommer. Das kann selbst ich dir als Mann sagen.«

»Das geht ja wohl schlecht«, sagte sie.

»Nun zier dich bloß nicht«, sagte er, »ich kann Frauen, die sich zieren, nicht ausstehen. Und vermutlich hast du drunter noch mehr Zeug an, als die meisten Frauen obendrüber tragen.«

»Wie willst du denn das wissen?« fragte sie und zog ihr Kleid aus, die langen dünnen Arme emporgereckt, weich beflaumt von feinen blonden Härchen, und stand da in weißem Diolen-Unterrock über wehrhaftem weißem Schlüpfer und einem handfesten BH von Marks & Spencer, der nicht übertrieben weiß war, da er, lang, lang war's her, zusammen mit Wallace' everestblauem Bergsteigerhemd gewaschen worden war. Ein Andenken an Wallace. Und sie umrundeten Landzunge X, hüfttief im Wasser.

Und da waren sie nun, in der nächsten menschenleeren kleinen Bucht, an Strand B, und die Möwen kreischten, und die Sonne schien ihnen in die Augen. Leslie Beck lachte, und Rosalie war sich nicht sicher, ob sie das Lachen oder den Gedanken, der dahinterstand, mochte.

»Wir können Jocelyn da nicht einfach im Wagen sitzenlassen«, sagte Rosalie, »das ist nicht fair.«

Leslie Beck hob eine Braue.

»Hättest ja nicht mitkommen müssen«, sagte er.

»Sie hat doch nicht gewollt, daß ich dablieb«, sagte Rosalie traurig. »Ich sollte ja mit.«

»Ich kenne das Gefühl nur allzu gut«, sagte Leslie Beck mit ebenso großer oder womöglich noch größerer Traurigkeit.

Und, ernüchtert, setzten sie ihren Weg in Richtung Landzunge Y fort, um Jocelyn gefällig zu sein, die ihnen nicht gefällig sein wollte.

Es fiel ihnen leichter, über die Felsen zu klettern und Landzunge Y zu überwinden, während sie erörterten, ob das wohl an der Flut lag, die hereinkam, wie Leslie meinte, oder ob die Felsen, über die sie kletterten, jedesmal anders waren.

»Du bist doch gelernter Bauingenieur«, sagte Rosalie, »ich hätte gedacht, da wüßte man so was.«

»Hast du das wirklich gesagt?« fragte ich.

»So etwas Ähnliches«, sagte Rosalie. »Leslie rutschte mit dem Fuß ins Meer ab und mußte seine Jeans ausziehen.«

»Wenn die Sonne so heiß war«, sagte ich, »da wären sie doch auch im Nu getrocknet, wenn er sie angelassen hätte.«

»Nun sieh doch nicht alles immer so praktisch«, beschwerte Rosalie sich.

Wie dem auch sei, Leslie und Rosalie umrundeten die Landzunge und befanden sich an Strand C, einer reizenden kleinen Bucht mit weißem, steil ansteigendem Terrain, wo die Gischt in raschem Wechsel anbrandete und sich wieder zurückfallen ließ.

»Wenn wir nicht vorsichtig sind«, meinte Rosalie, »werden wir noch von der Flut abgeschnitten.«

»Herrje«, sagte Leslie Beck, »ich glaube, da hast du recht.« Und sie inspizierten Landzunge Z, doch, ach, das Meer hatte die Felsen bereits bedeckt und brandete auf eine äußerst wilde, gefährliche Weise hinein und hinaus.

»Ich kann nicht schwimmen«, sagte Rosalie.

»Ich auch nicht«, sagte Leslie Beck.

»Das ist doch gar nicht wahr!« sagte ich. »Es ist einfach nicht wahr!«

»Ich habe später erst schwimmen gelernt«, sagte Rosalie. »Als ich eingesehen hatte, wie wichtig es ist.«

Was konnten sie schon anderes tun, als abzuwarten und die Wasserhöhe zu inspizieren, um zu sehen, ob sie damit rechnen durften zu überleben, und schließlich festzustellen, daß sie so etwa ein Meter fünfzig von den Klippen entfernt verlief, einem Abstand, etwa gerade so breit, meinte Leslie Beck, wie ein Doppelbett.

Sie saßen am Fuß der Klippe und warteten auf das Steigen der Flut. Rosalie nahm ihren Marks-&-Spencer-BH ab und legte sich bäuchlings zum Sonnenbaden in den Sand, während Leslie den immer schmaler werdenden Streifen Strand auf und ab ging, der mittlerweile nur mehr die Breite eines anderthalbschläfrigen Bettes hatte. Dann sagte er: »Da nehme ich doch am besten ebenfalls ein Sonnenbad«, zog sich die restlichen Kleider aus und legte sich neben sie, aus Gründen der Schicklichkeit ebenfalls auf die Vorderseite, doch nicht, ehe sie nicht einen flüchtigen Blick auf das erhascht hatte, was er als seinen Dingdong bezeichnete, seinen prächtigen Dingdong, gewaltig selbst in Ruhestellung in seinem Nest aus rötlichem Haar. Allerdings wußte sie bereits Bescheid über die Größe seines

Schwanzes. Marion hatte ihn eines Morgens erblickt, als sie die Badezimmertür aufstieß, die er abzuschließen versäumt hatte, und hatte Meldung gemacht. Und zweifellos lag diese Tatsache uns allen auf dem Gemüt, auch wenn es uns damals zuwider gewesen wäre, das zuzugeben.

»Wie vulgär«, sagte ich, »wie unsäglich vulgär er war, Leslie Beck der Prachtvolle.«

»Wie prachtvoll er doch war«, sagte Rosalie, »Leslie Beck der Vulgäre.«

»Die Frauen sind einfach zu nett zu den Männern«, sagte ich. »Ewig erzählen sie ihnen, die Größe spiele keine Rolle.«

Rosalie spürte die erste kalte Berührung des Schaums an der einen Flanke, quiekte und rollte sich herum, in Leslie Becks Arme, und spürte etwas Langes, Hartes an der anderen.

»Und wenn ich nun schwanger werde?«, sagte Rosalie.

»Ich kümmere mich schon darum«, sagte Leslie Beck – berühmte letzte Worte –, »und außerdem steht die Flut jetzt schon reichlich über der Hochwassermarke, und wenn du mich fragst, ist das eine Springflut, und warum sollen wir da nicht wenigstens glücklich sterben?« Und immer noch zögerte sie – sie sprach sogar von Wallace.

»Beschütz meinen prachtvollen Dingdong«, bat er, »vor der Beschädigung durch Sonne, See und Salz. Beschatte ihn, beschirme ihn, umhülle ihn, hab Mitleid mit ihm. Du hast ja keine Ahnung, wie weh das Ding tut, wenn man seine Absichten vereitelt. Er ist der Segen der Frauen, aber mein Fluch.«

Das tat Rosalie denn auch, und immer näher rollten sie an den Fuß der Klippe heran, ineinander verhakt, heiß, feucht, sandig, mit schrillem Geschrei, während die Flut unter sie und über sie schwappte, warm, dünn und schaumig unten, kalt und klar oben, und der Tod schien gar nicht mal etwas so Schreckliches zu sein oder tatsächlich nur die Leiter zum Himmel, die sie sich hinaufmühten. Jedenfalls behauptete Rosalie das, wenn ich etwas Derartiges auch kaum glauben kann.

Und dann war da kein kaltes Wasser mehr oben oder Schaum unten, denn die Flut hatte ihren Höhepunkt überschritten und wich nun ebenso rasch zurück, wie sie sich herangemacht hatte. Wie durch ein Wunder wurde plötzlich Rosalies Schuh . . .

»Rosalie, das *erfindest* du doch!«

»Nein, nein.«

. . . an den Strand gespült und Leslie Becks Jeans landeten daneben. Sein goldenes Medaillon, das Hochzeitsgeschenk von Jocelyn, das über ihren Augen hin und her schwang, schlug, ding, gegen seine Brust und prallte wieder davon ab, und noch einmal, ding, ding, ding, ding . . .

»Mit Mr. Collier wäre das sicher nicht so«, sagte ich.

»Woher willst du das wissen?« fragte sie. »Woher willst du das wissen?«

Und wir verstummten beide. Wir wußten es nur zu gut. Es half ja alles nichts. Damals, das waren die Tage des Außergewöhnlichen gewesen, die heute waren die des Gewöhnlichen.

Und dann, sagte Rosalie, entdeckte Leslie Ding – tut mir leid, ein Versprecher –, Leslie Beck doch tatsächlich einen Pfad auf die Klippen hinauf, den sie beide übersehen hatten, und als sie im Dorf anlangten, trafen sie Jocelyn, Hope und Serena wartend vor dem Postamt an. Als sie versucht hatte, den Wagen anzulassen, da war der Motor angesprungen.

»Ich habe ihn wohl absaufen lassen«, sagte Leslie Beck. »Ich bin schließlich kein Mechaniker!«

Woraufhin Jocelyn zugleich überrascht und sauer antwortete, sie habe angenommen, Leslie habe eine Prüfung als Maschinenbauer abgelegt, oder hatte er das ebenfalls nur erfunden? Sie war unmöglich.

»Und vermutlich hast du dann eine Gezeitentabelle im Handschuhfach gefunden«, sagte ich zu Rosalie, und sie wirkte überrascht und sagte: »Ja, ganz zufällig! Aber das kann er doch nicht geplant haben. Oder? Ich kann im Ernst nicht glauben, daß er an dem Morgen zu Jocelyn gesagt haben soll: Was, kein Au-pair-Mädchen? Da nehmen wir doch die arme Rosalie, die wird uns schon helfen, und ihr Mann ist weg, da wird sie froh sein, etwas zu tun zu haben. Und dann soll er es so eingerichtet haben, daß der Wagen um ein Uhr achtundfünfzig stehengeblieben ist, und sich nach den Gezeiten gerichtet und nur ein ganz kleines bißchen geirrt haben, so daß denn alles etwas wäßriger war als geplant? Nun sei aber nicht albern, Nora. Es war alles vollkommen spontan und deshalb auch verzeihlich.«

»Und so«, sagte ich, »ist Catharine gezeugt worden.«

»Ja«, sagte Rosalie schließlich. »Du brauchst sie ja nur anzuschauen. Sie ist Leslies Kind. Hübsche gerade Zähne in einem hübschen breiten Unterkiefer.«

»Ich wundere mich, daß du sie nicht Neriade genannt hast oder sonst was Feuchtes. Catharine scheint, gemessen an den Umständen, ein so gewöhnlicher Name zu sein.« Und ich wünschte, eines meiner Kinder wäre von Leslie Beck, nicht von Ed, und versuchte, mich zu erinnern, ob das eventuell möglich war. Es ist so leicht, sich an derlei Dinge nicht mehr erinnern zu können. Was ungelegen ist, wird vergessen.

»Wallace mochte gewöhnliche Namen«, sagte Rosalie. »Er meinte, es gebe auch so schon genug im Leben, womit man fertig werden müsse, da brauche man sich nicht mit seinem Namen noch ein weiteres Hindernis einzubrocken.«

Wir ließen uns das durch den Kopf gehen.

»Nora«, setzte Rosalie hinzu, »ich war sehr jung. Ich hatte zu der Zeit noch keine Kinder. Mir war nicht klar, wie ernst die Dinge werden können. Und wenn ich es gewußt hätte, hätte ich Jocelyn das nicht angetan, was ich getan habe.«

»Ich glaub's einfach nicht«, sagte sie nach einer Weile. Des weiteren erörterten wir die Natur des männlichen Geschlechtsorgans und kamen überein, daß dessen Länge und Stärke zwar zweifellos den Lustgewinn vermehren könne, aber nicht viel mit ehelicher Liebe zu tun habe. Wir waren, was unsere Diskussion anging, jedoch mittlerweile nicht mehr mit dem Herzen dabei. Ich glaube, wir waren beide von wehmütiger Melancholie befallen und hatten an jenem Freitagabend weder den Mut noch die Energie, zu einer kühneren Schlußfolgerung zu gelangen.

Rosalie hatte auf dem Rückweg mit Serena auf dem Schoß hinten im Wagen gesessen. Jocelyn hielt Hope auf dem Beifahrersitz auf dem Schoß. Damals war nichts Ungewöhnliches daran, daß man Kinder so transportierte, und Sicherheitsgurte wurden natürlich nur selten angelegt. Die Leute waren eher bereit, dem Glück zu vertrauen. Leslie Beck fuhr ziemlich ruckhaft, dachte Rosalie, was sie einigermaßen tröstete, da sie daraus den Schluß zog, daß er lieber sie als Jocelyn neben sich sitzen gehabt hätte.

Serena streckte vom Rücksitz ihre kleine Hand aus, um ihrer Mutter über das kurze, leicht zu pflegende Haar zu streichen, und Rosalie war gerührt und schämte sich wieder, jedenfalls ein Weilchen, nur bis sie zurück in den Rothwells waren, und Leslie in die Bramleys einbog, und Jocelyn sagte...

»Ach nein, Leslie, laß uns lieber direkt nach Hause fahren. Die Kinder sind todmüde. Rosalie hat doch nur ein paar Minuten bis nach Hause«, und Leslie schlug wieder den Kurs Richtung Rothwell Gardens ein.

»Sie fänden es herrlich, wenn du ihnen eine Gutenachtgeschichte vorlesen würdest«, sagte Leslie zu Rosalie, als sie das Zubehör eines Sonntagsausflugs mit den Kindern ans Meer auseinanderdividierten, doch Rosalie lehnte ab, sie müsse nach Hause, und als sie dort eintraf, fand sie ein Telegramm vor von der Everestexpedition, aus dem hervorging, daß Wallace auf dem Heimweg war, mit leichten Erfrierungen an der Nase, doch ohne ernsthafte Schäden – sie sollte ihn am selben Abend noch vom Flughafen abholen. Sie mußte sich sofort auf den Weg machen.

»*The dong with the luminous nose*«, sagte ich. Sie lachte nicht. »*Over the mountains and hills he goes.*« Edward Lear, den manche Leute als Dichter und Humoristen bezeichnen, den ich hingegen rundheraus verrückt nenne, hat eine schöne, wilde Hintergründigkeit für diejenigen, die wissen, wonach sie suchen.

»Ich hab Leslie nicht geliebt«, sagte Rosalie. »Jedenfalls war es nicht die Art schrecklicher, grauenhafter, närrischer, glorioser Liebe, die man für Männer empfinden kann, die einen schlecht behandeln. Die Größe des Schwanzes ist nicht ausschlaggebend für die Tiefe des Gefühls, das er hervorruft. Die Flecken und wunden Stellen von Kieseln, Muschelschalen und von seinem Medaillon überall an meinem Körper waren erst zwei Tage später zu sehen, so daß ich sie Wallace anlasten konnte. Er war sehr erfreut, mich wiederzusehen: Er hatte eine gräßliche Beinahebegegnung mit dem Tod gehabt und erklärte, er werde nie wieder einen Berg besteigen. Er wisse nun das Leben selbst zu schätzen, für das ich stünde, und habe seinen Todeshunger verloren. Wir waren wieder sehr glücklich, bis der Annapurna eines Tages leicht an sein Innerstes rührte, und weg war er. Um seinen Lebensunterhalt zu verdienen, wie er sagte, damit ernähre er seine kleine Familie. Diesmal fahre er nicht, weil er wolle, sondern weil er fahren müsse.«

»Das war zweifellos schon besser. Doch es war mir zuwider, daß Wallace uns als ›seine kleine Familie‹ bezeichnete. Es hörte sich nicht aufrichtig an, es war, als existierten wir nur als Schnappschüsse in seiner Tasche. Es war sentimental.«

»Wenn Catharine nicht von ihm war, konnte er wohl nur so empfinden.«

»Aber das wußte er doch nicht. Woher denn auch?«

»Mal angenommen, Leslie hätte es Jocelyn erzählt, mal angenommen, er war diese Art von Mann. Und mal angenommen, Jocelyn hätte es Wallace erzählt?«

»Ich hätte es abgestritten. Ich hätte gesagt, das sei eine typisch männliche Phantasie von Leslie Beck. Im Kopf hatte ich mir längst alles zurechtgelegt. Ich weiß noch, wie ich mit einer Nagelfeile die Medaillonquetschungen bearbeitet habe, um den Abdruck des Stiers zu verwischen, aber es tat zu weh, so daß ich es aufgeben mußte. Statt dessen hab ich eine Menge Schminke benutzt. Ich mußte sie extra kaufen. Ich hatte nicht die Angewohnheit, Kosmetika zu kaufen. Ich wollte mit aller Macht verhindern, daß Wallace es erfuhr. Ich habe es keinen Augenblick lang bereut, aber ich wollte nicht, daß Wallace es erfuhr.«

»Und keine Schuldgefühle wegen Jocelyn? Nicht einmal, wenn du bei ihr zum Dinner warst, wenn du zum Kaffeetrinken bei ihr hereingeschaut hast?«

»Ich fand einfach nur, daß sie blöd war: Einen Familienausflug mit einer wie mir zu unternehmen und dann ihren Mann allein mit mir losziehen zu lassen.«

»Das hört sich eher so an, als sei sie nett gewesen«, bemerkte ich.

»War sie aber nicht, stimmt's?«

»Nein«, mußte ich zugeben.

»Sie tat mir leid. Deswegen bin ich auch weiter zum Kaffee zu ihr gegangen. Sie schien einsam zu sein.«

Wir dachten beide über diese Feststellung nach. Die sich auch nicht aufrichtig anhörte.

»Du bist aus Schadenfreude zu ihr gegangen«, sagte ich schließlich.

»Ja«, sagte Rosalie. »Ich hatte ihr etwas unter der Nase weggeklaut, und ich genoß es.«

»Du altes Scheusal«, sagte ich.

»Ich altes Scheusal«, sagte sie. »Wir alten Scheusale, so ziemlich alle miteinander.«

Das Telefon läutete. Es war Ed, der wissen wollte, wie es mir ging, und vorschlug, doch noch einen interessanten Film über Gletscher anzuschauen. Rosalie würde ihn ja womöglich auch gern sehen. Ich dankte ihm für den Hinweis. Das traute Heim rief, doch ich widerstand. Colin sei noch nicht zurück, sagte Ed. Hätte er nicht schon dasein sollen? Ob ich meinte, daß er eine Freundin habe. Der Gedanke schien ihn zu beunruhigen.

»Möge seine Lebenskraft mit ihm sein!« sagte ich. »Ich hoffe es jedenfalls. Bis später«, und legte auf, und dann hatte ich Gewissensbisse. Ich hatte mit Rosalie gemeinsame Sache gegen Ed gemacht. Es ist genau das, was Ehemänner immer befürchten, und was dann auch passiert, und warum sie sich gegen die Freundinnen ihrer Frauen sperren, selbst noch die besten.

»Das Schlimme ist«, sagte Rosalie, »diese Szenen, diese Vorkommnisse brennen sich einem ins Gemüt. Ich liebte Leslie Beck zwar nicht, doch ich fing auch so an zu träumen, und die Träume verstörten mich, und wenn Wallace und ich Streit hatten, dann war das, so ging mir bald schon auf, immer nach einem dieser Träume. Somit mußte ich akzeptieren, was ich zuvor nie getan hatte, daß ich zumindest teilweise an unseren Streitigkeiten schuld war, und am Ende stritten wir dann kaum noch. Vermutlich ist das Leslie Beck zu verdanken.«

»Du kannst nicht sagen: ›am Ende‹«, sagte ich, »weil es ja vielleicht noch gar nicht zu Ende ist. Wallace kann jeden Augenblick durch die Tür spaziert kommen, mit Erfrierungen an der Nase oder Schlimmerem – und was dann?«

Rosalie zuckte die Achseln. Sie wollte über derlei Dinge jetzt nicht nachdenken.

»Ich will noch mehr hören«, sagte ich. »Ich will mehr über dich und Leslie Beck erfahren und will es zugleich doch nicht, weil es weh tut.«

»Da ist nicht mehr«, sagte sie. »Außer Catharine. Nach der Episode am Strand habe ich von Leslie so etwa zehn Tage nichts gehört. Ich war so sehr damit beschäftigt, daß Wallace wieder zu Hause war, und mit den Ärzten und den Medien, die Fragen stellten, daß ich keine Zeit hatte, zu brüten und mich zu grämen. Das hat mich gerettet. Dieser unausgefüllte Augenblick, in dem die Frau sich, während sie auf das Läuten des Telefons wartet, um das verbotene Treffen zu vereinbaren, schließlich verliebt, der rauschte gänzlich an mir vorüber. Aus genau jenem schrecklichen Kreislauf von Selbstzerstörung und Wiedergeburt, so würde ich sagen, entspringt Leslies Lebenskraft. Gott sei Dank geschah nichts dergleichen. Ich entkam. Binnen weniger Tage gewann, wenn man so will, die Erinnerung die Oberhand in meiner Lebensgeschichte, und mir war nicht sonderlich daran gelegen, sie durch die Wirklichkeit in

Unordnung bringen zu lassen, geschweige denn durch einen Fünfundzwanzig-Zentimeter-Schwanz, der so wirklich war, daß er mich praktisch auseinandergebrochen hatte. Und als er dann anrief am darauffolgenden Samstag...

›Hallo, Rosalie‹, sagte er, ›Leslie.‹

Und ich dachte: Oh Gott, Wallace sitzt unmittelbar neben mir, wie mache ich denn das jetzt? Doch Leslie hatte nichts weiter zu sagen als...

›Jocelyn und ich würden gern wissen, ob ihr beiden zufällig morgen mittag frei seid? Ich weiß, die Einladung kommt reichlich spät, aber wir möchten wahnsinnig gern von Wallaces Großtaten hören...‹, und ich begriff, woher der Wind wehte, und war erleichtert. Es sollte so sein, als wäre es nie geschehen oder allenfalls nur als Quelle heimlichen Vergnügens fortbestehen, in den Augenblicken, wenn Leslie und ich uns, flankiert von unseren Ehehälften, über den Eßtisch hinweg ansahen. Und unsere gesellschaftlichen Kontakte mit den Becks belebten sich in ungeheurem Maße, wenn ich auch, ehrlich gesagt, glaube, daß das hauptsächlich daher kam, daß Wallace gleich anschließend seine eigene monatliche Fernsehsendung kriegte. ›Von Bergen und Menschen‹, und Jocelyn hatte nun mal zu gern eine Berühmtheit dabei. Einmal alle zwei Monate! Welch schreckliche Verschwendung von Leslie Beck, findest du nicht? Neben ihm im Bett zu liegen und seine natürlichen, legitimen Wünsche ins Leere gehen zu lassen! Ich darf gar nicht dran denken. Sie verdient, was sie bekommen hat.«

Ich sagte, ich müsse zu Ed zurück, er würde bald schlafen gehen. Ich brauchte den Trost seines warmen, freundlichen Körpers neben meinem. Rosalies Sohn Alan war nach Hause gekommen und hatte in der Küche sehr laute Popmusik im Radio laufen. Er ist ein großer, schlaksiger Junge, der nach seinem Vater geraten ist und schon Richmonder

Juniorenmeister im Stabhochsprung war. Catharine ist von den beiden Kindern das vielversprechendere geworden, aber das ist nur meine Meinung. Ich bin kein sportlicher Mensch, und Catharine ist es von Natur aus ebensowenig, doch sie bemüht sich. Sie will es ihrem offiziellen Vater recht machen, das arme Mädchen.

Rosalie begleitete mich zum Gartentor.

»Jocelyn hat mich in der Klinik besucht, als Catharine geboren war«, erzählte sie, »und ich war ganz schön nervös, als sie sich über das Bettchen beugte und die Decke zurückschlug, um sie besser sehen zu können. Wallace war auch da. ›Ganz Wallace‹, hat Jocelyn gesagt. ›Wie aus dem Gesicht geschnitten. Es ist schon verblüffend, daß Babies bereits in den ersten paar Tagen genau wie ihre Väter aussehen können.‹ Und danach stand einfach fest, daß Catharine wie Wallace aussah, die Leute haben mir das immer wieder gesagt, sogar meine eigene Mutter, auch wenn ich das selbst nie finden konnte.«

»Ich habe das bestimmt nie gesagt«, bemerkte ich.

»Leslie ist mich sogar im Krankenhaus besuchen gekommen. Ich war vielleicht überrascht! Er saß einfach in seinem Sessel und sah mich an und sah das Baby an und hielt die Hände hoch und zählte neun Finger ab, jeder Finger ein Monat. Ich sagte nichts. Er lächelte. Dann küßte er mich auf die Stirn und beugte sich über das Baby und küßte es ebenfalls. Er trug das Medaillon über seinem Wildlederhemd, und es schlug, ding!, gegen das Kinderbettchen, und mir wurde schwach. Du weißt ja, wie diese Entbindungsstationen sein können. ›Tja‹, sagte Leslie Beck zu mir, der Mutter seines Kindes, ›was kann man gegen seine Lebenskraft schon ausrichten?‹ Und dann ging er.«

»Das hast du jetzt aber erfunden«, sagte ich.

»Ja«, sagte Rosalie. »Ich gäbe was drum, wenn es sich so abgespielt hätte. Du weißt ja, wie das ist, wenn man gerade ein Baby bekommen hat und nicht mehr im Mittelpunkt steht. Ein Streit über die Vaterschaft hätte mich wieder interessant gemacht: Doch glücklicherweise widerstand ich damals der Versuchung zu beichten. Und nun besteht dazu kein Anlaß mehr.«

»Falls Catharine jemals eine Hypothek benötigen sollte«, sagte ich, »wäre es nützlich, wenn sie sich auf Leslie Beck als ihren Vater berufen könnte. Mit sechzig immer noch lebendig, aktiv und gesund, das macht sich besser auf einem Antragsformular als mit zweiundfünfzig in den Bergen verschüttgegangen.«

»Du bist wahnsinnig«, sagte Rosalie. »Und je eher du aufhörst, bei den *Accord Realtors* zu arbeiten, desto besser.«

DER AUTOR ALS GOTT. WENN ES NUR SO WÄRE. ICH WÄRE gern Gott. Lautlos glitt ich aus dem Bett, nachdem Ed eingeschlafen war, und schrieb das folgende mit der Hand auf, faltete das Geschriebene zusammen und steckte es in meine Handtasche. Ed soll nicht mitbekommen, daß ich an meiner Autobiographie arbeite. Er würde sie natürlich lesen wollen. Und natürlich will ich nicht, daß er sie liest. »Der Autor als Ehefrau« stellt sich als etwas heraus, das sich ziemlich stark von »der Autor als unterbeschäftigte Büroangestellte« unterscheidet.

In den inneren und äußeren Vororten formieren sich Esseneinladungen aussprechende Gruppen von Jungverheirateten und Längerverheirateten und formieren sich wieder um, ein Zeichen von Lebenskraft und Zufriedenheit, Beweis dafür, daß man das Elternhaus mit guten Ergebnissen und endgültig verlassen hat, Teil einer neuen Einheit geworden ist, neu und zugleich besser, als sie die Eltern je zuwege gebracht haben. Nun seht mal, Mutter! Vater! Seht mal her – lebende Beweise! Menschen, die mich mindestens so ernst nehmen wie ihr, die mir nahe genug stehen, um sich mit mir um die kranke Katze zu sorgen, doch fern genug, um sich ein Urteil über die Stelle bilden zu können, die ich ruhig annehmen soll oder besser nicht. Während ihr, Eltern, immer nur euer eigenes Schäfchen ins Trockene gebracht habt. Ihr habt gemeint, ich hätte einfach nur einen Mann geheiratet, doch nun müßt ihr erkennen: Hier sprießt eine eigene kultivierte Welt ...

Die Gruppe dient einem als Amboß, auf dem die sozialen Fertigkeiten geschmiedet und die politischen Einstellungen verfeinert werden; gelegentlich stieben Funken der Uneinigkeit, die jedoch rasch wieder verlöschen. Durch die Gruppe lernt man, wie man sich benimmt, wo man die Leute am besten hinsetzt, was man von den Kindern erwarten kann, wie man mit obszönen Anrufen fertig wird, wie man Coq au vin *nicht* macht, daß man nach dem Bœuf en daube *keine* Mousse au chocolat serviert und wie man sich *nicht* dabei erwischen läßt, daß man sich mit anderer Leute Ehemann auf den Mantelbergen der Partygäste herumwälzt. Ein paar Singles werden von der Gruppe aufgenommen und schweben frei; sie sind so lange gern gesehen, wie sie nicht über die Stränge schlagen, niemandem die Schau stehlen. Richtet euch an Marion aus.

Das Schwierige an der Gruppe ist, daß sie zu erotischen Verquickungen ebenso neigt wie zu gesellschaftlichen. Spannungen entstehen. Es passiert etwas: Jemand hört vom Nebenanschluß ein Telefonat mit, fängt einen Blick auf – und plötzlich ist es vorbei mit der Gruppe. Wer wußte etwas, hat aber nichts gesagt, wer wußte nichts und hat zuviel gesagt? Der Verrat geht zu tief, das Vertrauen ist allzusehr erschüttert, als daß der Riß sich kitten ließe. Wenn man mit *der* befreundet ist, kann man nicht gleichzeitig mit der anderen befreundet sein – das schafft man nicht.

Die Gruppe, die sich eine Zeitlang – und nie in voller Übereinstimmung – um die Becks geschart hatte, brach völlig unvermittelt und sauber und ohne übermäßige Seelenqualen auseinander, als Anita Jocelyn ersetzte. Als wir nach Richmond zogen und Leslie und Anita hinter uns zurückließen, gelang es uns zwar, uns wieder zusammenzufinden, doch nur für eine Weile; bis ich Susan mit Ed entdeckte, auf dem Bett zwischen den Mänteln. Ein einmaliger Vorfall, versicherte mir Ed, und ich denke, ich glaubte ihm; mußte ihm glauben. Wir waren zu lange zusammen, waren zu nett zueinander, um nun in totales Mißtrauen zu verfallen, samt allem, was das nach sich ziehen kann. Wir hörten auf, einander zum Essen einzuladen; es war zu teuer, wir waren zu müde, vielleicht lähmten uns auch die neuen Diätvorschriften der achtziger Jahre. Ballaststoffe, Fettreduktion und wenig Alkohol wirkten sich nicht gerade beflügelnd auf uns aus. Uns fehlte zwar etwas, aber nicht genug, um Einladungen auszusprechen.

Das soll nun reichen von der Schriftstellerin als Ehefrau, jedenfalls ist es alles, wozu sie noch imstande war, ehe der Schlaf sie übermannte. Es ist mittlerweile unter »Rinnsteine« auf Diskette gespeichert, der Datei meiner Autobiographie.

Als ich an jenem Abend von Rosalie nach Hause kam, war Ed bereits im Bett. Der Gedanke kam mir, ihn zu wecken und ihm zu beichten, was einst zwischen Leslie Beck und mir und, genau gesagt, auch zwischen Vinnie und mir gewesen war, und sein Interesse für mich neu zu beleben. (Sie erinnern sich doch an Vinnie? Den fülligen, tatkräftigen, lebensfrohen Arzt, der so ganz anders ist als Ed?) Und danach würde ich dann völlig ungehindert mit Rosalie darüber reden können, ohne Angst haben zu müssen, daß sie es weitertragen könnte, denn wen würde das inzwischen schon noch interessieren außer Ed? Oder, überlegte ich, vielleicht Leslie?

Doch schon während ich das dachte, wußte ich, ich würde nicht beichten. Ich wollte immer noch, daß die Welt in Ordnung war, nicht in Unordnung. Man springt, wenn man so jemand ist wie ich, mit ungeheuerlichem Ehrgeiz in die Welt. Man fuchtelt mit seinen roten Babygliedmaßen herum und meint, die ganze Welt wieder ins Lot zu bringen. Man schreit und protestiert gegen sein Ungemach an, gurgelt seine Zufriedenheit heraus, weniger mit Vorstellungen wie Hunger, Durst, Leid und Lust beschäftigt als mit verwehrter oder gewährter Gerechtigkeit. Es ist die Empörung des Kleinkindes, die mich immer wieder beeindruckt: wie wir mit dem Gefühl geboren werden, daß gefälligst alles in bester Ordnung zu sein hat; wie wütend und verdutzt wir sind, wenn wir feststellen, daß das nicht der Fall ist. Und wie wir uns zu früh geschlagen geben.

»Du warst ein Schreihals«, erzählte meine Mutter mir immer wieder. »Du warst das Älteste, du hast Tag und Nacht gebrüllt und hast mir beinah auf alle Zeiten das Kinderkriegen verleidet. Doch mit sechs oder sieben warst du dann heiterer. Du hast dich in eine echte kleine Stütze verwandelt.«

Nun ja, vielen Dank, Mutter. Du hast mich in meine Schicksalsergebenheit gewiegt und gesummt. Na schön, ich konnte dich also nicht für mich allein haben, und du hast meine Welt mit weiteren kleinen Gierschlünden verunziert. Es ging darum, dich entweder in Stücke zu reißen oder nachzugeben und ein braves kleines Mädel zu sein. Ich gab nach und bestand meine Prüfungen, putzte meine Schuhe, half meinen kleinen Schwestern und Brüdern beim Überqueren der Straße, statt sie ins Verkehrsgetümmel zu scheuchen, ging aufs College, ängstigte mich zu Tode, weil ich mich mit einem Lastwagenfahrer bis an den Rand der Vergewaltigung gebracht hatte, und floh in die Arme des schönen Ed, des standesgemäßen, wenn auch armen, als ich zwanzig war. Alle kamen zur Hochzeit und jubelten und sagten, welches Glück meine Mum und mein Dad doch mit mir gehabt hätten, da ich weder ihnen noch sonst irgendwem je die geringste Schwierigkeit bereitet hätte. »Oder jedenfalls nur während der ersten fünf Jahre«, sagte meine Mum, und ich glaube, sie hatte den Eindruck, daß ich es irgendwie nicht geschafft hatte, jene wilde, aufbegehrende Verheißung künftiger, nimmerendender Schwierigkeiten auch einzulösen. Und man kann so alt werden, wie ich es jetzt bin, und immer noch nichts von sich wissen.

Und Ed schloß sein Englisch bereits mit einem Ausgezeichnet ab, als ich meinen Sprachkurs erst zur Hälfte hinter mich gebracht hatte, bei dessen Abschlußprüfung ich wahrscheinlich weniger gut abgeschnitten hätte, so daß es mir sinnvoller erschien, die Prüfung zu vergessen und mit ihm nach Süden zu gehen und einen Stenotypistinnenkurs zu machen, der für eine jungverheiratete Frau immer nützlich ist. Und nun arbeite ich halbtags bei den *Accord Realtors* oder täte es jedenfalls, wenn es nur etwas zu tun gäbe; die Welt draußen hat eben ihre Realitäten.

Worauf ich hinauswill, ist, wie Sie vielleicht schon erraten haben, eine wirklich brauchbare Rechtfertigung für meine Affäre mit Leslie Beck. Ich habe nun einmal das Gefühl, daß es einer solchen bedarf. Rosalie hatte damals noch keine Kinder, war noch nicht lange genug verheiratet, um sich hinreichend mit anderen Müttern oder Ehefrauen identifizieren zu können und zu begreifen, daß diese Rollen allen Frauen gemeinsam sind und daß heimliches Kopulieren mit den Männern anderer Frauen, so sehr es das Selbstgefühl hebt, so aufregend Geheimnisse sind, einen zugleich doch auch irgendwie entwürdigt. Rosalie wird verziehen werden: Sie wußte es einfach nicht besser. Unkundigkeit ist allemal eine ausreichende Entschuldigung.

Mir aber, Nora, mir war bewußt, was ich tat. Und alles, was ich zu meiner Verteidigung vorbringen kann, ist, daß ich sage: Also, ich kann eben noch ein bißchen mehr, als nur die brave Frau vom braven Ed zu sein. Mit anderen Worten: Ich langweile mich. Ich habe das Gefühl, unterhalb meines Leistungsvermögens herumzukrepeln, und das ist schmerzlich, und ich möchte so nicht sterben.

Als ich eines Tages mit Leslie Beck in seinem Büro allein war, sah er mich plötzlich an und sagte: »Erzähl mir ruhig alles, Nora«, und ich war entsetzt und aufgeregt zugleich.

»Was alles?« fragte ich.

»Weshalb du unglücklich bist«, sagte er, und das war das Ende unserer Dinner-Party-Beziehung, des generellen Können-Sie-wohl-im-Büro-einspringen-Arbeitsmodus: Leslie und ich waren auf ein vollkommen anderes Gleis geraten.

Ja, aber, mögen Sie sich nun fragen, was machte ich denn bloß in Leslie Becks Büro nicht weit vom Fitzroy Square? Wie kam ich an den Schreibtisch, an dem einst die neue Mrs. Beck gesessen hatte? Wo die Dämpfe der armen, verrückten Jocelyn (oder der armen, nicht verrückten Jocelyn, je nach Gesichtswinkel) irgendwie immer noch so spürbar in der Luft hingen, daß Chloe (das blendend aussehende schwarze Mädchen am Empfang, das in den Augen fast der gesamten männlichen Klientel von Agee, Beck & Rowlands eindeutig so sehr Sexobjekt war, daß jeglicher Vermutung, es könne sich hier um ein Beispiel von rassischer Gleichstellung handeln, von vornherein der Boden entzogen war) noch immer, nach nunmehr einem Jahr, bei plötzlichen Geräuschen von der Straße, dem unerwarteten Summen der Türglocke oder dem Knacken, wenn jemand die Sprechanlage drückte, nervös aufsprang. Chloe war runde einsneunzig und gab mir das Gefühl, zugleich klein und blaß bis zur Unsichtbarkeit zu sein, aber als Frau und Mutter hatte ich meine Unsichtbarkeit ja auch bereits zu spüren bekommen.

Ich arbeitete auf Eds Vorschlag für Agee, Beck & Rowlands. Ich nehme an, ich war gekränkt, weil Ed meines gesunden Menschenverstands und meiner Verläßlichkeit so sicher war, daß er so etwas vorschlagen konnte. Daß er sich gar nicht vorzustellen vermochte, daß der Geschäftsmann Leslie Beck überhaupt ein Rivale sein könnte, ganz gleich, wie groß sein Ding oder Dingdong war, war typisch Akademiker – für die Sorte jedenfalls, die ihr Studium mit dem Prädikat Ausgezeichnet abschließt und dann der akademischen Laufbahn grandios entsagt, eines Akademikers, der ein so ausgeprägtes intellektuelles Selbstwertgefühl besitzt, daß es letztlich, so wenig er sonst auch von sich hermachen mag, niemals angekratzt wird. Keine Frau, die zu mir gehört, so sagt er sich selbst und ihr implizit, wird sich je mit einem Mann einlassen, der weniger intelligent ist als ich, wird jemals das Banausentum attraktiv finden, vermöchte sich je durch das rein Körperliche verführen zu lassen. Wir leben in einer Welt, in der es auf den Geist ankommt. Meine Frau kann durchaus ein Büro mit Leslie Beck, dem Prächtigen, teilen, und ihre Phantasie wird dennoch nicht mit ihr durchgehen.

Doch worum ging es denn bei all jenen inzestuösen Essenseinladungsgruppentollereien sonst als um die Freuden der Phantasie? Leslie und Jocelyn Beck, Ed und ich, Susan und Vinnie, Rosalie und Wallace und die, um des gesunden Ausgleichs willen, daruntergemengte Marion, die vom Babysitter zum Gast Beförderte, wenn sie da um den Eßtisch saßen und in ihren Moules marinières herumfischten, schön und gut, was war das anderes als zugleich auch eine Übung in »Sieh-mal-was-ich-da-habe-wär-das-nichts-für-dich?«. Wallaces griffsichere Bergsteigerhände, der Schwung von Susans Nacken, Eds zugleich netter und boshafter Blick, Rosalies runde Brüste – wie waren die wohl im Bett? Wie konnte es bloß passieren, muß sich die eine Hälfte des Paars jeweils wundern, daß ich in dieser Verbindung geendet bin, wo es doch so leicht hätte jene andere sein können? Und wäre die eheliche Hälfte dort drüben nicht vielleicht der hier vorzuziehen? Um beim Aufblicken für einen Sekundenbruchteil einem anderen Blick zu begegnen und ihn länger festzuhalten als gewöhnlich? Das eigentliche Wunder ist, daß Paare befreundet bleiben, daß die Diskretion Oberhand über die Begierde behält. Und natürlich geht es nicht nur um Sex, es geht ebensosehr um das ganze Geschäft der Ehe selbst. Die da barfuß am Spülbecken steht, der da am Schreibtisch Bankbriefe beantwortet – wie der wohl wäre?

Wie gesagt, als Leslie sich von Jocelyn scheiden lassen und Anita an ihrer Stelle dazu auserkoren hatte, sich um Hope und Serena zu kümmern, flatterten uns nur selten noch Esseneinladungen aus Rothwell Gardens ins Haus – und sie wurden immer seltener erwidert. Das eigentliche Problem war gar nicht mal Leslies Benehmen, wie ich leider sagen muß, sondern daß Anita so hoffnungslos langweilig war. Für gewöhnlich trug sie die Art von formlosem, braunem Kleid, das sich nur strahlende Persönlichkeiten erlauben dürfen, und sie war nun mal keine strahlende Persönlichkeit, dazu eine Kette jener tropfenförmigen Perlen, die wie von ihrer Großmutter aussahen, und mochten sie auch noch so elegant sein; und sie stocherte in ihrem Essen herum, als wäre damit irgend etwas nicht in Ordnung, und sprach nur, wenn sie angesprochen wurde, oder sagte im Bemühen, interessant zu erscheinen, während wir dankbar unser Hähnchen in Estragon in Empfang nahmen, Dinge wie: »Ich habe gelesen, daß achtzig Prozent aller Hühner an Krebs sterben«, oder, als wir über Südafrika und mögliche Sanktionen sprachen: »Ich bin nicht der Ansicht, daß jemand das Recht hat, über einen Ort zu urteilen, an dem er nie gewesen ist.« Und Leslie, der ihr

Leben heute als Tragödie bezeichnet, richtete kaum einmal das Wort an sie, wenn er es irgend vermeiden konnte, und das fiel auf. Wir hätten uns nicht über sie lustig machen sollen, wir hätten ihr unter die Arme greifen, ihr helfen, ihre Einstellung verändern und verfeinern sollen; sie über ihr abwegiges Verhalten aufklären, ihr ein Licht aufstecken sollen, was die Notwendigkeit anging, wenigstens für heiße Teller zu sorgen, wenn man schon lauwarmes Essen servierte, doch wir nahmen uns nicht die Zeit oder machten uns die Mühe. Selbst zu Gast, schaute Anita pünktlich um Viertel vor elf auf die Uhr und sagte mit ihrer näselnden Stimme zu Leslie etwas von Babysittern, und er tat so, als hörte er es nicht, und sie wurde unruhig auf diese Weise, die sich in rosiger Haut, verdrießlicher Miene und empörten Blicken äußert, und so um halb zwölf gab er es schließlich auf, und dann gingen sie, und die Zurückgebliebenen atmeten erleichtert und erheitert auf und hatten als nächstes ein schlechtes Gewissen deswegen.

Wenn ich an Anita denke, muß ich an sich ringende, abgearbeitete Hände denken, daran, wie Leslie, als ich in seinem und Anitas Bett lag, zu mir sagte: ». . . und obendrein ist sie auch noch paranoid. Sie sieht meine Tagebücher durch, um alles über mich rauszukriegen. Sie ist überzeugt davon, daß ich sie betrüge, obwohl ich ihr nicht den geringsten Anlaß gebe, mich zu verdächtigen«, und ich weiß sogar noch, daß ich gedacht habe, wie traurig es für Leslie sein mußte, mit einer so öden, langweiligen und paranoiden Frau verheiratet zu sein, und warum hatte er das bloß getan? Aber warum hatte ich denn Ed geheiratet, wo ich doch nur etwas hätte warten müssen, um vielleicht einen unternehmungslustigeren, sexuell aktiveren, individualistischeren, weniger selbstzufriedenen Mann – wenn wir ehrlich sein wollen – heiraten zu können? Jemanden, der mich nach dem Sex so erschöpft, so erledigt zurückließ, daß ich es gerade noch bis zur Dusche schaffte, um mich anzuziehen und aus dem Haus zu sein, ehe Anita zurückkehrte. In Anitas-und-Leslies Dusche hing die Seife in Gestalt einer Mickey Maus an einer Schnur. So etwas hatte ich noch nie gesehen. In unseren Kreisen lag ein Stück weiße Seife schlicht in einer weißen Schale, unparfümiert und duftlos, in Übereinstimmung mit Vinnies Überzeugung, daß Funktionalität automatisch auch Schönheit bedeutete und Schönheit Funktionalität. Obwohl mir in diesen Tagen aufgefallen ist, daß Rosalie rosa Seife mit Rosenduft vorzieht.

Die Kinder waren es, die mich zu der Zeit nach Hause zurückriefen, nicht Ed. Kleine hilflose Stimmchen riefen in meinem Kopf. Mutter, Mutter, wir brauchen dich. Wir sind doch noch nicht richtig groß: Wir brauchen dich, damit du uns fütterst, auf uns acht hast, uns tröstest, zwischen uns und der Tür stehst bis zu dem Tag, an dem wir fortwollen und es so eilig haben, daß wir dich über den Haufen rennen! Mutter, Mutter, verlaß das Bett deines Liebhabers, komm nach Hause, um den Tisch zu decken. Wir brauchen dich hier, wo du dich morgens aus dem elterlichen Bett gleiten läßt, wenn der Wecker klingelt, warm und zufrieden, doch nicht so zufrieden, daß du den Toast verbrennen läßt. Mutter, wir haben dich nicht darum gebeten, geboren zu werden. Du hast uns zum Leben erweckt, nun hilf uns auch, damit fertigzuwerden!

Leser, ich vermag mich der Geschichte einfach nicht zu stellen. Ich drücke mich immer wieder um die eigentlichen Tatsachen dieser Affäre herum. Der Schilderung, wie es dazu kam, daß Leslie und ich allein in einem Zimmer waren, an einem Sommernachmittag, als seine Sekretärin in Urlaub und die Mädchen von der Zeitarbeitagentur für Leslies Geschmack entweder zu untüchtig oder zu teuer oder beides waren, und er sagen konnte: »Erzähl mir ruhig alles, Nora.« Vermutlich würde es mir gefallen, wenn ich mich damals durch irgendeine Zauberei dort aufgehalten hätte, vom Schicksal getrieben, ohne von vornherein genau zu wissen, was passieren würde.

Aber so war es nun einmal nicht. Es war bei einem unserer wenigen Abendessen bei den Becks (neuen Typs), als Anita sich im Kreis drehte, um das Lamm mit Aprikosen auf den Tisch zu bekommen, das absolut – hoffnungslos – noch nicht durch war, rosa bis fast roh (Jocelyns Fleisch war immer zu sehr durch, Anitas zu wenig), und ich bereits Leslies Blick aufgefangen und gerade nur einen Wimpernschlag zu lange festgehalten hatte. Und so spielte die Szene sich ab:

Leslie: Die Briefe stapeln sich, kein Mensch geht ans Telefon, wir haben mehr zu tun als je zuvor, aber trotzdem könnte ich den Laden jetzt ebensogut zumachen, wo die Ferienzeit begonnen hat. Es ist ein Alptraum.

Ed: Warum bittest du nicht Nora, dir auszuhelfen. Sie sucht sowieso einen Job für Juli.

Anita: Leslie, was meinst du – ist das Lamm gut?

Ed: Sie braucht im Juli ganz einfach einen Job, wenn wir den Autozug nach Bordeaux nehmen und nicht selber durch ganz Frankreich kutschen wollen.

Anita: Warum mietet ihr euch nicht einen Wagen, wenn ihr an Ort und Stelle seid?

Leslie: Ich warne dich, Nora, Agee, Beck & Rowlands verlangen ein Höchstmaß an Einsatz bei einem Minimum an Bezahlung. Dafür sind wir berühmt. Und ich bin ein Ungeheuer, wie allgemein bekannt. Doch wenn du mitmachst, Nora, bin ich dabei.

Ed: Was meinst du dazu, Nora? Die Kinder kommen die paar Wochen auch ohne dich zurecht.

Anita: Warum fragst du mich denn nicht, Leslie? Ich bin doch die naheliegende Person.

Leslie: Du hast zuviel mit dem Haushalt zu tun, Liebes.

Anita: Und Nora etwa nicht?

Leslie: Ich glaube, das Lamm wandert besser wieder in den Herd zurück, Anita.

Anita: Oh, je.

Leslie: Und nun kipp dir nicht den ganzen rosa Saft auf dein hübsches braunes Kleid – geh vorsichtig.

Tat sie dann aber doch und brach alsbald in Tränen aus, mit der Begründung, sie habe sich verbrüht, was jedoch, unter den Umständen, höchst unwahrscheinlich war. Ich glaube, es lag daran, daß sie schlicht unglücklich war. Sie war schwanger.

Es mag sein, daß ich den Job annahm, weil ich etwas herausfinden wollte: Warum Leslie Anita geheiratet hatte. Doch wenn mir das einer abnimmt, dann nimmt er mir alles ab. Ich wollte eben sehen, wie groß er war.

»Nora«, sagte Leslie Beck endlich nach zwei enttäuschenden Wochen formeller Sekretärinnentätigkeit, während derer Leslie oft unterwegs war, zu irgendwelchen Begehungen von Baustellen, und ich Verabredungen mit Klienten für ihn traf, zu Hause und außerhalb, seine Rechnungen bezahlte, wenn die zweite Mahnung eintraf, selbst welche hinausschickte und den gelegentlich fälligen Brief an Behörden und Planungsausschüsse und die Tonbänder abtippte, auf denen alle Anrufe festgehalten wurden. »Nora, erzähl mir ruhig alles.«

»Was alles, Leslie?«

»Warum du so unglücklich bist.«

»Bin ich nicht.«

»Bist du doch. Das verraten mir deine Augen.«

Und dann kam ein Anruf von Mr. Agee, und weg war er

und überließ mich meinen Betrachtungen über mein Unglücklichsein und meine Unzufriedenheit.

Ich ging mich frisch machen und starrte in den Spiegel, um herauszufinden, ob es möglich war, den Augen irgendwelche Empfindungen anzusehen. Wenn eine lächelte und lächelte, wie ich es tat, konnte man da etwas ablesen? Chloe kam herein und fragte mich, was ich da machte. Ich sagte, ich suchte in meinem Gesicht nach Anzeichen von Unglücklichsein. Sie lachte und sagte: »Ach, die alte Masche. Damit hat Leslie es bei mir auch schon probiert.« Wie sollte ich denn wissen, daß es sich um eine Masche handelte? Ich erkannte, daß ich eine reichlich unerfahrene Frau war. Wer aber möchte schon als reichlich unerfahrene Frau enden?

Am nächsten Tag sagte Leslie Beck zu mir: »Also, hast du darüber nachgedacht, Nora? Warum du so unglücklich bist?«, und ich erwiderte abermals: »Bin ich doch gar nicht.« Und wieder ging er weg und hinterließ eine Art Vakuum, in Männergestalt.

Am dritten Tag dann sagte Leslie Beck: »Nora, dein Problem hängt mit der Lebenskraft zusammen. Immerzu zerrt sie an dir, und du willst ihr keinen freien Lauf lassen. Du bist ein artiges kleines Mädchen, du bist gehemmt, und du bist mit Ed verheiratet.«

»Ich liebe Ed«, sagte ich.

»Aber gewiß doch«, sagte er, »und ich liebe Anita.« Ein Vergleich, der mich entsetzte. »Und wie kommst du mit dem Brief an die Planungsgruppe Westminster voran?«

Er steckte in der Schreibmaschine. Er sah mir über die Schulter – ich konnte seinen Atem auf meiner nackten Schulter spüren.

»Du hast ihn ja umformuliert«, sagte er.

»Die Grammatik stimmte nicht«, sagte ich.

Er biß mir in die Schulter. Nun kann ich bei den *Accord Realtors* durchaus mit Mr. Collier und Mr. Render zusammenarbeiten, ohne daß ihre Männlichkeit mir zu schaffen macht. Sie können mir Anweisungen erteilen und mich tadeln, mir vorschreiben, wann ich zu kommen und zu gehen habe, mich belohnen und mich rausschmeißen, es mit Zuckerbrot ebenso versuchen wie mit der Peitsche, und es gelingt mir, mich nicht als Konkubine zu fühlen. Als ich hingegen bei Leslie Beck arbeitete, ging mir auf, weshalb die Frauen, als sie anfingen, in Büros zu arbeiten, kaum besser dastanden als Huren. Die Grundsituation ist unerträglich. Mann mächtig, Frau ohnmächtig. Was bleibt einem da am Ende anderes übrig, als es zu genießen? Ehen werden (wenn man Glück hat) von Gleich zu Gleich geschlossen. Sex findet hingegen zwischen Männern, die mehr verdienen, und Frauen, die weniger verdienen, statt. Ich hätte schnurstracks das Büro verlassen sollen, als Leslie mir in die Schulter biß, aber ich hatte seine Grammatikfehler korrigiert und genierte mich deswegen, und es kam mir vor, als verdiente ich den plötzlichen scharfen Schmerz.

»Das ist doch ein Hundeleben für eine Frau«, sagte Leslie Beck, »wenn das Äußerste, was sie für einen Mann tun kann, darin besteht, seine Grammatikfehler zu korrigieren. Ich sage dir, Nora, wir werden überhaupt nicht das kleinste bißchen diskutieren – deine Gefühle, meine Gefühle. Diesen ganzen ollen Kram. Wir machen einfach, was wir machen, und wenn es soweit ist, merken wir schon, um was es geht.«

»Soll ich morgen mit dir zur Baustellenbegehung kommen?« fragte ich. »Du kannst doch jemand gebrauchen, der anständige Notizen macht. Ich gebe mir ja Mühe mit deinen vollgekritzelten Briefumschlägen, aber das Wahre ist das nicht.«

»Bravo«, sagte Leslie Beck. »Man zeige der Lebenskraft auch nur ein Astloch, und schon muß man erleben, daß sie hereingeflutet kommt wie in den alten Filmen das Wasser durch den brechenden Staudamm. Ich hoffe nur, du bist schwindelfrei.«

In jener Nacht träumte ich von Leslie Beck. Brechende Staudämme kamen nicht vor. Jedem seine eigene Bildlichkeit. Wir waren in einem Heißluftballon, und schon sausten wir aufwärts, höher und immer höher in den marineblauen Äther, wo die Wolken sich zu Wellen formierten und gegen uns schlugen. Ich war so unruhig, daß Ed aufwachte, der den tiefen, traumlosen Schlaf der Unschuldigen schlief, und wir miteinander schliefen und er sogar aufstand, um das Licht anzumachen, so sehr erregte ihn meine neue Lebendigkeit, die durch die über mir schwebende, spöttische Anwesenheit von Leslie Beck ausgelöst wurde, dem er mich in die Arme getrieben hatte. Manchmal wundere ich mich über die Männer und deren angebliches Verlangen, ihre Frauen für sich zu behalten. Der Drang, sie herumzureichen, scheint doch ganz schön stark zu sein.

Im Grunde hatte ich jedoch gar keine Veranlassung, mich über Ed zu beklagen: auch Leslie noch zu wollen, war gierig; so gierig, wie mein kindliches heulendes Ich nur je gewesen war. Zufällig traf es sich, daß ich am nächsten Morgen einen Brief von Alison erhielt. Ich habe Schwestern, Zwillinge, Alison und Aileen, die ein Jahr jünger sind als ich. Die beiden leben in Sydney und verbringen eine Menge Zeit damit, mit ihren Familien im Hafen herumzusegeln und in der heißen Sonne unter Weinranken Weißwein zu trinken. Banausinnen. Ich verachte und beneide sie gleichzeitig, ich liebe und hasse sie. Alison wollte den Sommer über nach Hause kommen und schlug vor, bei mir zu wohnen. Ich beschloß, später darüber nachzudenken – ich sprach nicht einmal Ed gegenüber davon. Er küßte mich dreimal, ehe er das Haus verließ. Warum nur?

An jenem Morgen trug ich zur Arbeit bei Agee, Beck & Rowlands Jeans und flache Schuhe, und um elf nahm ich ein Taxi zur Baustellenbegehung, wo ich mit einem Schutzhelm stand und Notizen machte. Während der letzten paar Monate waren die alten Gebäude, die einst Jocelyns Anwälte beherbergt hatten, auf einen Schutthaufen reduziert worden, und hinter provisorischen Bauzäunen aus ehemals eleganten Haustüren, an denen häufig noch die alten Messingbeschläge saßen, stöhnten die Trödler, während sie in zersprungenen Kronleuchtern und Stuckverzierungen, Ebenholzböden, geborstenen italienischen Kaminplatten und holländischen Kacheln herumstocherten, die die Abrißingenieure damals mit Vergnügen zerstörten, weil sie noch nicht begriffen hatten, daß in ihnen die strahlendere Zukunft begründet lag.

Einer von den zwei Glas-und-Stahl-Klötzen, die die solide, schmalbrüstige Eleganz des frühviktorianischen London ersetzen sollten, war bereits zu einer Höhe von achtundzwanzig skeletthaften Stockwerken gediehen; dennoch lagen die Bauarbeiten weit hinter dem Plan zurück. Leslie war als eine Art Nothelfer hinzugezogen worden – ein Red Adair des Städtebaus. Ganze Stockwerke waren vorab an Unternehmensgruppen vermietet worden, die eine gute Londoner Anschrift brauchten, und zwar schnell. Ihre drahtigen, gierigen, geschniegelten Vertreter waren bei dem Treffen zugegen; auch sie brachten junge Frauen mit, deren Funktion darin bestand, Beschlüsse auf Band festzuhalten oder zu notieren. Mitsamt unseren Bossen stiegen wir alsbald in einer Art Förderkorb, der speziell für diesen Zweck ersonnen worden war, zu einer hölzernen Plattform im vierten Stockwerk empor und empfanden es aus irgendeinem Grund als Privileg, das tun zu dürfen. Von hier aus hatten wir eine bessere Übersicht über das gesamte Baugelände. Im Osten glitzerte der Turm von St. Paul, drüben im nahen Westen wehte die Fahne auf dem Bukkingham Palace, um kundzutun, daß die Königin heute wirklich zu Hause war, und durch irgendeinen Schallübertragungstrick in dieser Höhe hörte man von Norden die Löwen im Zoo von Regent's Park. Den Süden hingegen sperrte Leslie Beck gänzlich aus, der hier oben in seinem Element war; ein Tarzan für meine Jane.

Ich konnte nicht erkennen, daß dies Grüppchen gespannt zuhörender, einflußreicher Männer übermäßig bösartig war, obwohl sich Ed, Vinnie und Susan und, in geringerem Maße, auch Rosalie und Wallace darin einig waren, daß alles, was mit der Entfernung des Alten und seiner Ablösung durch das Neue zu tun hatte, an sich von Übel war. Die allgemeine Annahme war, daß ich mich, indem ich bei Agee, Beck & Rowlands arbeitete, mit Menschen gemein machen mußte, die ebenso gerissen wie bösartig waren, daß mir die paar Wochen jedoch nicht würden schaden können. Aber vielleicht war ich inzwischen schon zu lange dabei, und meine Maßstäbe waren bereits gesunken, denn die, denen ich begegnete, schienen mir kultiviert, höflich und freundlich; und diese spezielle Gruppe schien mir, obwohl sie sich mit Schutzhelmen bewehrt auf einem halbfertigen Gebäude befand, hauptsächlich mit Parkmöglichkeiten, Verkehrsfluß, Bevölkerungsdichte und Blendfaktoren beschäftigt. Leslie hielt alles Zahlenmaterial im Kopf bereit und stand als eine Art unfehlbarer menschlicher Computer im Süden, war derjenige, an den sie sich wandten ...

»Leslie, meinen Sie denn ...?«

»Leslie, Ihrer Erfahrung nach ...?«

»Mr. Beck, was meinen Sie denn zu ...?«

Woraufhin Leslie, ganz Herr der Lage und von vertrauenerweckender Gelassenheit, jeweils umgehend mit einer endgültigen Antwort aufwartete. Ich war stolz auf ihn. Der Wind pfiff durch die offenen Träger unter uns. Was immer wir da taten, es schien mir sinnvoll, wie Bauen es denen, die damit beschäftigt sind, immer zu sein scheint. Daß es womöglich das falsche Gebäude am falschen Platz, daß das, was vorher dort gestanden hat, richtiger gewesen sein könnte – wen schert das schon. Ein Gebäude hochzuziehen, ist für den menschlichen Geist ebenso befriedigend, wie ein Abendessen zu kochen. Höhlenmenschen bauen eine Höhle und kratzen eine Zeichnung in ihre Wände, wilde Baummenschen bauen sich ihre Behausungen ins Geäst, Sumpfmänner errichten sie auf Stelzen, Eskimos schneiden Eis in Blöcke und leben darinnen – Bauen ist für Männer so natürlich wie Kochen für Frauen. (Nachdem ich diese geradezu haarsträubenden Beispiele diskriminierender geschlechtsspezifischer Fehlinformation vorgebracht habe, könnte ich Ihnen nunmehr vor Augen halten, daß man sich in den primitiven Teilen der Welt nur umzuschauen braucht, und schon sieht man Frauen, die Ziegel tragen, Bäume fällen und Behausungen an der Straße errichten, während die Männer nur sitzen und vor sich hin starren, total geschafft von Trunksucht, Drogen oder Depression, doch ich würde meinen, daß dies eher auf den Zusammenbruch der bäuerlichen Gesellschaft und die unterdrückerische Natur des Kapitalismus zurückzuführen ist als auf irgendeinen strukturellen Webfehler des Mannes im Unterschied zur Frau, also lassen wir das auf sich beruhen.) Ich will einfach nur feststellen, daß ich, oben auf einem Siebtel der vorgesehenen Höhe des Gebäudes, stark den Eindruck hatte, daß es sich bei diesen graugekleideten Burschen um anständige Kerle handelte, die ganze Arbeit leisteten, und bei den halbnackten, tätowierten Männern, die sich auf den Trägern hin und her schwangen, ebenfalls, und daß es durchaus nichts Ehrenrühriges war, wenn ich als zarte Frau dabeistand und Notizen machte.

Es wurde windig, und das Treffen verlagerte sich zunächst in die Fahrstühle der Bauarbeiter und wurde dann im Baustellenbüro wiederaufgenommen. Ein Mädchen servierte Kaffee aus dem Automaten. Ich bekam meinen zuletzt, fiel mir auf. Der Mann, der, wie ich verstanden hatte, ein leitender Beamter aus dem Planungsausschuß der Baubehörde war und auf meiner »Anwesenheitsliste« als Mr. D. Alterwood geführt wurde, legte sein offizielles Gehabe ab und sagte zu meinem Boss: »Na, Leslie, wie geht's denn Anita?«

Und Leslie antwortete: »Anita? Die ist puppenlustig. Hat einen Haushalt zu führen, einen Mann zu lieben, Gesellschaften zu besuchen und erwartet ein Baby. Was kann sich ein Mädchen sonst noch wünschen? Du wirst bald Großvater werden«, und ich erinnerte mich, daß Anitas Mädchenname Alterwood war, und verstand die Heirat nun besser als bisher und beschloß außerdem, daß ich das für mich behalten wollte. Arme Anita! Als Gegenleistung für die Dienste ihres Gatten würde ich mir sogar das Vergnügen verkneifen, nach Hause zu gehen und zu Ed, Rosalie und so weiter zu sagen: »Leslie hat Anita geheiratet, um seine Karriere voranzutreiben. All das Gefasel von der großen Liebe seines Lebens ist der pure Blödsinn«, so daß dann hinterher, wenn Leslie den Wein eingoß und Anita mit ihrer Terrine aufwartete, wir, die Gäste, insgeheim über ihre Art von Dasein nachdenken und sie nur noch bedauern würden. Mit Leslie Beck verheiratet, weil ihr Vater, der mit fauleren Mitteln als zulässig aus den ärmlichen Verhältnissen seiner Geburt emporgestiegen war, irgendwo in einem Baugenehmigungsausschuß saß, den einen oder anderen Draht ziehen und die Behörden immer hübsch nach seiner vulgären Pfeife tanzen lassen konnte!

Wenn früher der Weg zum Reichtum das Schiff des Händlers gewesen war, das Kamel auf der Seidenstraße, der Karren voller Sklaven oder die Eisengießerei, die ihren Rauch in die Luft rülpste – während der letzten fünfzig Jahre, während derer die Städte der Welt ihr Gesicht erneuert, ihre stählernen Spitztürme und gläsernen Fassaden in den Himmel emporgeschickt hatten, statt sich gegen das Wetter und den Kriegsgott auf den Boden zu kauern, hieß das Geheimnis »Baugenehmigung«, und um ihretwillen wurden Frauen verheiratet, und Männer mußten sterben.

Ich dachte deshalb nicht schlechter von Leslie Beck, weil er Anita um ihrer Mitgift willen geheiratet hatte. Ich fühlte mich lediglich weniger schuldig im Hinblick auf das, was wir eindeutig zu tun im Begriff standen.

Ich hatte über Leslies Rücksichtslosigkeit schon immer gestaunt: die Leichtigkeit, mit der er sich Jocelyns entledigt hatte. Und da mir so gar nichts einfiel, inwiefern ich nützlich für ihn sein konnte, vermutete ich in ihm eine selbstlose Leidenschaft für mich.

Ich war von allen guten Geistern verlassen, absurd mit meinem kleinen gelben Helm und dem Spiralblock eines Reporters – meinen Mann hatte ich völlig vergessen, meine Kinder in irgendeinen hinteren Winkel gestopft, von wo ich ihre Piepsstimmchen nicht hören konnte.

Leslie Beck der Prächtige. Wie sollte je eine von uns vergessen können, was Marion Loos uns erzählt hatte, in den Tagen, als sie noch zimperlich war und in Jocelyn Becks Souterrainwohnung mit den Küchenschaben und dem Pilz der Trockenfäule wohnte, Hopes und Serenas Babysitter war und jeden Tag ins Courtauld ging, um die Geschichte des schöpferischen Geistes der Menschheit besser einschätzen und abschätzen zu lernen, und am Wochenende von Haus zu Haus zog; in Rosalies Haus kam, in Susans und meines und dort putzte, Geschirr spülte, Kinder spazierenführte und sich so die paar Pfund verdiente, die sie nährten und kleideten, teils Freundin, teils Gefährtin, teils Dienstbotin – wie sie uns also die Saga brachte von Leslie Becks Ding oder Dingdong oder Lümmel oder Pimmel oder welchen ehrfürchtigen, liebevollen, vertraulichen oder spöttischen Ausdruck auch immer man zu seiner Bezeichnung verwenden möchte. Das Ding eben, das immer die Nase vorn hat und die Menschen daran hindert, ganz Geist, ganz Vorstellung, ganz Kunstgenuß zu sein, wo sie doch nun einmal zutiefst in die Reize und Bedürfnisse des Fleisches verstrickt sind und von ihnen geblendet werden.

Mit anderen Worten, Marion machte eines Tages die Badezimmertür auf und sah Leslie Beck aufrecht und allein, mit einem Ding, das gesprenkelt und in ihren Augen riesenhaft war wie der Riese, der in die Kreidehügel von Cerne Abbas in Dorset geritzt ist. Sie machte die Tür zwar rasch wieder zu, aber der Anblick war auf die Netzhaut gebrannt und verleidete ihr (so behauptete sie zumindest) auf alle Zeiten jedweden Sex. »Wenn das Ding da in einem drinsteckt und rein- und rausfährt«, erklärte Marion Loos mit den großen Augen, den schlanken Beinen und dem beschwerlichen Wesen, »und das alles ist, worum es dabei geht, dann komme ich lieber ohne aus.« Sie sei einfach zu mäkelig, sagten alle, damals und oft auch später noch, mäkeliger, als gut für sie war.

Und was Marion anging, so fühlte sie sich uns selbst damals überlegen, als sie für uns arbeitete. Wie alle waren Fleischfresser, Dinneradel, Babyhätschler, Nestbauer. Unsere Männer hatten Lümmel herkömmlicher Größe und lebten innerhalb der ziemlich weitgesteckten Norm herkömmlichen Daseins, und doch waren sie nicht nach Marions Geschmack, und was machte das auch. Unsere Betten waren erfüllt von einer vertrauten, riechbaren Wärme, wir schwollen an und kippten um, gebaren und sanken nieder, sprangen aus dem Bett, um zu stillen, zu nähren und den Schmutz in die Schranken zu weisen und fielen dankbar wieder hinein in die Kissen, während Marion den Blick auf irgendeine mittelalterliche Jungfrau-mit-Kind gerichtet hielt und sich von der Vorstellung leiten ließ, ein Besuch des Heiligen Geistes würde schon in Ordnung gehen, und daß es auch wirklich Er wäre, würde man bereits daran erkennen, daß Er einem als erstes mal ein Dutzend rote Rosen überreichte. Ich glaube, sie hat uns das erzählt, um uns zu beunruhigen, und das tat es denn ja auch.

»Kommen Sie mit, Nora«, sagte Leslie Beck an besagtem Tage. »Ich habe noch ein paar Notizen für Sie«, und wir fuhren mit dem Bauarbeiterlift wieder hinauf zum vierten Stock, auf ein Siebtel der Höhe des skeletthaften Gebäudes.

Mr. Collier hat sich gerade über meinen Schreibtisch gebeugt. »Was schreiben Sie denn da, Nora?« hat er gefragt, und ich habe geantwortet: »Eine freierfundene autobiographische Skizze, Mr. Collier«, und hoffte eigentlich eher, daß er meinen würde, dies sei nicht die geeignete Art und Weise, die Zeit zu verbringen, für die er mich bezahlte, doch er sagte lediglich: »Nun, dann lassen Sie sich mal gut aussehen«, eine interessante Äußerung, fand ich, und ging weg. Er führt offensichtlich Rosalie zum Abendessen aus. Ich hoffe, er verspricht sich von einer Heirat mit Rosalie kein warmes Nest, für den Fall, daß sein Unternehmen pleite geht, was es ohne Frage tun wird; da wird er enttäuscht sein. Rosalies Zukunft ist ungewiß: Sie ist es eher, die ein warmes Nest braucht, und außerdem könnte Wallace ja bei der Hochzeitsfeier aufkreuzen.

Ich weiß, daß ich vorschnell bin, wenn ich die Heirat der beiden voraussehe, ein Mittagsimbiß und eine Einladung zum Abendessen ergeben noch keine Hochzeit, aber solche Dinge passieren nun einmal. Rosalie war nicht dafür geschaffen, dick und froh allein zu leben, sie war geboren für das unvermutet eintretende Ereignis, und wie einer geboren wird, so lebt er auch künftig. Ich rede hier nicht dem Sternenglauben das Wort, sondern bemerke lediglich, daß bestimmte Naturen von vornherein für bestimmte Lebensmuster geschaffen sind. Wie die Dinge für einen als Kind laufen, so laufen sie auch weiter. Wenn man die Art Mensch ist, die sich im Nu erretten läßt, dann kann man das mit fünfzig ebensowohl erwarten wie mit zwölf. Wir spielen die Karten des Lebens immer auf eine bestimmte Weise aus, wiewohl unbewußt; wir können Geschick darin erwerben, damit umzugehen, aber gewiß doch, nur meist kommt das wie von selbst, und der wichtigste Faktor ist das Blatt, das wir ursprünglich in die Hand bekommen haben: Das ist unser Schicksalsmuster, ob uns das nun paßt oder nicht.

So daß ich also gefahrlos behaupten kann, Rosalie sei nicht der Typ, der allein lebt. Unverhoffte Rettung kommt, aber oft hat sie einen Haken. Rosalies Mutter, die verwitwete, findet und heiratet den vollkommenen Stiefvater, aber der stirbt am Umzugstag an einem Herzanfall. Wallace kehrt zwar heim vom Everest, aber er hat Erfrierungen. Jocelyn taucht zwar auf und findet, Catharine sähe aus wie Wallace, aber Leslie erkennt das Kind niemals als seines an. Wallace kehrt nicht zurück – die Versicherung zahlt zwar, aber irgendwo gibt es da eine Grenze, und dann ist Schluß damit. Ich meine, Rosalie darf zwar erwarten, Mr. Collier zu heiraten, und das völlig überstürzt, doch ich meine auch, daß irgendein Haken an der Sache sein wird. Warten wir's ab. Ich hoffe, diesmal ist es nur ein kleiner. Ein Leben voller seltsamer Ereignisse, unterbrochen von langen Strecken friedlicher Langeweile, so sehe ich Rosalies Leben.

Leslie Beck war die Art Mensch, könnte man ebenso gefahrlos behaupten, die dazu neigt, auf die Füße zu fallen.

Woran liegt das wohl, daß weder Rosalie noch ich, als wir hörten, daß Leslie Beck Witwer geworden ist, irgendein offenkundiges Verlangen an den Tag gelegt haben, unsere Beziehung zu ihm wieder herzustellen, herauszufinden, wie es um seinen Dingdong steht? Vielleicht ist er inzwischen ja zu alt, um noch von Interesse zu sein. Vielleicht war das Entscheidende an ihm ja, daß er mit einer anderen verheiratet war – daß das eine Siebtel seiner Person, das uns so wichtig vorkam, verboten war.

Nun gut, ich stand also mit Leslie Beck auf der hölzernen Aussichtsplattform im vierten Stock dessen, was jetzt das Broadcaster House ist. Die übrigen Mitglieder der Versammlung waren alle längst gegangen. Seile und Winden, wohin wir auch blickten, hoch über uns bewegte sich ein Kran, Eimer mit nassem, wabbligem Zement schwebten zu beiden Seiten auf und ab, tätowierte Männer mit nacktem, muskulösem Oberkörper gerieten vorübergehend in unser Gesichtsfeld, indem sie geschickt auf den Trägern über uns entlangliefen, wie die Äffchen übers Gerüst schwärmten und wieder verschwanden. Der Wind war stark und laut, der Tag heiß und staubig, die Holzplattform splittrig: Es schien zugleich der heiterste und am wenigsten lauschige Platz der Welt zu sein. Ich äußerte mich in diesem Sinne.

»Anders als das Grab«, sagte Leslie. »*The grave's a dark and silent place, and none I think do there embrace.*«

Tja, selbst Elektroingenieuren kommt eben gelegentlich

ein bißchen Poesie zu Ohren. Er sprach unbeholfen. Ich war gerührt.

»Mein Lieblingsplatz«, sagte er. »Du wirst dich seiner liebevoll erinnern.«

»Ich bin leider nicht schwindelfrei«, sagte ich. »Ich darf gar nicht runterschauen. Da dreht sich mir gleich alles.«

»Dann tu's eben nicht«, sagte er, indem er mich Stück um Stück von meinen Kleidern befreite, so daß ich schließlich nackt war bis auf meinen Schutzhelm, und ich nahm alles wahr – den Raum um uns herum, unter uns, über uns, das Gehämmere, Metall auf Metall, und das Geheule von Sirenen unten und den scharfen Wind und Staub auf meiner Haut.

Er beschwerte meine Kleider mit einer überzähligen Gerüststange. »Damit der Wind sie nicht noch entführt«, sagte er. Ich war beruhigt. Er hatte also durchaus vor, mich überleben zu lassen. Ich sah sein dichtes rotes Kraushaar auf der Brust. Seine Schultern und Arme waren muskulös und blank, er stand im Naturzustand an seinem naturgegebenen Platz, war dafür geschaffen, zwischen Himmel und Erde zu schweben. Er hatte mich erhöht, und ich fühlte mich geehrt. Die Dimension seines Schwanzes war weder von dieser noch von jener Welt – hoch wie ein Baum, dick wie eine Stange, wen interessiert das schon. Ich habe Ihnen seine Maße ja auch nur mitgeteilt, um ihn in meiner Vorstellung zu begrenzen, zu definieren und damit kleiner werden zu lassen, weil ich ein praktisch veranlagter Mensch bin und ebenso ungern wie alle anderen Verluste erleide, und ich muß der Lebenskraft doch Paroli bieten, sie auf soundsoviel Zentimeter begrenzen, ihr ein praktikables, vorstellbares Maß verleihen. Leslie Becks lachhafte Lebenskraft. Wenn ich lache, dann jedoch, nur um meine Tage mit Ed zu bewältigen.

Er lehnte mich gegen das windige Geländer, das die Plattform umgab.

»Und wenn es nun nachgibt?« fragte ich.

»Wird es nicht«, sagte er. »Täglich vertrauen Menschen solchen Dingern ihr Leben an.« Und es gab nicht nach, und es wäre mir auch gleichgültig gewesen. Die kleine Nora, die mit Ed verheiratet war. Und auch noch glücklich. Wer hätte schon gern Leslie geheiratet, dem es nichts ausmachte, von ganz oben runterzufallen? Ich glaube allerdings, daß Leslie im Umgang mit seinen Ehefrauen ein völlig anderer Mensch war. Jocelyn weigerte sich, auf ihn einzugehen – obwohl das auch bloßer Wahnsinn gewesen sein mag. Und Anita schien, sowie sie erst mit ihm verheiratet war, wenig Freude oder was auch sonst an ihm zu haben. Vielleicht hatte er die beiden ja auch geheiratet, weil sie keine Freude an ihm hatten: Sex und Ehe passen in den Köpfen mancher Männer nun einmal nicht zusammen.

Ich werde mit Susan wieder Freundschaft schließen müssen; wir werden uns im Hinblick auf die Vergangenheit auf einen gemeinsamen Nenner einigen müssen. Es scheint wichtig zu sein.

Später hatte ich Splitter im Rücken, in den Knien. Er trug kein Medaillon, vielleicht hatte Anita ihn dazu bewegt, es abzunehmen. Eine Möwe landete auf dem Geländer und flog kreischend wieder davon, allem Anschein nach einigermaßen erheitert darüber, wie die Krone der Schöpfung sich vergnügte.

»Wenn nun jemand kommt«, erinnere ich mich noch gesagt zu haben, und ich erinnere mich auch, daß er darüber lachte. »Um so besser«, sagte er. »Das bringt dem Gebäude mehr Glück als irgend etwas sonst, das hier. Mehr Glück als tote Katzen im Fundament und bischöflicher Segen, besser als irgendwas sonst.«

Ich fragte ihn, wieso Häuser denn soviel Glück brauchten. Er sagte, sie seien dafür ebenso empfänglich wie menschliche Wesen. Manche hätten Glück, andere nicht. Ja, er glaube, selber alles in allem Glück zu haben, doch da stecke eine Menge harter Arbeit drin. Wenn man nicht selbst für sich sorgte, wer es denn dann tun solle. Doch ob ich nun aufhören wolle zu reden.

Ich dachte nicht voraus bis in die Zukunft, und ich glaube, er tat es ebensowenig. Die Lebenskraft hat es nicht mit irgendwelchen Zukünften, sie ist ganz hier und jetzt zu Hause. Leslie Beck konnte durchaus ein Gebäude, eine Heirat planen, einen Schauplatz für eine Verführung und sein Ziel einfach deshalb erreichen, weil er sich keine Sorgen über die Folgen machte. Er schaute voraus, niemals jedoch zu weit. Ging so weit, wie sein blauer Himmel reichte, niemals jedoch bis in die Schwärze des Alls dahinter. Er vergaß, wenn er Anita um einer Baugenehmigung willen heiratete, völlig, daß er danach auf alle Zeiten mit ihrer Kocherei würde leben müssen; jetzt würde er ihn in mich reingleiten lassen und dabei vergessen, daß er mir im Büro würde wieder gegenübertreten müssen, beim Abendessen, sich auf meine Diskretion würde verlassen, sich mir würde ausliefern müssen. Leslie Beck plante zwar, doch Leslie Beck war unbesonnen.

»Komm, beeil dich«, sagte ich wieder, und ich versuchte, seinen Enthusiasmus etwas zu dämpfen. So war das aber gar nicht. Es war mehr. Ich schwöre es.

Nachdem er mir schließlich wieder auf die Füße geholfen hatte, ließ er sich auf die Knie nieder und umarmte mich, den Kopf gegen mein Geschlecht gelehnt. Ich vergesse das nie. Ich dachte damals, daß Leslie Beck der Prächtige, Leslie Beck der Böse, Leslie Beck der Lebenslügner die Natur des Universums und was daran wichtig ist, besser verstünde als irgendein Mann sonst, den ich je kennengelernt hatte. Und glauben Sie nur ja nicht, daß meine Kenntnisse sich auf Ed und Leslie Beck beschränkten. Das ist nämlich nicht der Fall.

Leslie Beck empfand es als seine Pflicht, es in der Welt zu etwas zu bringen. Sein Ehrgeiz sollte sich als rücksichtslos erweisen. Er würde andere betrügen, niedertrampeln und ruinieren, um sein Ziel zu erreichen. Er war ein Narr, er hatte keinen Geschmack, er sollte sich in fremde Gewässer wagen und dafür ausgelacht werden, doch sein so prächtiges Attribut, das nutzte er, und er nutzte es gut. Gott wird ihm verzeihen.

Mr. Render trat mit unserem standardisierten Leistungskatalog bezüglich der Instandhaltungsbestimmungen in Kaufverträgen auf mich zu. Dreifacher Anstrich sollte in zweifacher Anstrich abgeändert werden. Bei derlei mageren, widerwillig zugestandenen Nebensächlichkeiten senkte die Waagschale sich eher zugunsten des Käufers denn des Verkäufers. So viele wollten verkaufen, so wenige wollten kaufen. Niemand wollte irgend etwas sanieren. Alle wollten einfach nur nach Hause schleichen und sich verkriechen. Man reiße ein altes Haus ab – ein ungeheures Protestgeschrei erhebt sich. Man stelle ein neues hin – es steht leer. Leslie Beck mußte daran ganz schön zu knacken haben. Armer Leslie Beck. Weniger prächtig als früher, ganz offensichtlich: genötigt, die Bilder seiner toten Frau zu verkaufen, irgendwie ein paar Tausender zusammenzukratzen. Ich hatte gehört, daß in letzter Zeit etliche Bauunternehmer bankrott gegangen waren, ihr Zuhause verkaufen mußten, den Porsche, den Rasenmäher, alles zum Schleuderpreis. Frau und Kinder auf die Verwandten aufteilen und Jobs als Kellner oder Busfahrer annehmen. (Ich habe, wohlgemerkt, nie gehört, daß sie anschließend von der Wohlfahrt lebten. Ein unternehmender Mann bleibt unternehmend, selbst im Mythos.) Andere, die weit profaner und schmerzvoller auf die Straße gesetzt wurden (weil verschiedene kleine Firmen, die bis dahin als ungefährdet gegolten hatten, aus dem Geschäft ausgeschieden waren) und die keinen Porsche zu verkaufen hatten, über keine reichen Verwandten verfügten, um die Scherben aufzulesen, schienen weniger Aufmerksamkeit zu finden als diejenigen, die schlagartig von den Sternen in die Gosse abgestiegen waren, doch das ist der Lauf der Welt. Selbst noch unter widrigen Umständen bekommen die, die immer schon am meisten hatten, auch weiter am meisten, und sei es auch bloß in Form von Aufmerksamkeit.

Ich sagte zu Mr. Render, ich würde mich darum kümmern. Ich bemerkte, daß die *Accord Realtors* in jüngster Zeit ja nicht gerade bis spät zu tun hätten, um mit dem Ansturm der Klienten nach Geschäftsschluß fertig zu werden, oder zeitig aufmachen müßten, um die zu bedienen, die frühmorgens in die City führen, rasch ins Geschäft kommen wollten, und vorher eben noch von einem hysterisch sich überschlagenden Immobilienmarkt zu profitieren versuchten. Wie in den Tagen, als wir noch kaum das »Zu verkaufen«-Schild vor einem Grundstück aufgestellt hatten und schon wieder »Verkauft« drüberkleben mußten. Das waren noch Zeiten. Da kam ich allerdings mit der Schreiberei nicht voran.

Jetzt ja.

»Wenigstens«, sagte ich, »haben Sie und Mr. Collier jetzt etwas mehr Zeit für Ihre Familien.«

Ich wollte herausbringen, ob Mr. Collier verheiratet war. Er hatte Rosalie zwar erzählt, er sei es nicht, aber man weiß ja nie. Ich stellte mich dabei allzu ungeschickt an.

»Machen Sie sich keine Sorgen«, sagte Mr. Render, »Ihre reizende Freundin ist in den besten Händen. Mr. Colliers

Frau ist vor zwei Jahren gestorben. Haben Sie das denn nicht in der Zeitung gelesen?«

»Nein«, antwortete ich, ziemlich verblüfft. Welche Art von Ehefrau findet allein schon dadurch namentliche Erwähnung in der Zeitung, daß sie stirbt?

»Deshalb haben wir doch auch immer noch Schwierigkeiten, Angestellte zu finden«, sagte Mr. Render. »Zumindest die Art von Angestellten, die wir brauchen. Jedenfalls steht dem nichts im Wege, daß er sich wieder verheiratet. Und ich bin sicher, daß er darauf aus ist. Er und Sonia hatten zwar keine Kinder, aber er hat einen Pekinesen, der einsam ist und ein richtiges Zuhause braucht.«

Ich suchte sein Gesicht nach Anzeichen von Ironie ab, fand jedoch keine, und schämte mich, wie neuerdings so häufig, für mein Betragen, diesmal, weil ich angenommen hatte, Mr. Render, der eilig und verzweifelt auf weichen Teppichen zwischen Aktenschrank, EDV-Anlage, Schreibtisch und Telefon hin und her läuft, der höflich sowohl mit dem verzweifelten Verkäufer als auch mit dem schalkhaft liebäugelnden prospektiven Käufer verhandelt, sei ein grauer Mann mit einem grauen Geist. Was er nicht war.

»Meine Freundin hat einen irischen Setter, den ihr Mann ihr hinterlassen hat«, sagte ich. »Ich bin mir nicht sicher, ob die beiden Rassen miteinander auskommen«, und nun suchte er mein Gesicht nach Anzeichen von Ironie ab und fand keine.

Ich schickte ein Rundschreiben mit Sonderangeboten von Neubauhäusern hinaus, zu festem Zinssatz, komplett mit Einbauküche; Preisnachlaß zwanzig Prozent bei Erwerb binnen drei Monaten. Ich wußte, daß sie keine Abnehmer finden würden.

Sonia Collier, dachte ich. Sonia Collier? Und mir fiel ein, daß Ed eines Tages beim Frühstück gesagt hatte: »Woher kommt das bloß, daß in dieser ganz bestimmten Gesellschaftsschicht, unter Rennpferdbesitzern, Immobilienhändlern und gewieften Gastronomen, Leuten, die von Schaumschlägerei und der Gutgläubigkeit anderer Menschen leben, daß unter diesen Gintonic-Nippern an ihren Swimming-pools ständig daran herumgebastelt wird, wie sie einander um die Ecke bringen können?«, und daß ich ihm über die Schulter geschaut und die fettgedruckte Schlagzeile in der Zeitung gelesen hatte, die besagte: »Gatte in Badezimmermordfall freigesprochen«, und darunter, immer noch fett, aber etwas kleiner: »Sonia Collier erntete nur, was sie selbst gesät hat, sagt Richter«, und dann hatte er mir den Abschnitt laut vorgelesen.

Natürlich. *Die* Sonia Collier war das. Genau die Sonia Collier, die mit ihrem Anwaltsgeliebten geplant hatte, ihren Mann umzubringen. Der Geliebte hatte sich, nackt wie er war, zu ihm ins Badezimmer geschlichen und ein unter Strom stehendes Kabel ins Wasser gehalten, das an die Steckdose angeschlossen war. Die Badewanne war jedoch aus altmodischem Gußeisen gewesen, nicht aus Kunststoff und nicht geerdet, wie sie hätte sein sollen; ein massiver Stromstoß hatte seinen Weg über den nassen Kachelfußboden und zurück in die nackten Füße des Geliebten gefunden und seinem ohnehin schon jagenden Herzen den Rest gegeben. Zuckend und bebend war er zu Boden gestürzt. Sonia Collier, die schreiend versuchte, ihn zu umarmen, erwischte das Ende des Stromkabels, das immer noch unter Spannung stand, und wurde ebenfalls vom Tode ereilt. Mr. Collier trug häßliche Verbrennungen davon, erholte sich jedoch rasch wieder. Oder jedenfalls ging so die Geschichte von Mr. Collier. Drei Nackte, zwei männliche, eine weibliche, je Geschlecht eine Person tot und ein unter Strom stehendes Kabel in einem Badezimmer mitten am Nachmittag – dafür konnte es viele Erklärungen geben und nicht notwendigerweise nur die, die Mr. Collier dazu abgegeben hatte. Die Geschworenen berieten einige Stunden lang, schienen am Ende jedoch seine Version zu akzeptieren und sprachen das Urteil »Tod durch Unfall« aus. Sonia Collier war eine Ehebrecherin und eine kinderlose obendrein, und ihr Wunsch war gewesen, ihre habgierigen Hände auf das schöne nachgemachte Tudor-Haus ihres Gatten zu legen; ihren Geliebten hatte sie unter der Fuchtel. Niemand mochte sie, nur, so schien es jedenfalls, ihr Ehemann. Ed hatte ihn beim Frühstück zitiert: »Arme Sonia. Schuld ist nur der Immobilienboom. Ich hatte zu viel um die Ohren, um ihr die Aufmerksamkeit zu widmen, die sie verdiente.«

Ed kringelte sich über diese Erklärung zwar vor Lachen, aber ich fand, daß es in Anbetracht der Umstände doch wirklich lieb von Mr. Collier war, so etwas zu sagen.

Im Anschluß an mein Gespräch mit Mr. Render überlegte ich, ob ich Rosalie anrufen und ihr einschärfen sollte, unter gar keinen Umständen zusammen mit Mr. Collier in die Wanne zu steigen. Ich entschied mich jedoch dagegen. Es war ihre Angelegenheit, nicht meine. Das Dumme war ja nur, daß ich mir ohne die geringste Mühe ein Szenario vorstellen konnte, worin Mr. Collier seine Frau ebenso wie deren Liebhaber per Stromstoß getötet hatte. Letztere hatten im Laufe des Nachmittags gebadet, und Mr. Collier war es gewesen, der das Kabel angeschlossen und ins Badewasser gehalten hatte. So hatte er die beiden getötet, sie dann aus der Wanne gezerrt (wobei er sich selbst durch einen Schlag oder so verbrannt hatte), sich anschließend selbst ausgezogen und die Polizei gerufen. Doch wenn die Geschworenen nicht zu dieser Schlußfolgerung gelangt waren, weshalb sollte ich es dann tun?

Ich wollte Mr. Collier meine Zweifel nicht einfach so unterschieben, es sei denn, es fing an, so auszusehen, als hätte sich zwischen ihm und Rosalie ernsthaft etwas angebahnt, als überwänden sie sämtliche Hindernisse, und der Setter käme mit dem Pekinesen zurecht. Dann, so dachte ich mir, wäre es wohl meine Pflicht, als Freundin, Rosalie über die Angelegenheit ins Bild zu setzen, auch wenn mich diese Aussicht nicht freute. Es ist einem doch zuwider, Flammen zu ersticken. Mein Hirn überschlägt sich förmlich vor witzigen Einfällen, in denen es um Löschwasser und Badewannen geht, doch ich vermute, Rosalie würde die Sache von der ernsthaften Seite betrachten müssen.

Als ich sie anrief, erwähnte ich Mr. Collier also nicht einmal. Wie auch immer, Marion hatte sich wieder bei ihr gemeldet, diesmal um sich über Leslie Becks Einmischung in die Gruppenausstellung zu beschweren, eine Episode, die ich Ihnen nunmehr aus Marions Blickwinkel wiedergeben werde.

MARION«, SAGTE APHRA ZU MIR AM NÄCHSTEN MORGEN, nachdem ich aus meiner eigenen Galerie hinausgerauscht war, was keine Art ist, sein eigen Hab und Gut zu behandeln, und meinen Angestellten die Erörterung von Lustmöbeln mit Leslie Beck dem Ungeheuerlichen, Leslie Beck dem Schleimigen, überlassen hatte, »Marion, es tut mir leid.«

»Künftig«, sagte ich, »für dich bitte nur noch Miss Loos«, doch ich wußte, dazu würde es nicht kommen. Sie hatte Nachsicht mit mir, wie die jüngere Generation heutzutage eben Nachsicht hat mit denen, die sich in der Welt längst dauerhaft eingerichtet haben, denen es gefällt, wenn die Möbel poliert sind, das Einkommen gesichert ist und die Kleidung frisch gereinigt. »Was tut dir denn so leid?« fragte ich, denn die Neugierde war doch größer als der Wunsch nach würdigem Betragen.

Die Vernissage sollte um halb sechs beginnen. Ein paar Künstler hatten angerufen und uns wissen lassen, daß sie vorbeischauen würden, um zu sehen, wie ihre Werke gehängt worden waren. Barbara war bereits dabei, den entsprechenden Bildern vorteilhaftere Plätze zu verschaffen, um uns Auseinandersetzungen zu ersparen. Manchmal blieben wir auch fest, aber heute schien niemand die Energie dazu aufzubringen. Sollten sie ihren Willen doch haben. Die sich am meisten sorgten, waren in aller Regel auch die, die es nötig hatten – die anderen saßen unter italienischer Sonne oder dösten in ihren Penthousehöhlen vor sich hin. Ein, zwei ihrer Bilder bei einer Gruppenausstellung würden weder ihre Einkünfte noch ihren Ruf im mindesten berühren. Ein paar führende Zeitungen wollten Kritiker schicken, was mir nicht sonderlich gefiel. Warum waren sie bei der MacIntyre-Ausstellung nicht aufgekreuzt? Und natürlich hing, dank Leslies Lebenskraft, Anitas Gemälde auf dem Prunkplatz, war das teuerste – zwanzig Prozent teurer als alle anderen – und machte mich außerordentlich nervös. Allerdings hatte ich nicht den Mumm, es anderswohin zu hängen. Und es war ja auch um nichts schlechter als Hallidays komische Gans oder plumper als Beldocks langweiliger Fisch – sollte es doch bleiben, wo es Leslies Meinung nach hingehörte.

»Wir waren mit Leslie Beck beim Japaner«, sagte Aphra, »und dann hat er festgestellt, daß er seine Brieftasche zu Hause vergessen hatte. Also bin ich noch mal her und hab siebzig Grüne aus der Wechselkasse genommen. Barbara meinte, das sei schon in Ordnung.«

Ach ja, meinte sie das?

»Das muß ja ein anständiges Abendessen gewesen sein«, sagte ich, »wie schade, daß ich es versäumt habe.«

»Nur diese glitschigen Fetzchen, wie immer«, sagte Aphra, »aber kaum Kalorien, und er war ganz unterhaltsam.«

»Ich dachte, deiner Meinung nach sei er widerlich?«

»Für einen Gruftie schon in Ordnung«, sagte sie. »Und ich wußte ja gar nichts von dieser Geschichte, wie Sie mal angefangen haben. Eines Tages möchte ich auch eine eigene Galerie.«

»Kriegst du ganz bestimmt«, sagte ich. »Und wann gedenkt der Herr, die siebzig Pfund zurückzuerstatten? Oder hat er womöglich gesagt, ich könnte sie vom Erlös des Bildes abziehen?«

Aphra lachte. »Stimmt schon«, sagte sie, »er ist ein widerlicher Kerl. Genau das hat er gesagt.«

Der Wein für die Vernissage wurde angeliefert. Daran versuche ich erst gar nicht zu sparen. Einen guten Wein betrachte ich als gute Investition. Je mehr man für das Drumherum ausgibt, für desto reicher halten einen die Leute. Und je reicher man in ihren Augen ist, desto bereitwilliger geben sie einem noch mehr. Als ich bei Leslie Beck im Souterrain wohnte und von nichts als ein paar Penny hier und da lebte und den Unrat aus anderer Leute Leben beseitigte, da war ich mit dem Zweitbesten zufrieden und bekam es auch nur. Irgendwann dann war ich es leid. Es war wie bei Eric und Ida, die sich im Fernsehen ewig nichts als die Quizsendungen ansahen, völlig humorlose Komödien und das Wort zum Sonntag, während auf anderen Kanälen die Weisheit von Jahrhunderten über den Bildschirm flimmerte. Sie fühlten sich wohl mit dem Schund. Bei mir war das nie so.

Manchmal frage ich mich, ob ich verhärtet bin, gefühllos. Bei Monet und Manet fühle ich jedoch mit. Ich habe geweint, als Monet diese Geschwüre über den Augen hatte und vom Tierarzt Augenklappen verpaßt bekam und ganze zehn Tage blind war. Es ist nicht so, daß ich seelischer Schmerzen nicht fähig wäre. Ich gehe ihnen nur lieber auf den Grund. Ich habe gern Geld auf der Bank. Ich möchte nie wieder in die Lage kommen, in der ich mich befand, als ich von Leslie Beck schwanger war.

Die Leute, die Falschparkern die Reifen blockieren, tauchten genau in dem Moment auf, als der Bote ein paar Kisten australischen Chardonnay hereinbrachte. Ich bat ihn, sie mir in den Keller hinunterzutragen, wo es so kalt ist, daß man keinen Kühlschrank braucht, und er schien davon nicht eben erbaut, aber dafür wird er schließlich bezahlt. Während er unten war, wurde sein Lieferwagen blockiert.

»Ich hoffe, Sie sind zufrieden«, sagte er.

Ich erwiderte, daß ich das keineswegs sei. Mit einigem Glück würden an diesem Abend zumindest ein paar Chauffeure vor der Galerie vorfahren, und ich wolle nicht, daß irgend so ein langweiliger, blockierter Lieferwagen ihnen die Schau stahl. Chauffeure hätten ebensosehr ein Recht darauf, ihre Künste vorzuführen, wie alle anderen.

»Verstehe, worauf Sie hinauswollen«, sagte er, obwohl ich sicher war, daß das nicht stimmte.

Er war ein attraktiver Bursche – dunkelhaarig, kräftig und ziemlich schlagfertig –, doch für all das hatte ich heute einfach keine Zeit. Ich betraute Barbara mit dem Problem.

Und dann stand Leslie Beck in der Tür.

»Ich hab sehr viel zu tun, Leslie«, sagte ich. Er reichte mir ein Bündel Zehnpfundnoten. Sie waren angenehm anzufassen, noch steif und ein wenig warm vom Geldautomaten.

»Sieben«, sagte er. »Zähl sie mal lieber nach, bei dir weiß man ja nie.«

Was meinte er wohl damit? Bei mir wisse man ja nie? Ich erinnerte mich daran, daß das einer von Leslies Tricks war. Er machte gern Bemerkungen, die einen zutiefst berührten, und während man noch überlegte, was er damit wohl meinte, dankbar war, daß sich jemand um einen kümmerte, überhaupt Notiz nahm, da setzte er zum Todesstoß an – vom Gefühl der Dankbarkeit ist es nicht weit zum Physischen.

Wenn ich mir die Mühe gemacht hätte, die Dankbarkeit des Lieferantenjungen zu erringen, seinen Chef angerufen und ihm erklärt hätte, es sei allein meine Schuld, daß sie ihm den Wagen blockiert hätten, angeboten hätte, für alles aufzukommen, und dann dem Jungen gegenüber irgendeine traurige weibliche Zwangslage vorgebracht hätte, ein verstopftes Abflußrohr, einen einsamen Abend, dann hätte ich ihn im Nu bei mir in Halfacre House haben können, gar nicht schnell genug hätte er zu der schwierigen, schönen Zicke zurückkehren können, um ihr anschließend einen Tritt zu geben und es überall herumzuerzählen, doch wer will schon solche Abenteuer? Manchmal will ich, aber nicht oft. Es tut nur eben gut zu wissen, daß man könnte, wenn man wollte.

Leslie Beck starrte mich an.

»Ich weiß schon, was du gerade denkst«, sagte er. »Daß du könntest, wenn du wolltest, aber du willst nicht. So warst du schon immer. Was du alles versäumt hast im Leben!«

Ich hatte stark den Eindruck, daß er gekommen war, um Ärger zu machen, um alte Dinge aufzuwärmen, und bekam es fast mit der Angst zu tun.

»Du hättest mit uns essen gehen sollen«, sagte er.

»Ich war müde.«

»Barbara ist erst um drei nach Hause gegangen«, sagte er. »Und es scheint ihr nicht geschadet zu haben. Sie ist mit nach Rothwell gekommen, um sich Anitas Bilder anzusehen. Hat sie dir schon davon erzählt?«

»Bislang hatte sie noch keine Zeit dazu«, sagte ich. »Leslie, ich muß jetzt weitermachen«, und ich verschwand im Lagerraum, ehe er womöglich noch weitere meiner Gedanken lesen konnte, die, wie er sehr wohl wußte, der Sprache der billigen Romane entstammten, die Ida von Zeit zu Zeit zu lesen pflegte, in großer Aufregung.

Und genau dort, in großer Aufregung, Leser, verlassen wir nun Marions Ich und kehren zu mir zurück.

WEITERERZÄHLEN ODER NICHT WEITERERZÄHLEN? DAS ist der Stoff, aus dem Kummerecken sind, und nur deshalb, weil eine Kummerecke möglicherweise in einer wenig anspruchsvollen Frauenzeitschrift steht, ist das noch lange kein Grund zu der Annahme, das Problem dahinter existiere nicht. Von wegen, wir könnten es sogar ein wenig anheben und in die männliche Sphäre übertragen. Nehmen wir einfach mal an, ich bin Mark (haben Sie das zur Kenntnis genommen, Leser? Ich bin jetzt ein junger Bursche namens Mark), und ich bin mit Sue verheiratet, und unsere besten Freunde sind Alan und Ellen, die miteinander verheiratet sind, und unsere anderen Freunde sind Helen und Peter, und Sue erzählt mir nun, Ellen habe ein Verhältnis mit Peter. Also sage ich zu Sue: Frau, sage ich, ich will von so was nichts wissen, erzähl mir das erst gar nicht, das ist nur Gerede, und wenn wir alle die Augen davor verschließen, dann legt sich das auch wieder; Alan ist also genauso schlau wie vorher und Helen ebenso. Doch dann höre ich von anderer Seite von diesem Skandal, von bloßen Bekannten und noch bloßeren Kollegen, und es sieht so aus, als wüßten es *alle* außer Alan, der mein guter Freund ist, und nun, tja, nun bemitleiden sie ihn alle und machen sich insgeheim sogar lustig über ihn. Und es liegt auf der Hand, daß Alan früher oder später dahinterkommen muß, denn irgendwer *muß* es ja ganz einfach Helen erzählen, und Helen wird Alan anrufen, und Alan wird die Kunde von der Treulosigkeit seiner Frau wie ein Schlag treffen, und schlimmer noch, der Verrat seiner Freunde, die ihm nichts gesagt haben. Was mache ich also? Erzähle ich es ihm jetzt? Verrate ich Ellen, die ich sehr gern habe? Die die beste Freundin meiner Frau ist? Theoretisch sollte ich wohl ein paar Worte mit Ellen reden oder Sue dazu überreden, es zu tun – sie hat eh schon geredet, und nun kommt es darauf auch nicht mehr an –, und Ellen bitten, doch um Alans willen mit der Geschichte aufzuhören.

Selbstverständlich wird Ellen gar nicht daran denken. Sie wird entrüstet sein. Das sei ihre Angelegenheit – was das mit mir zu tun habe? Alles Mögliche hat das mit mir zu tun. Ehen sind Gemeingut. Da kann man nicht einfach tun und lassen, was man will.

Außerehelich Liebende glauben immer, sie wären unsichtbar, was sie aber natürlich nicht sind und in Wahrheit auch gar nicht sein wollen. Sie werden (wie Mrs. Sonia Collier und ihr Geliebter) zusammen in parkenden Autos gesehen, wie sie in abstrusen Restaurants Händchen halten oder in dunklen Ecken des Parks und wie sie an ihrem eigenen Wohnort aus Hotels kommen, und das spricht sich herum, selbst in Großstädten, wo sich doch jeder in dem Gedanken gefällt, anonym zu bleiben, wo man sich aber, im näheren Umfeld, wieder eigene Dörfer geschaffen hat. Man sehe sich doch nur die Postbezirke der Weihnachtskarten an, die man so verschickt – nach ein, zwei Jahren in einem bestimmten Viertel wird die überwiegende Zahl nur gerade noch um die nächste Ecke befördert.

Meist unternehmen wir nichts, denn wer will schon der Überbringer schlechter Nachrichten sein, der Zerstörer häuslichen Friedens, der Auslöser überflüssiger Zwistigkeiten? Wir, die Freunde, verhalten uns ruhig, und die Ehe geht auseinander, das Paar trennt sich. Daraufhin ergreifen wir, die Freunde, Partei, gehen mit der einen oder der anderen Seite, nicht unbedingt mit der unschuldigen, schließlich ist sie ja die weinende und beschwerliche, während die Schuldigen ein strahlendes neues Leben, eine neue Tatkraft vorweisen können, und selbst im anderen Fall – man kann nun einmal, wenn man die eine Seite einlädt, nicht auch die andere einladen, aus Angst vor peinlichen Situationen. Und schon bald beginnt sich die Gruppe unwohl zu fühlen, die Schuldzuweisungen fangen an, und die Spannungen wachsen, weil jeder das und das zu dem und dem gesagt hat, und ehe man sich's versieht, ist die Gruppe gespalten. Wobei individuelle Freundschaften innerhalb der Gruppe dem Druck nur selten standhalten. Und Alan, das unschuldige Opfer, um dessentwillen man stumm gelitten hat, sagt zu einem: »Mark, du Schweinehund, du hast es gewußt und mir nichts gesagt. Und du willst ein Freund sein?« Und er hat recht.

Nun sind wir aber lange genug Mark gewesen, aus dessen peinlicher Lage im Grunde kein Weg herausführt und der ohne eigenes Verschulden allen möglichen Beleidigungen und Schmähungen ausgesetzt ist. Ich will jetzt zu meiner eigenen, weiblichen Einschätzung der Situation zurückkehren.

Ellen schläft eines Nachts mit Peter und findet Geschmack daran, und so löst sich jenes besonders wertvolle, das Leben verbessernde kleine Geflecht von Freundschaft auf, das die beiden umgibt, und die entflochtenen Stränge liegen herrenlos herum, bis irgendein unerschrockenes Paar den Schiffbruch ausspioniert, die kostbarsten Enden aufliest und sie in irgendeine Grundübung in Gruppengeselligkeit hineinverflicht: Und so sitzen denn am Ende die Marks und Sues, die Ellens und Peters, so sitzen denn Alan – und wer? Sollen wir ihm etwas Exotisches an die Seite setzen? Adeline! –, sitzen also Alan und Adeline in neuen Dinner-Runden und kommunizieren mit einer neuen Auswahl vertrauter Gesichter. Doch irgend etwas ist verlorengegangen. Statistisch gesehen, glaube ich nicht, daß Helen rasch wieder einen neuen Partner finden wird: Wer von einem Mann verschmäht wird, der wird es auch von anderen, insbesondere wenn der Schandfleck noch frisch ist...

»Bist du wahnsinnig?« fragte Rosalie erbost. Ich telefonierte wieder mal mit ihr und war ziemlich in Fahrt geraten. »Du lebst wohl noch irgendwo in der Vergangenheit. Die Welt ist nicht mehr nach Paaren geordnet, und der Mittelpunkt des Lebens ist nicht mehr, Leute zum Abendessen einzuladen, und auch nicht, daß man mit anderen Paaren irgendwo in der Sonne ein Ferienhaus mietet. Die Menschen haben Freunde, und auf die eine oder andere Weise kommen sie schon zurecht. Der Verlust eines Ehemannes ist etwas Persönliches, nichts Soziales. Das Leben ohne Wallace ist freier und offener als das Leben mit Wallace, womit ich aber nichts gegen ihn gesagt haben will.«

»Er kommt ja auch sowieso wieder«, sagte ich automatisch. Aber es geht nun schon achtzehn Monate so, daß man nicht weiß, ob man trauern soll oder nicht, und vermutlich ist das für alle gleichermaßen »schrecklich«. Allerdings war Wallace immer schon viel weg, ehe er das letzte Mal auf und davon ging, und wir hatten ein gewisses Gefühl dafür entwickelt, daß Rosalie sowieso jedes Jahr monatelang nur dem Namen nach verheiratet war, und diesmal sind es eben etliche Monate mehr. Außerdem, ich glaube einfach nicht, daß Wallace tot ist. Irgendwie würde ich das spüren. Wenn ich an Menschen denke, die gestorben sind, bin ich mir einer Art leeren Raums in der Luft bewußt, der ihrer Gestalt entspricht; einer Leerstelle im Dasein, eines Hohlraums, durch den sie verschwunden sind. In bezug auf Wallace habe ich dieses Gefühl aber nicht, ganz gleich, was die Vernunft mir sagt. Sein dürrer, schlaksiger Körper, sein Adamsapfel, sein zerfurchtes Gesicht, die grünlichen Jumper, die er trug – immer eine Spur zu eng, ob er die schon so kaufte, oder ob Rosalie sie immer nur zu heiß wusch? –, er scheint mir immer noch ein Recht auf körperliche Existenz zu haben. Und wie sollte denn ausgerechnet Wallace nicht mehr sein können? So wie er einem das lebhaft konzentrierte Gesicht zuwandte, wenn man etwas Interessantes sagte, die leuchtende Entrücktheit seines Blicks – er schien soviel weniger in seinem physischen Dasein verwurzelt, als, sagen wir mal, Leslie Beck, und vielmehr ganz Luft und Flamme zu sein, und wenn jemand so wenig in seinem Fleisch verwurzelt ist, sollte er von Rechts wegen unsterblich sein. Die Sinnenfrohen dieser Welt verdienen es, jung zu sterben – und tun es natürlich auch häufig –, schließlich sind sie die Raucher, die Trinker und Vögler. Die vom Schlage Wallace Hayters hingegen sollten uns überdauern. Je älter ich werde, desto mehr weiß ich Wallace zu schätzen.

Und was soll ich nun Rosalie über Mr. Collier sagen? Denn ich beginne einzusehen, daß etwas gesagt werden muß. Etwa einfach nur: »Rat mal, was ich neulich über meinen Boss herausgefunden habe?« Na gut, das würde schon genügen. Doch würde es sich anhören, als wollte ich ihr etwas vermiesen: auf ihrem Glück herumtrampeln, es beschmutzen, ihre Welt mit Geschichten von Mord und Totschlag kaputtmachen – ihr das Braut-im-Bade-Syndrom anhexen. Tanz aus der Reihe, Schwester, und schon holen dich die Ghuls! Hör nur auf, dem Odysseus in Wallace die Penelope zu sein, und du wirst schon sehen, was du davon hast! Hör auf zu weben, laß das Schiffchen fahren – und schon siehst du, der Spiegel springt entzwei, und du liegst zuckend und sterbend vom Stromstoß auf dem Badezimmerboden.

»Wenn du bloß nicht immer wieder sagen wolltest, daß Wallace zurückkommen wird«, sagte Rosalie munter. »Früher einmal war das hilfreich, doch die Zeiten sind vorbei. Und was bedeuten nur deine langen Pausen heute? Willst du mir irgendwas sagen, Nora?«

»Nein«, sagte ich.

»Gut«, sagte Rosalie, »weil ich nämlich gerade wieder mit Marion telefoniert habe, und ich glaube, sie ist dabei, sich in Leslie Beck zu verlieben.«

»Das ist doch Wahnsinn.«

»Sie ist eifersüchtig auf ihre eigenen Angestellten.«

»Darauf hat Leslie Beck sich immer schon bestens verstanden«, sagte ich. »Ständig hat er einem, wenn auch nur implizit, mit der Existenz anderer Frauen gedroht. Wenn du nicht willst, so lautete die unausgesprochene Botschaft seiner Lebenskraft, dann gibt's da noch andere. Die sind ganz wild auf meinen prächtigen Dingdong, die schlagen dich aus dem Felde. Von solchen wie dir gibt es mehr als von solchen wie mir. Was für ein Privileg, daß du das Licht meiner Aufmerksamkeit auf dir fühlen darfst. Aber Marion ist zu schlau, um darauf reinzufallen.«

»Weißt du«, sagte Rosalie, »wir waren alle zu schlau, um darauf reinzufallen, sind es aber trotzdem. Ich wüßte gern mehr über dein Verhältnis mit Leslie Beck. Komm doch heute abend rum und erzähl mir alles.«

»Das ist ein Geheimnis«, erwiderte ich, völlig entgeistert.

»Daß ich nicht lache«, sagte Rosalie, »wir alle haben davon gewußt und haben es doch nie weitererzählt.«

»Ich dachte, ihr hättet höchstens so eine Ahnung gehabt. Wie habt ihr es denn wirklich wissen können?«

»Du sahst so hübsch aus«, sagte meine Freundin. »Du hattest so etwas Ausgelassenes, Aufgedrehtes im Blick. Und du hast alles verkochen lassen, was sonst gar nicht deine Art war – matschige Nudeln und wäßrige Mangetouts. Du warst mit den Gedanken ausnahmsweise einmal ganz woanders, statt wie Susan sein zu wollen und alles perfekt und richtig zu machen.«

»Aber hat Ed es denn je erfahren?« Ich war entsetzt.

»Ich glaube nicht«, sagte Rosalie. »Er fand einfach nur, daß dir dein Job gut bekam.«

»Ich habe nie irgend etwas darüber gesagt«, verteidigte ich mich.

»Aber Leslie womöglich«, sagte Rosalie. »Der Gedanke ist dir wohl noch gar nicht gekommen?«

Unverschämtheit! Der Ärger fraß mich auf, und doch war ich zugleich auch erfreut. Wenn man mit einem Mann wie Leslie Beck zusammen ist, der, wie sehr er sich auch über seine Ehe beklagen mag, doch eine Frau hat, sie ausgewählt hat und an ihr festhält, und man das zur Kenntnis nimmt und damit auch seinen Status als Konkubine, dann gibt es da einige ungeschriebene Regeln. Der Mächtige – der verheiratete Mann, dem die Gefühle seiner Frau gleichgültig sind – sollte die Machtlose nicht verraten, das heißt mich, die hoffnungslos Verliebte, die doch, um ihrer Kinder und ihres Mannes willen, ihre Ehe schützen muß.

Können Sie sich das vorstellen: Nora, die ordentliche saubere tüchtige geradlinige nachdenkliche kleine Sonnenzeichen-Jungfrau, verheiratet mit dem zwielichtigen, vulgären Geschäftsmann, dem Hochstapler, dem Splitter-im-Schwanz/Sonnenzeichen-Skorpion? Das war ganz ausgeschlossen. Ich wollte nicht mit ihm verheiratet sein. Ich wollte mit Leslie Beck einfach nur für immer auf einer hölzernen Plattform schweben, auf halbem Wege zwischen Himmel und Hölle, und Segnungen über ein halbfertiges Bürohochhaus niedergehen lassen.

Ich ging rüber und erzählte Rosalie alles. Ich ließ Ed mit einem Dokumentarfilm über Schimpansen zurück.

»Der ist sehr interessant«, lockte er mich, und gewöhnlich ist das der angenehmste Teil des Tages, und ich lasse ihn nicht aus – in aller Ruhe mit dem Ehemann am Kaminfeuer zu sitzen, gemeinsam auf dem Sofa, und einfach nur fernzusehen. Es ist herrlich, so etwas zu haben (was nicht bedeuten soll, einen Ehemann zu haben, weil ich Rosalie nicht zu nahe treten möchte), jemanden, der Lust hat, eine Erfahrung mit einem zu teilen, ein Sofa, einen Fernseher und den Seelenfrieden, den man braucht, um davorzusitzen. Doch das genügt nicht. Mehr! Mehr! Wir sind gierig nach mehr. Was wir haben, ist unwichtig. Was wir nicht haben, nimmt unsere ganze Aufmerksamkeit in Anspruch.

»Arme Rosalie«, sagte ich. »Sie ist so deprimiert. Sie könnte natürlich auch zu uns rüberkommen...«

»Da müßte ich ja meine Schuhe wieder anziehen«, sagte Ed, obwohl er Rosalie ziemlich gern hat, »und meinen Gürtel zumachen, und es ist auch nicht genug Wein für alle da. Geh du zu ihr.«

Und ich ging. Rosalie hat einen von diesen Gaskaminen, die so aussehen wie ein richtiges Feuer mit Holzscheiten, wenn man nicht in den Ausstellungsräumen der Gasgesellschaft gewesen ist und gesehen hat, was die kosten und wieviel die verbrauchen. Seit Wallace weg ist, hat sie ihn die meiste Zeit an. Sie läßt auch das Licht überall brennen, und ihr Kühlschrank ist so voll, daß das, was hinten steht, unbemerkt schal und hart wird, zusammenbackt und weggeworfen werden muß. Sie ist verschwenderisch. Sie hat all die Fotos, die Wallace von schroffen Berggipfeln gemacht hat, von der Wand genommen und statt dessen bemalte Spiegel aufgehängt, die praktischen Aktenschränke hinausgeschafft und weiche Sessel an ihren Platz gestellt und die rotgemusterten Teppiche durch völlig unbrauchbar cremefarbene ersetzt, als hätte sie mit Wallace ein Übermaß an Praktischem und an Frugalität gehabt, allzulange das ständig kalte Bad des englischen Gemeinsinns genossen und nun endlich den Heißwasserhahn aufgedreht. Und ich ging auf und ab und redete und erzählte.

»Ich nehme an, die Wahrheit war«, sagte ich, »Leslie hatte nichts zu verlieren. Es gefiel ihm, Frauen zu besitzen, es gefiel ihm, die Hand auf sie zu legen – genau, wie er seinen Anspruch auf dich am Fuß jener Klippe anmeldete. Doch er wollte keine Unruhe in seine Ehe bringen, jedenfalls nicht, solange es ihm noch nicht in den Kram paßte. Sowie er einen erst mal hatte, war er zufriedengestellt. Und er gab so viel Vergnügen, wie er fand.«

»Ja«, sagte Rosalie.

»Und wenn er monatelang an mir dranblieb, dann nicht deshalb, weil er mich liebte, sondern weil ich auf diese Weise den ganzen Sommer lang für ihn arbeitete: August und September, wie schon im Juli.«

»Du unterschätzt dich«, sagte Rosalie.

»Es war ein herrlicher Sommer«, sagte ich. »Und es ist mir gleichgültig, welche Motive er hatte. Ich mache mir nur nicht vor, daß er keine hatte, und ich möchte, daß dir das klar ist. Ich beanspruche keineswegs, daß zwischen uns die große Liebe herrschte.«

»Du beanspruchst ja sowieso nie was«, sagte Rosalie, »das ist ja der Ärger mit dir. Deshalb sitzt du auch in deinem Alter immer noch in einem Vorortsträßchen, siehst zusammen mit deinem Mann fern und arbeitest halbtags für einen vom Bankrott bedrohten Immobilienmakler. Aber der Markt wird sich erholen.«

»Wer sagt das? Mr. Collier?«

»Sandy. Er hat ein wunderschönes Haus, Nora, wenn man die Art mag, und ich glaube, das tue ich. Es steht allein auf einem halben Morgen Land, mit Auffahrt, Tudor-Fachwerk, Kutschlampen, Windfang, Kaminecke und Einbauküche.«

»Und gefliestem Badezimmerboden?« fragte ich.

Sie wirkte überrascht.

»Bis ins Bad sind wir nicht vorgedrungen«, sagte sie. »Das ist oben. Unten gibt es eine Toilette, was sollte ich also dort? Wir sind erst im Apéritif-Stadium. Er benimmt sich sehr korrekt.«

»Das freut mich«, sagte ich.

»Er ist gesittet und liebenswürdig. Abgesehen davon, daß er behauptet, ich brächte Unkonventionalität in sein Leben und meine Gegenwart wirke sich ungeheuer befreiend auf ihn aus, habe ich bisher noch keinen Anhaltspunkt, ob er ganz einfach nur Gesellschaft möchte oder ob daraus eine tiefere Bindung entstehen könnte, wie es in den Kontaktanzeigen immer so schön heißt. Er ist Witwer.«

»Woran ist seine Frau denn gestorben?«

»Das wird er mir schon erzählen, wenn er es für richtig hält. Aber du bist vom Thema abgekommen, Nora. Wir sprechen über den Sommer, in dem du mit Leslie Beck gevögelt, Ed betrogen, beim Abendessen weiter mit Anita Beck geplaudert und dich auch noch daran geweidet hast.«

»Ich schäme mich für mich selbst«, sagte ich.

Na ja, ich tat es und tat es nicht. Unter derartigen Umständen zimmert man sich so seine Verteidigungsanlagen, die es einem ermöglichen, mit sich selbst ins reine zu kommen. Ed war nicht »aufmerksam genug«; dann die eigenartige Vorstellung, daß es irgendwie gut für die eigene Ehe sei, wenn alles rauskommt – eine Vorstellung, die durch Artikel in Frauenzeitschriften unter der Überschrift »Wie mein Seitensprung unser Leben bereichert hat« noch befördert wird. In ihnen fragt sich der betrogene Ehemann oder die Ehefrau, wenn sie/er das Vorhandensein einer/s

Nebenbuhlers/in entdeckt, was sie/er wohl falsch gemacht haben könnte, und macht sich unverzüglich daran, Abhilfe zu schaffen. Was, nicht romantisch genug für dich? Ja, woher denn, Liebste/r, hier, ein Dutzend roter Rosen. Dich vernachlässigt? Mein Liebling, machen wir doch Ferien miteinander! Innerhalb dieses Szenarios würde Ed erkennen müssen, wie sehr er mich dadurch verletzt hat, daß er nicht aufmerksam genug war, nicht verstanden hat, daß ich für andere Männer immer noch attraktiv war! Eine sehr wahrscheinliche Geschichte!

Und so weiter und immer so weiter. Öde, öde. Und Anita war nicht die Richtige für Leslie – armer Leslie! Was für eine Einengung seiner Lebensperspektive, welch ein Affront gegen das kosmische Prinzip, Leslie zu einer Anita zu verdonnern. Öde, öde. Worum es wirklich ging, war Ärger, Destruktivität, Selbstmitleid; die Rache an meiner Mutter, nach der ich mich sehnte, der Schöpferin der verhaßten Geschwister, Rache, indem ich ihr meinen Vater stahl, und in meinem Innern stand Leslie Beck, der üppig Bemessene, für meinen Vater, und Anita, die öde Schwangere, für meine Mutter. Selbstverständlich. Wie gefällt Ihnen diese Version? Unterdessen drehte die Welt sich weiter.

Anita war schwanger mit Polly, die sich später als ebenso fade herausstellte wie Hope und Serena. Wie gräßlich und verächtlich ich mich doch Leslies Kindern gegenüber verhalte – ist Ihnen das schon aufgefallen? –, außer den unehelichen, die ich zu billigen geruhe. Catharine und Amanda. Was meinen Sie, woher das kommt, Leser? Das hat etwas mit den Kindern meiner Mutter zu tun (mich ausgenommen), die sie von meinem Vater hatte, meinen Schwestern, den absolut reizenden Zwillingen, meinem liebenswerten Bruder, den ich ebenfalls ohne triftigen Grund verachte. Eine Zeitlang besuchte ich eine Kleinianerin, eine Gesprächstherapeutin, doch die riet mir, Ed zu verlassen, oder jedenfalls hörte ich das aus ihren Worten heraus, also ging ich nicht mehr hin. Zu ihr nicht mehr, heißt das. Doch ein paar Dinge sind haftengeblieben und scheinen durchaus vernünftig.

Leserin, ich warne Sie, holen Sie sich nicht die Art Frau als Freundin ins Haus, die ihre Mutter haßt und ihren Vater liebt: Sie wird sich im Handumdrehen an Ihren Mann heranmachen. Und Sie, männlicher Leser, tauschen Sie im eben Gesagten die Geschlechter aus. Ich bin ein milder Fall von Mutterhaß. Als es soweit war, habe ich mich mit der Rolle als Leslies Konkubine abgefunden und nicht mit aller Gewalt versucht, die ursprüngliche Ehefrau hinauszuboxen oder schwanger zu werden. Ich war nicht der Typ Frau, die anruft, der Stimme, ihrer oder seiner, lauscht, und wieder auflegt.

Glauben Sie nur ja nicht an Falsch-verbunden-Anrufe, wenn Sie den Hörer abnehmen und am anderen Ende wird aufgelegt. Das sind keine verwählten Nummern. Das sind die Leidenschaften und Neidgefühle der Außenwelt, Gespenster, die an die heimische Pforte hämmern, das Telefon zum Scheppern bringen - bring-g-g... bring-g-g... und was wollen wir wetten, daß Sie sich das selbst eingebrockt haben?

»Wahnsinn«, sagt Rosalie, »Wahnsinn!«

Leslie Beck rückte mir auf Treppen zu Leibe und unter ihnen, nach den Bürostunden und davor, in schlammigen Rinnsalen am Grunde von tiefen, tiefen Ausschachtungen, in Loren, die bis auf halbe Höhe hügelan zockelten, bei mir zu Hause, während Ed mit Richard beim Zahnarzt war, als der seinen Weisheitszahn gezogen bekam, im ehelichen Schlafzimmer, während Anita wegen der Gefahr einer Fehlgeburt im Krankenhaus war, und ich ließ es mir gefallen; genau besehen, baute ich mich geradezu vor ihm auf, um ihn mir auf den Leib rücken zu lassen. Ich kann bis heute noch keinen Bauhelm sehen oder an einer Baustelle vorbeikommen, ohne daß mein Herz einen Sprung macht, obwohl meine Empfindungen für Leslie Beck, alles was recht ist, herzlich wenig mit dem Herzen zu tun hatten. Ich habe sie nur in der Erinnerung auf diese Ebene befördert.

Getreu Leslie Becks anfänglicher Einschränkung unserer Beziehung erörterten wir weder Vergangenheit noch Zukunft und ebensowenig, was er für mich oder ich für ihn empfinden mochte. Das führte dazu, daß die Gegenwart auf geradezu wunderbare Weise in den Brennpunkt geriet und jede neue Paarung immer wieder ein neuer, überraschender Anfang war. Ich muß schon sagen, Leslie wußte, was er tat.

»Hat Anita denn das Kind verloren?« fragte Rosalie.

»Wen kümmert das schon?« sage ich.

»*Sie* hat es vermutlich schon gekümmert«, sagte Rosalie giftig.

»Ach ja – und wie steht's dann mit dir?« frage ich. »Arme Jocelyn, an was für einen wunderschönen Familienausflug sie sich erinnern darf! Eine schöne Fahrt ans Meer hast du ihr da beschert, das muß ich schon sagen!«

»Sie hat es doch nie erfahren.«

»Woher weißt du denn, ob Leslie es ihr nicht erzählt hat?«

Das bringt sie zum Schweigen. Ich fahre fort.

Einmal sagte ich zu Leslie: »Leslie«, sagte ich, »wäre es denn nicht schön, das Ganze einmal irgendwo zu machen, wo es ordentlich und adrett ist, angenehm, für den Körper wie für den Geist, irgendwo, wo wir nicht gleich von der Leiter fallen, im Schlamm ersticken oder von unseren Ehepartnern entdeckt zu werden drohen? Irgendwo, wo es nicht Gefahr und Ungewißheit als eingebauten Strafmechanismus gibt? Irgendwo, wo es ruhig ist?«

Darauf hatte er nichts weiter zu sagen als: »Wenn es dir nicht gefällt, brauchst du es nur zu sagen. Wir können es genausogut auch sein lassen«, also hielt ich den Mund.

»Worüber habt ihr denn so gesprochen?« fragt Rosalie.

»Über nichts Spezielles«, sage ich. »Die gleiche alberne Rederei wie bei euch am Strand. Zum Beispiel darüber, ob der Mond immer an derselben Stelle aufgeht, ob man Lebenszeit einbüßt oder hinzugewinnt, wenn die Uhren nachgehen – kommt die Flut, oder ist gerade Ebbe?« Ed sprach von Ideen, von Vorstellungen. Ed konnte mitten im Beischlaf eine Pause einlegen und darüber nachdenken, was bei Sokrates über den Konflikt zwischen Liebe und Pflicht geschrieben steht. Leslie hingegen widmete sich seiner Aufgabe mit stummer Konzentration. Leslie und ich tauschten zwar Informationen über die reale Welt aus und dachten gelegentlich gemeinsam über ihre ironischen Pointen nach, doch das war alles. Das Sprechen spielte in seinem Leben keine große Rolle.

»Bist du eigentlich schon mal auf die Idee gekommen«, sagte Rosalie, »daß dieses Gevögele mit dir seine Rache an Ed, dem Intellektuellen, war? Daß Leslie Beck sich überfordert fühlte, wenn wir über konkrete politische Fragen sprachen, denen er nicht zu folgen vermochte, über Bücher, die er nicht gelesen, Stücke, von denen er noch nie etwas gehört hatte? Na und, hat er sich wohl gedacht, dann habe ich eben keine eigene Fernsehsendung wie Wallace, dann veröffentliche ich eben keine Bücher wie Ed oder schreibe welche wie Vinnie, dann bin ich eben ein Banause. Doch ich kann eure Frauen haben, wie es mir paßt, und Geld machen. Verhöhnt mich nur, wenn ihr es wagt.«

»Ich möchte mir nicht vorstellen, daß es wegen irgend etwas war«, sage ich. »Ich stelle mir vor, daß es um der Sache selbst willen geschah, nur seinem Körper und meinem Körper zuliebe, den Drang auslebend, das vollkommene Kind zu machen – meine Tüchtigkeit, seine Tatkraft –, außer daß ich die Pille nahm, so daß es nicht dazu kam, also verlor die Natur die Lust und schlug uns vor, ›anderswo‹ vorzusprechen. Leslie löste sich zuerst, das heißt, er kränkte mich dermaßen, daß ich niemals wieder mit ihm sprechen wollte.«

Es war ein Donnerstagabend Ende August. Wir waren in 12 Rothwell Gardens. Anita war aus dem Krankenhaus entlassen, das Baby gerettet worden. Sie war zu ihren Eltern gezogen, weil sie dort die nötige Pflege hatte. Zwischen Krankenhaus und Familie war sie einen Tag zu Hause gewesen. Während jenes Tages hatte sie unsere schmutzigen Gläser abgewaschen, die Aschenbecher geleert – ich habe damals geraucht und Leslie auch, Anita aber nicht – und unsere Laken gewechselt. Nicht wissend, daß es »unsere« waren. Sie hätten genausogut »ihnen« gehören können. Wußte sie von meiner Existenz? Ich glaube nicht. Ich hoffe nicht.

»Vielleicht ist sie ja zu ihrer Mutter gegangen, um sich nicht aufregen zu müssen?« sagte Rosalie. »Vielleicht hat sie ja fast eine Fehlgeburt gehabt, weil sie sich so aufgeregt hat. Vielleicht war es die Entscheidung, vor die sie sich gestellt sah: Gehe ich aus dem Krankenhaus wieder nach Hause und ertrage die Qual zu wissen, Leslie ist bei Nora? Gehe ich nach Hause und lasse ihn einfach gewähren, weil ich weiß, es ist das kleinere Übel und das Leben des Kindes hängt davon ab, daß ich mich nicht aufregen lasse?«

»Hoffentlich nicht«, sage ich, »hoffentlich nicht«, und fange an zu weinen.

»So ist es besser«, sagt Rosalie.

»Heuchlerin«, sage ich.

Anita hatte das Bett mit ihrem besten Baumwollbatist bezogen, mit plissierten Rändern, die Sorte, die man bügeln muß und die eigentlich kein vernünftiger Mensch besitzt. Die Kissen waren von der quadratischen, französischen Art. Das Bett selbst war aus Messing, hochbeinig, mit blankem, zierlich gearbeitetem Kopfteil, und vor dem hohen Fenster hingen samtartige beige Vorhänge. Es gab einen ziemlich eleganten gelben Stuhl mit gesteppter Lehne und diese graubraune Rauhfasertapete, wie sie damals Mode war, einen sehr hübschen Toilettentisch mit einem dieser gräßlichen viktorianischen, silberrückigen Sets aus Bürste, Kamm und Spiegel, das wahrscheinlich der kostbarste Besitz ihrer Urgroßmutter gewesen war – damals war es gang und gäbe, Silbersachen zur Hochzeit weiterzuschenken. Das Zimmer hätte ein gutes Tableau für ein Gemälde abgegeben, doch, das konnte ich sehen: Gewebe, Holz und Farben, alles lebendig und aufeinander abgestimmt. Anitas Schlafzimmer war eine Überraschung. Für mich. Sie selbst war als Person so unansehnlich und unexotisch, daß ich mich fragte, ob sie die Einrichtung wohl von einem Gemälde abgeguckt hatte, das sie auf einem Schulausflug in irgendeiner Galerie hängen oder in einer Illustrierten abgebildet gesehen hatte. Ich hatte damals natürlich keine Ahnung, daß sie selbst malen konnte oder sich überhaupt dafür interessierte. Leslie hatte nur einmal erwähnt, daß sie zur Kunstakademie gegangen war, ehe man sie auf die Handelsschule geschickt hatte – ihr Vater hatte keinen Sinn für Spinnereien. Zu dem Baby, das unterwegs war, fiel Leslie lediglich der Satz ein: »Ich mache jede Wette, daß es wieder ein Mädchen wird. Meine Frauen sind außerstande, Jungen zu kriegen.« In der damaligen Zeit glaubte noch jeder, die Mutter sei in puncto Geschlecht der ausschlaggebende Faktor, ich dachte selbst so und verachtete deshalb auch Anita, weil sie nicht genug Mumm in den Knochen hatte, um Leslie Beck den Knaben zu schenken, den er verdiente und den er sich so sehr wünschte. Ich persönlich, mit meinen Jungen, habe mich allerdings immer nach einem Mädchen gesehnt.

»Seine Frauen bekamen Töchter, seine Geliebten aber brachten Jungen zur Welt«, sagte Rosalie. »Was haben wir denn daraus zu folgern?«

Mit Leslie Beck verheiratet sein. Natürlich hätte ich das gern gewollt. Doch weiter, weiter.

Auf Anitas weißem Bett bumste dieses tobende, stinkende nackte Ungeheuer mit dem krausen roten Haar, dieser muskulöse Bock von einem Ehemann rittlings auf einer maunzenden kleinen Kreatur, die, wie sich herausstellen sollte, ich war, die mageren Schenkel auseinandergestoßen von Leslie Becks prächtig geschwollenem und auf alle Zeiten unbefriedigtem Ich. *»I can't get no satisfaction«* – erinnern Sie sich an das Lied der Stones? Das Fleisch immer, immer befriedigt, niemals, niemals aber der Geist. Armer Leslie. Er hatte den Spiegel auf dem Toilettentisch so ausgerichtet, daß man das Bett darin sehen konnte. Doch ein Mann kann stoßen und stoßen, das größte Organ der ganzen Welt haben und auf ewig die weichen, vielfältigen Schichten des weiblichen Fleisches untersuchen und erforschen, rein-raus, rein-raus, und dennoch nicht finden, wonach er Ausschau hält. Wie auch ich nicht befriedigt war, damals hätten mich wohl erst tausend Orgasmen befriedigt: Jeder konnte die Uhr einen Augenblick lang anhalten, die Zeit aussetzen, sich mit dem Universum vereinigen, das Bewußtsein ausschalten, den Geist erweitern, den Willen erschöpfen, doch die Kraft und die geistige Klarheit kehrten wieder. Ich selbst hatte ausgesetzt, die Uhr aber nicht. Immer noch galt, daß jede neue Stunde einen Tod und Sterblichkeit näher brachte. Zeit zu gehen, zu Ed nach Hause zurückzukehren, zu duschen, in jenes legale, pflichtgemäße, tröstliche Bett zu sinken, das durch das

Geschehene nur frischer und interessanter geworden war. Wir hatten zu Hause eine Percale-Duvetine-Garnitur, pflegeleicht, in gedeckten Pastellfarben, und längliche Kissen von der unexotischen Sorte.

Als ich am nächsten Tag ins Büro kam, mit meinen hübschen Ohrringen und meinem Strumpfhaltergürtel, der mir die Taille einschnürte und bewirkte, daß ich mir meines Körpers bewußt blieb, mich sozusagen in meinem exotischen Fahrwasser hielt, war Leslie bereits da und lungerte an meinem Schreibtisch herum.

»Nora«, sagte er, »dies ist doch deine letzte Woche, nicht?«

»Ach ja?« sagte ich entsetzt.

»Chloe kommt Montag aus dem Urlaub zurück«, sagte Leslie Beck, »und damit ist dann in der Firma wieder alles im Lot. Wir sind dir jedoch alle ungeheuer dankbar dafür, daß du bei uns eingesprungen bist. Ich glaube, Mr. Agee möchte dir so etwas wie eine Prämie auszahlen. Ich werde jedenfalls ganz gewiß dafür stimmen.«

Es gab drei Möglichkeiten, wie es hätte weitergehen können. Ich hätte schreien und weinen und ein gebrochenes Herz haben können. Ich hätte ihm die Kleider aufschlitzen können, wie Jocelyn es getan hatte, und ich hätte zu meiner Mutter zurückkehren können, dem Prinzip nach zumindest, wie Anita zu ihrer zurückgekehrt war, was in meinem Fall bedeutet hätte, nach Hause zu gehen und stumm vor mich hin zu leiden, mit total gebrochenem Selbstwertgefühl. Doch ich wählte einen anderen Weg, oder besser gesagt, er wählte mich. Ich war einfach auf der Stelle nicht mehr in Leslie Beck verliebt.

»Na schön«, sagte ich, »dann glaube ich nicht, daß ich mir noch die Mühe machen sollte, meine Notizen hier aufzuarbeiten. Ich gehe sofort.«

»Aber du kannst uns doch nicht so in der Patsche sitzen lassen«, sagte er.

»Doch, das kann ich«, sagte ich und tat es auch. Ich ging schnurstracks nach Hause, verbrannte meinen Hüftgürtel und sämtliche geschändeten Schlüpfer in unserem Glanzkohleofen und sagte zu Ed, als er nach Hause kam: »Ed, ich arbeite nicht mehr für Leslie. Er pirscht mir dauernd hinterher, das ist nicht richtig, seine Frau ist doch schwanger. Er ist kein angenehmer Mann, und ich lade ihn nie wieder zum Abendessen ein, und wenn er es tut, sage ich, tut mir leid, wir können nicht, wir haben was vor.«

»Wenn du das nur etwas früher beschlossen hättest«, sagte Ed. »Dann hätten wir noch zusammen in die Ferien fahren können«, und ich wußte, ich war zu Hause und außer Gefahr.

ES SETZTE KEINE STRAFE. KEIN KIND, KEINE GESCHLECHTSkrankheit, keine Entdeckung, keine Scheidung, keine Ächtung, keine Scham, keinen Selbsthaß; es war nichts als ein großartiger aufregender Sommer und ein aufgeschobener Urlaub. Wir fuhren schließlich doch noch im September.

Als ich von Rosalie nach Hause zurückkehrte, nachdem ich ihr die ganze, ungekürzte Geschichte von Leslie Beck und mir erzählt hatte, war es ein Uhr morgens, und in der Küche brannte noch Licht. Augenblicklich befürchtete ich, daß Ed vielleicht doch noch etwas herausgefunden hatte. Ich hatte Rosalie alles erzählt, und er hatte irgendwie mitgehört. Meine Gedanken waren die Dalrymple Street hinunter, über die Gossamer Road hinweg in die Hogtie Lane gewandert und von dort nach Hause, waren durch eine Art ehelicher Osmose aufgesogen worden, und Ed war wach und wartete nur darauf, mich umzubringen.

Ich ging auf direktem Weg ins Schlafzimmer. Ed lag seelenruhig im Bett und schlief. Die Episode war Vergangenheit. Ed sieht sehr gut aus, wenn er schläft: Das ruhige, friedliche Leben in Richmond, die sanften, regelmäßigen Geistesübungen, die Überzeugung, daß die Bücher das eigentliche Leben sind und die Ereignisse der Welt nur eine Art hysterisches Geflimmer jenseits eines Fernsehschirms, die Zuneigung zu seinen Kindern, die es ihm erlaubt, ihr häufiges Über-die-Stränge-Schlagen zu übersehen, und sein Vertrauen zu mir, all das ermöglicht es ihm, mit der Ruhe eines umhegten Kindes zu schlafen.

Ich nahm an, daß eins der Kinder das Licht in der Küche angelassen hatte. Ich streckte die Hand um den Türrahmen und knipste es aus, aber da schrie ein Stimmchen »Ohh!«, und so knipste ich es wieder an. Ein unbekleidetes Mädchen stand da, ein kräftiges Mädchen mit sehr weißer Haut, rothaariger Scham, rotem Kraushaar und einer Zahnspange, die funkelte, als sie mir ihr erschrecktes Gesicht zuwandte. Sie aß gerade eine dicke Scheibe Brot, die von dem Laib stammte, der noch auf dem Küchentisch lag. Wenn man abends weg ist, denkt kein Mensch daran, irgend etwas wegzuräumen. Es war Amanda, Susans Tochter. Colin trat hinter mich, mit einem Handtuch angetan, um sich dem Blick seiner Mutter gegenüber keine Blöße zu geben.

»Du hast doch hoffentlich nichts dagegen«, sagte Colin. »Amanda muß hierbleiben. Sie hat den letzten Bus nach Kew verpaßt.«

»Aber natürlich habe ich nichts dagegen«, sagte ich. »Ich freue mich, dich wieder mal zu sehen, Amanda.«

Und das stimmte. Amanda, Leslies Fehltritt. Kinder neigen dazu, in den Dörfern zu bleiben, die ihre Eltern sich ins harte Felsgestein der Großstadt gehauen haben: sich darin zu verheiraten und fortzupflanzen. Leslie, der rücksichtslose, selbsternannte Feudalherr, gegen dessen Gesetz sich die Dörfler schon seit ewigen Zeiten auflehnen und ereifern, zeugte außerehelich die schöne Amanda, und Colin, der schmucke Dorfbursche, besaß die Tollkühnheit, um sie zu werben.

»Ich habe doch hoffentlich nicht das Brot fürs Frühstück weggegessen«, sagte Amanda. Sie schien sich ihrer Nacktheit nicht zu schämen. »Ich krieg bloß nachts immer solchen Hunger.«

»Das wundert mich gar nicht«, sagte ich.

Leslie Beck stand nachts auch immer auf und aß das

bereits vorgeschnittene Weißbrot. Er bevorzugte die Kruste. Morgens war nur noch das Wattige aus der Mitte übrig. Susan, die das Privileg genossen hatte, ganze Nächte in seiner Gesellschaft zu verbringen, hat mir das einmal erzählt.

Als ich Amanda das letzte Mal gesehen hatte, war sie erst zwölf gewesen und hatte ein großes, eher unansehnliches Gesicht gehabt. Mitterweile war sie wohl achtzehn, nahm ich an, eher gutaussehend als hübsch und nicht von Selbstzweifeln geplagt, wie das Metallgefunkel an ihren Zähnen kundtat. Nicht viele Mädchen sind in ihrem Alter bereit, so etwas zu tragen, was immer der Zahnarzt empfehlen mag. Zweifellos war Leslies Lebenskraft bei ihr durchgeschlagen, bis in die warme Ausstrahlung ihres Körpers, ihre durchscheinende Haut. Glücklicher Colin, dachte ich, ließ die beiden allein und ging zu Bett. Ich war ungeheuer müde.

ZU EINER ANDEREN ZEIT AN EINEM ANDEREN ORT: WIR sind Mitte der siebziger Jahre in der Dordogne, in Frankreich. Die Roses (Vinnie und Susan) haben dort ein Bauernhaus gemietet, ein niedriges Gebäude, das um einen weitläufigen Hof herumgebaut ist, Feldsteinmauern, Holzbalken – einfach, rustikal, bequem, wie es so ganz selbstverständlich aus einer sanften Landschaft herauswächst. Die Küche ist dunkel und kühl, und die Mahlzeiten werden überwiegend im Freien eingenommen, denn es ist Hochsommer, an einem langen, auf Böcken ruhenden Tisch unter einem Baldachin aus Weinlaub. Zum Frühstück gibt es frisches Brot, lose Butter aus dem Ort, Pflaumenkonfitüre und Kaffee, mittags noch mehr Brot, Käse aus der Region, Obst und Wein. Abends essen wir, falls Vinnie nicht lieber selbst kocht, in einem der zahlreichen Restaurants der Gegend – französische Provinzküche, die Art von Essen, die der Welt künftig vorenthalten bleiben wird. Marie kommt aus dem Dorf herauf, um sauberzumachen: Sie ist jung, frisch, schlau und strahlt den Gästen gegenüber eine vage Mißbilligung aus. Jean Paul kommt zweimal die Woche, um Außenarbeiten zu verrichten, das Gemüse zu hacken, den Hof abzuspritzen und den Müll wegzubringen. Es ist eines der teuersten Ferienhäuser auf der Liste der Agentur. Die Kanalisation funktioniert.

Das Haus steht auf einem Hügel, und nach Süden hin fällt der Blick auf eine Felswand, deren Antlitz von prähistorischen Höhlen durchlöchert ist. Durch die Schlucht, aus der sie sich erhebt, fließt ein Fluß. Im Westen sieht man noch mehr Hügel, noch mehr Weinberge, und weiter oben auf einer Kuppe liegt das gelbe Gemäuer einer mittelalterlichen Stadt. Geschichten von Dinosauriern fesseln die Kinder, und die Hitze des Tages dämpft Streitlust und Proteste, abends haben sie dann eine harmlose Untiefe des Flusses zum Schwimmen. Morgens fährt irgend jemand nach Périgueux zum Markt, wo es Pflaumen, Pfirsiche, Auberginen, gefüllte Tomaten, Pâtés, Käse, Geflügel (totes und lebendes) in einem Überfluß gibt, der dem Landbewohner ganz selbstverständlich erscheint, den Städtern hingegen eine Quelle des Staunens und des Vergnügens ist.

Im Haus können zwölf Personen unterkommen. Dieses Jahr haben Vinnie und Susan Ed und mich, Wallace und Rosalie, Marion Loos und Antony Sparvinski eingeladen – Sparvinski ist Vinnies Verleger und gerade von seiner Frau verlassen worden. Alle haben die vage Vorstellung, daß Sparvinski, der in den Dreißigern, weltfremd und Ausländer ist, vielleicht zu Marion passen könnte. Wir fangen an, uns um Marion Sorgen zu machen. Wir haben das Gefühl, für sie verantwortlich zu sein. Wir haben sie aus der Welt, in der sie ihren natürlichen Platz hatte, herausgeholt und ihr eine bessere versprochen, und jetzt hegen wir den Verdacht, daß sie unglücklich ist. Während sie die Gurke für Vinnies Gurkensalat schält, beginnen sich ein paar Falten um ihre Augen zu bilden, die auffällig nach Groll aussehen. Vinnie gibt zwar zu, daß Gurken eigentlich mit der Schale gegessen werden sollten, weil sie ein Enzym enthält, das dieses im übrigen schwerstverdauliche aller Gemüse leichter verträglich macht, aber der feine Geschmack und das zarte Gewebe einer dünn geschnittenen und gut blanchierten geschälten Gurke, behauptet Vinnie, sei eine kleine Beeinträchtigung der Verdauung wert. Wir pflichten dem bei. Vinnie ist unser Geschmacks-und-Gaumenfreuden-Papst. Wenn er sagt, etwas sei, um seines natürlichen Geschmacks willen, durchaus eine kleine Unersprießlichkeit wert – beispielsweise frisch aus dem Garten geholte Meerrettichwurzeln zu schaben und zu raspeln –, dann ist es eben so. Er steckt uns mit seiner Begeisterung an, er treibt uns vorwärts. Er macht uns darauf aufmerksam, daß es sich von einem gesprungenen, rissigen Minton-Teller, einem zweihundert Jahre alten, besser ißt als von einem fabrikneuen Wedgewood, und wir geben ihm recht. Weil Vinnie die Vergangenheit liebt und ihm die Gegenwart auf die Nerven geht, sind unsere Häuser alle voll mit alten Dingen, Antiquitäten, gibt es bei uns fast nichts Neues. Selbst die Handtücher sind in Trödelläden gekauft – Vinnie behauptet nämlich, daß die alten Gewebe die Feuchtigkeit besser aufnehmen als die neuen, und er hat recht. Vinnies wegen haben wir alle weiße Seife in weißen Porzellanschalen in unseren Badezimmern und natürlich Badewannen, die noch auf Beinen stehen und unter denen sich unmöglich saubermachen läßt. Vinnie findet nun einmal, daß das Funktionale auch schön sei, wenn es nur mehr als fünfzig Jahre alt ist. Niemand von uns würde es wagen, »Pflegeleichtigkeit« als Grund dafür anzuführen, daß man etwas kauft oder nicht kauft. Nur ganz allmählich hat sich auch Plastik in unsere Häuser gestohlen. Es gab einmal eine Zeit, da dekantierte Susan ihr Spülmittel in einem irdenen Krug. Inzwischen, seit es sich eingebürgert hat, daß die Männer sich an der Hausarbeit beteiligen, kann selbst Vinnie eine Waschmaschine bedienen, und er benutzt einen Geschirrspüler.

Unsere Schicht, man betrachte uns als die Bremsbacken der Gesellschaft. Das heißt, mit unserem lachhaften Sinn fürs Unpraktische, unserer Liebe zum Alten und unserem Argwohn allem Neuen gegenüber zwängten wir uns in eine Nische zwischen dem Unvorstellbaren (daß unsere Geschichte unter Unrat begraben werden würde) und dem

Unaufhaltbaren (daß Profite sein müßten) und verlangsamten den rasanten Lauf der Sanierer, die im Begriff waren, unsere Vergangenheit endgültig aus dem Weg zu schaffen. Während wir auf den Knien irgendein altes Riemchenparkett wienerten, alte, wurmstichige Fensterrahmen behutsam wieder in Schuß brachten und uns über unsere Nachbarn lustig machten, die alte Eiche nicht von neuer Fichte unterscheiden konnten, wollten sie, die wahren Revolutionäre, einen Schlußstrich ziehen: die Schaben unter Beton versiegeln und gemeinsam mit Feuchtigkeit und Unwissenheit die TB beerdigen, die tote Vergangenheit auf den Scheiterhaufen werfen, wie es die Vergangenheit mit den – allerdings lebenden – Hexen getan hatte. Wir hatten beide recht. Wir, die wir uns auf unseren Geschmack zuviel zugute hielten, pflasterten, leider, den Weg (wir hatten dafür, versteht sich, nur ein Leider übrig, Puristen durch und durch, die wir waren) für die Erlebnisparks und die Industrie des Urigen, die inzwischen, mit ihren haubentragenden Milchmädchen und Keksen nach Großmütterart, unsere Geißel geworden sind, doch wenn unsere Städte sich immer noch wahrnehmbar voneinander unterscheiden, wenn wir eine letzte große Wiese behalten haben, dann eben deshalb, weil wir uns dem Neuen gegenüber so hochnäsig gezeigt haben. Der Nervenverschleiß war riesig. Die Welt ging aus den Fugen. Mittlerweile begnügen wir uns mit der Verwendung von ökologisch sinnvollem Geschirrspülmittel in abbaubaren Plastikflaschen. Vinnie war unser Held.

Leslie war unser natürlicher Feind. Aber da es gegen unsere Prinzipien verstieß, Feinde zu haben, fraternisierten wir: Wir taten, was wir konnten, um ihn zu bekehren. Ein paar von uns schliefen sogar mit ihm, um seine Sinne zu verwirren.

Marion, mit ihrem instinktiven Verständnis der Malerei, war unsere Freundin. Es war uns eine Pflicht und ein Vergnügen, ihr jede nur mögliche Unterstützung angedeihen zu lassen. Was wir würdigten, was wir zu retten versuchten, waren, neben dem Alten, auch die Intelligenz und die Aufgeschlossenheit. Ihnen öffneten wir unsere Häuser und unsere Herzen. Ich glaube allerdings nicht, daß uns das zu besseren Menschen machte. Die »dankbaren Armen« – welche die Maßstäbe ihrer Wohltäter anerkannten, sich die Gesichter wuschen und auf ihre Manieren achteten – kommen recht gut durch die Jahrhunderte. Die undankbaren Armen jedoch, die uns aller Wahrscheinlichkeit nach nie wirklich schätzen, uns höchstens verachten werden, die sind es, die uns brauchen: den Undankbaren im Geiste sollten wir unsere Aufmerksamkeit zuwenden – Marions Bruder Peter, der außer irgendwelchen nicht jugendfreien Videos nichts im Kopf hatte.

So stelle man sich Marion vor, wie sie, elegant selbst noch in ihrem vom Waschen ausgebleichten orangefarbenen Fetzen von einem Baumwollkleid, langbeinig, großäugig, mit Gummihandschuhen Gurken schälte.

»Marion«, sagt Vinnie, »du kannst doch unmöglich mit Gummihandschuhen Gurken schälen. Wo bleibt denn da das Fingerspitzengefühl? Außerdem ist Gurkensaft gut für die Haut.«

Marion seufzt, zieht die Handschuhe aus und riskiert ihre Fingernägel. Sie ist stets willig, stets höflich, teils Freundin, teils Schützling, teils Hilfe. Uneingeschränkt vertrauen wir ihr unsere Männer an, Betrug liegt nicht in ihrem Wesen und ebensowenig – vielleicht ist das ja dasselbe – die Hingabe an den Augenblick. Ungeachtet ihres Aussehens hat sie etwas Züchtiges an sich, das abschrekkend zu wirken scheint. Man kann sich nicht vorstellen, daß sie die männliche Phantasie in Beschlag nimmt. Mir wäre nie völlig wohl in meiner Haut, wenn Rosalie zu lange mit Ed allein wäre, oder gar Susan, doch Marion konnte einen ganzen Vormittag mit Ed beim Einkaufen sein, ohne daß mich das kratzte, ich mich ausgeschlossen fühlte oder witterte, daß Geheimnisse ausgeplaudert oder neue ausgebrütet werden könnten: Ich wußte nur, sie würden das beste und frischeste Gemüse mit nach Hause bringen, hätten die ausgefallensten und vortrefflichsten Käsesorten ausfindig gemacht.

An diesem speziellen Morgen bereitete Vinnie ein fünfgängiges Mittagessen zu. Dazu hatte er uns alle mit eingespannt. Ed schnitt mit seinen ungelenken Fingern das Fleisch zu, Wallace schärfte die Messer – wetz, wetz –, ich häutete Tomaten, Marion schälte die Gurken und Antony frische grüne Walnüsse. Susan war entschuldigt – sie war oben und schrieb einen Artikel für die New Society mit dem Titel: »Sozialhilfe – Schönfärberei oder bittere Notwendigkeit«. Je lärmender Vinnies Lebensfreude wurde, desto stärker zog Susan sich in einen abweisenden, kühlen Ästhetizismus zurück. Die Tür war auf, Sonnenlicht fiel herein, und der Duft von Basilikum, reifen Trauben und heißen Hängen wehte durch den Raum. Wir waren glücklich, sieht man einmal ab von Marions leicht unzufriedenem Stirnrunzeln. Dann wurde es dunkel im Raum, und wer anderes stand in der Tür als Leslie Beck? Es war das erste Mal, daß ich ihn sah, seit ich aus Agee, Beck & Rowlands hinausmarschiert war, ihn, wie er behauptete, in der Patsche hatte sitzen lassen und dabei von Glück sagen konnte, nicht in andere Umstände geraten zu sein. Er trug Jeans, ein weißes Hemd, eine rote Krawatte und sah genauso aus wie der reiche Lump, der er war.

»Ich bin zufällig mit dem Rolls vorbeigekommen«, sagte er. »Und da habe ich mich gefragt, ob euer intellektueller Haufen wohl mit einem schlichten Geschäftsmann wie mir essen gehen würde. Ich bin auf dem Weg nach Cahors runter und dachte, ich könnte euch vielleicht alle miteinander ausführen.«

Wir waren überrascht. Wir starrten ihn an. Niemand sagte etwas. Er fertigte uns der Reihe nach ab.

»Hallo, Rosalie«, sagte er. »Hallo, Nora, lange nicht gesehen. Hallo, Wallace, ich hab neulich erst mit Jocelyn zu Mittag gegessen. Ich sehe sie und die Mädels ziemlich häufig. Sie hat gesagt, du sollst doch mal an sie denken. Die neue Sendung gefällt ihr ungeheuer. Hallo, Ed, in meiner Sonntagszeitung habe ich unter den Zitaten der Woche einen Ausspruch von dir gefunden. Wie war der noch? Irgendwas Prägnantes, Geistreiches.« Dann erblickte er Antony Sparvinski, der klein, rundlich, ernst und nervös war. »He, Antony. Wißt ihr, Antony bringt ein Buch von mir heraus. Natürlich stammt es von einem Ghostwriter. Angeblich fehlt mir das literarische Fingerspitzengefühl. Es erscheint in der Ratgeber-Reihe: ›Wie man einen Bauplan liest‹. Zurück an den angestammten Futterplatz, zur Strafe für alles, was ich je verbrochen habe, doch da liegen die Gewinne, stimmt's, Antony?«

Antony stimmte ihm zu. Also er war der Verräter.

»Ich hätte nie geglaubt, daß Sie das schaffen würden, Leslie«, sagte er. »Daß Sie sich bis hierher durchschlagen würden.«

»Habe ich aber«, sagte Leslie, »und ich habe das Manuskript mitgebracht, nur damit Sie ein bißchen Ferienlektüre haben.«

»Vielen Dank«, sagte Antony. Er sah schuldbewußt und hilflos aus. Ich fragte mich wirklich, wie wir auf die Idee kommen konnten, daß er zu Marion passen könnte. Dann sagte Leslie zu Vinnie: »Wie geht's denn unserem Größten? Riecht ja alles sehr gut. Schade, daß Anita nicht kochen kann. Da ist Frankreich vergeudet. Wo ist denn Susan?«

»Arbeitet oben«, sagte Vinnie, und sowie erst einmal

einer von uns den Mund aufgemacht hatte, was konnten wir da schon tun, als Leslies Anwesenheit zur Kenntnis zu nehmen und uns sogar geschmeichelt zu fühlen, daß er geruht hatte, bei uns vorbeizuschauen.

»Bleib doch zum Essen, Leslie«, sagte Vinnie. »Und willkommen. Ist Anita auch da?«

»Anita ist mit der Kleinen, mit Polly, in Cahors«, sagte Leslie, woraufhin wir alle vor Erleichterung leise aufseufzten. »Aber so klein ist sie schon gar nicht mehr. Ich fahre gerade runter. Na, na, Marion, immer noch am Schaffen? Lassen sie dich immer noch ackern? Ich habe gedacht, du hättest mittlerweile längst deine eigene Galerie.«

Und Marion, statt um die Nasenflügel weiß vor Wut zu werden, wozu sie durchaus in der Lage war, sagte bloß: »Dazu brauche ich erst mal einen Sponsor. Vielleicht finde ich ja demnächst einen«, und schälte und schnitt weiter ihre Gurken.

Leslie sagte: »Und was fange ich jetzt mit meinem hungrigen und durstigen Chauffeur an, wo ihr meine Einladung nicht annehmen wollt?«

Er wußte ganz genau, wenn er uns in aller Öffentlichkeit mit unseren egalitären Prinzipien konfrontierte, hatten wir keine Wahl, als ihnen gerecht zu werden. »Bitte ihn herein«, sagte Vinnie. »Es ist genug zu essen und zu trinken für alle da.«

»Sie«, sagte Leslie, und wir seufzten alle.

Leser, wenn Sie es über sich bringen können, diese heißen, verträumten, weinseligen Knoblauch-und-Olivenöl-Salattage, wie wir sie damals erlebten, nur für einen kleinen Augenblick zu verlassen, dann versetzte ich Sie an jenen naßkalten Tag in Norfolk vor etwa acht Jahren, als Ed Marion kennenlernte und sie mit zu uns nach Bramley Terrace brachte.

Ed hatte einen Bildband mit dem Titel »Der Künstler und das Geld« in Auftrag gegeben. Nun waren er, der Bildredakteur und ein Fotograf nach Norfolk gefahren, um eine Wanderausstellung zum Thema »Die Bank und der Maler« anzuschauen, die von einer High-Street-Bank gesponsert wurde. Sie wollten eine unbedeutendere Skizze von Rembrandt mit dem Titel »Der Geldverleiher« und möglicherweise auch ein paar Café-Szenen von van Gogh, die er als Bezahlung für ein Essen und ein Glas Wein oder so gemalt hatte, in Augenschein nehmen und fotografieren.

Die Ausstellung war kein Erfolg. Dem Fotografen gerieten also nur wenig Menschen in die Quere, als er seine Kamera, nachdem er mit dem Rembrandt fertig war, vor einem der van Goghs aufbaute. Das große, hübsche Mädchen, das den warmen Weißwein und die schlappen Sandwiches herumgereicht hatte, stupste Ed an und sagte: »Machen Sie sich nicht zum Narren. Das da ist getürkt. Eine Fälschung.«

In jenen Tagen hatte Marion noch einen satten Norfolk-Akzent, der nicht von ungefähr kam: Die Ausstellung wanderte durch die Provinz, und die Bank machte gerade eine jener nicht-elitären Phasen durch, wie das Banken so tun, wenn die Kreditschleuder, auf Niedrigzinsniveau eingestellt, Geld in Richtung gemeines Volk ausstreut, ehe sie den Gang wechselt und es wieder dahin saugt, wo es hingehört, zu den Reichen und Mächtigen. Der Sinn der Ausstellung, abgesehen vom Kundenangeln, lag darin, zu demonstrieren, daß auch berühmte Künstler nur Menschen sind und menschliche Probleme kennen, und auf diese Weise, unter Zuhilfenahme des Personenkults, die Kunst auch dem gewöhnlichen Volke zugänglich zu machen. Oder so war jedenfalls die durchaus löbliche Absicht. Man hatte sich in den verschiedenen Filialen unter den Mädchen für alles nach weiblichen Freiwilligen umgetan, Marion hatte den Finger gehoben, und weil sie hübsch war und eindeutig aus dem Volke, bekam sie den Job. Überstunden wurden für das Projekt nicht gezahlt, und sie hatte sowieso schon eine Achtundsechzig-Stunden-Woche. Das war die Art Detail, wie Marion sie unverzüglich hervorzuheben pflegte.

»Was heißt denn getürkt? Woher wissen Sie denn das?« fragte Ed entsetzt.

»Na, sehen Sie doch nur genau hin«, sagte Marion. »Das sieht doch ein Blinder mit dem Krückstock, daß das eine Fälschung ist.«

Ed sah hin und hätte es nicht sagen können. Aber Bilder waren schließlich auch nicht sein Spezialgebiet.

»Es ist viel zu fertig an den Rändern«, sagte sie. »Zu sorgfältig ausgearbeitet für einen Mann, der nur sein Essen haben wollte. Sehen Sie mal, wie das Licht da aus der Lampe kommt. Wie ein Morsecode, Punkt-Punkt-Strich, Punkt-Punkt-Strich. Viel zu regelmäßig. Nein, das ist eine Fälschung. Das da links ist in Ordnung. Der van Gogh. Der gleiche Gegenstand, ein anderer Maler, ungefähr hundert Jahre dazwischen.«

Und sie ging mit ihrer Sandwichplatte weiter.

Der Fotograf sagte: »Ich nehme das linke, sicher ist sicher«, und baute seine Kamera neu auf.

Ed ging Marion nach, in den Nebenraum, wo der Wein stand, und fragte sie, ob sie auf das Gebiet spezialisiert sei, und sie sagte, nein, wie eine Schalterangestellte denn schon irgendwelche Spezialgebiete haben solle, außer den Wert von Banknoten zu kennen und zu wissen, wie man Unwürdigen einen Kredit verweigerte, und zwar so, daß sie nicht noch mal deshalb vorsprachen? An diesem Punkt nun kam der Leiter der Ausstellung dazu, ein ernsthafter Mann mit einem eingefallenen Gesicht, und schlug vor, Marion möge doch besser mit ihrer Arbeit fortfahren und ihre Zeit nicht damit vergeuden, daß sie mit Besuchern plauderte. Und so gab Ed das sich anschließende Gespräch wieder:

Marion: Der Besucher spricht mir *mir*, nicht ich mit ihm. Und im übrigen habe ich diese Woche bereits achtundvierzig Stunden gearbeitet, obwohl erst Donnerstag ist, also würde ich meinen, ich hätte ein gewisses Recht, mich mal zu unterhalten.

Leiter: Sie scheinen Schwierigkeiten mit ihrer Einstellung zu haben, Marion. Es ist ein großes Privileg, daß man Sie gebeten hat, hier für uns zu arbeiten, unter diesen herrlichen, weltberühmten Kunstwerken.

Marion: Das sind überwiegend Fälschungen, Meister. Die haben Sie reingelegt. Was glauben Sie denn, weshalb die so niedrig versichert sind? Die Leute lachen sich doch scheckig über Sie.

Leiter: Sind Sie betrunken?

Marion: Nein, ich kann bloß den Schund hier nicht mehr sehen. Die Bank war zu knickrig, um den großen Museen zu bezahlen, was sie haben wollten, also hat man die kleinen Privaten eingespannt und einen Haufen Plunder gekriegt. Die Stiche sind zweitklassig – irgendwer muß die Platten in Stücke gehackt haben. Arme Kerle, die Maler, nicht nur zu Lebzeiten müssen sie es mit solchen wie Ihnen aushalten, sie werden auch noch malträtiert, wenn sie längst tot sind.

Leiter: Ein Mädchen wie Sie ist wohl kaum qualifiziert, sich ein Urteil über Kunst zu erlauben. Und nun gehen Sie bitte wieder an Ihren Platz und tun das, wofür Sie bezahlt werden und wozu Sie ausschließlich befähigt sind – zum Weineinschenken.

Marion: Da geniere ich mich nur, so warm, wie der ist. Selbst jemand wie ich weiß, daß Weißwein kalt sein sollte. Und zu süß ist er auch. Da wird morgen allen ganz schön der Kopf brummen. Schlimmer als nach dem Glühwein von meiner Mutter.

Leiter: Vielleicht wäre es ja gescheiter, wenn Sie jetzt gingen und nicht mehr wiederkämen.

Marion: Soll das heißen, ich bin gefeuert?

Leiter: Ja. (Marion geht ab.) Entschuldigen Sie bitte. Aber in der Zentrale wollte man unbedingt ein von jeder Kultur völlig unbelecktes Mädchen. Ich habe ja gleich gesagt, daß das nicht gutgehen würde, und ich habe recht gehabt.

Ed, der Fotograf und der Bildredakteur überholten Marion, als sie im Taxi zum Bahnhof fuhren. Sie baten den Taxifahrer anzuhalten. Marion erklärte, sie hätte bis zum Ersten kein Geld und keine Unterkunft. Nein, zu ihren Eltern nach Hause zurückzukehren, das komme für sie nicht in Frage. Klein beigeben werde sie nicht. Nein, sie glaube nicht, daß die Bank sie doch noch weiterbeschäftigen werde, und außerdem würde sie das auch ablehnen. Diese Art Arbeit enge ihre Fähigkeiten zu sehr ein, und sowieso gebe es da für Frauen keine richtigen Aufstiegsmöglichkeiten. Daß sie »gut mit Zahlen umgehen könnten«, bringe Frauen dort gerade mal bis in die Buchhaltung, selten bis zur Kontoführung. Und es rege sie auf, daß sie sich von Leuten, die dümmer waren als sie, ständig vorschreiben lassen sollte, was sie zu tun habe. Nein, dann gehe sie lieber noch auf die Straße.

Die Taxiuhr klickte unentwegt. Das Herausgeberkollektiv würde seinen Zug verpassen, wenn es sich nicht beeilte. Marion willigte ein, mit ins Taxi zu steigen und mit nach London zu fahren, und Ed brachte sie nach Bramley Terrace, zu uns nach Hause. Da wir kein freies Zimmer hatten, besorgten wir ihr die Unterkunft in Leslie Becks Souterrain, und sie kümmerte sich abends mit um Hope und Serena, um Rosalies Catharine und Susans Barney, besuchte ihren Kurs am Courtauld und verknüpfte die verschiedenen Haushalte noch enger miteinander, indem sie von einem zum anderen wanderte und sich die Maßstäbe jener sozialen Schicht zu eigen machte, die man heute, im Bestreben, sie abzuwerten, die labernde nennt, die ich jedoch eher als die mit dem sozialen Gewissen bezeichnen würde und die es eines schlimmen Tages, fürchte ich, auf dieser Welt ebensowenig mehr geben wird wie die Küche der französischen Provinz.

Die Schicht, der wir angehörten, war irgendwo zwischen Straßenprotest und bürgerlichem Establishment anzusiedeln. Wir verdauten die Erschütterungen der Nation, wir waren die Wechselwähler: Wenn uns der Geduldsfaden zu reißen drohte, machten wir unser Kreuz an einer anderen Stelle – da allein lag unsere Macht: da und in dem Gefühl, daß die gemeinschaftliche gute Absicht an sich schon etwas zu bewegen vermochte, die kollektive Empörung wie durch Zauberhand den Lauf der Dinge zu beeinflussen vermochte. Wir gingen ins Theater, lasen Romane, sprachen über Politik, entrüsteten uns, verfolgten die Nachrichten, hörten Radio, waren aktive Männer und Frauen in der Eltern-&-Lehrer-Initiative, erzogen unsere Kinder dazu, keine Rassisten oder Sexisten zu sein (als uns allen dämmerte, was es damit auf sich hatte) und zu versuchen, sich in andere Menschen hineinzuversetzen. »Colin, aber *warum* hat der kleine George dich auf dem Spielplatz denn verhauen? Nein, hau ihn nicht wieder. Sprich mit ihm. Versuche ihn zu verstehen, und dann verzeihe ihm. Werde sein Freund.« Unsere eigene Generation hatten wir abgeschrieben, unsere eigene Machtlosigkeit erkannt, die Enge unseres Blickwinkels, als die immer verzweifelteren, bedrohlicheren Kräfte der Welt heranbrausten und uns überfluteten, wie der Ozean über irgendeinen abgelegenen Tümpel hinter ein paar Klippen schwappt. Also setzten wir unser Vertrauen in die Zukunft, die unsere Kinder schaffen würden, wenn wir nur die richtigen Menschen aus ihnen machten. Das war, und ist, so glaube ich, eine edle Vision. Und ich bin auch weiterhin davon überzeugt, daß Amanda und Colin, wie sie da in meiner Küche standen, Amanda nackt und fröhlich, mit funkelndem Metall im Mund und ohne Schamgefühle und Colin mit seinem Anstandshandtuch, es besser machen werden als wir.

Ed brachte Marion mit zu uns nach Hause. Wir glaubten, ihr Leben ließe sich verbessern, und behandelten sie wie ein Auto, das Schwierigkeiten mit dem Anspringen hatte. Wir dachten, wenn wir uns tüchtig anstrengten und nur immer ordentlich schoben bis oben auf den Hügel und sie dann runterrollen ließen, dann würde der Motor schon losstottern und anspringen, und sie würde aus eigener Kraft weiterlaufen. Aber das Problem war, daß sie nun, wo sie den Hügel heruntergerollt war, in einer Tinte saß, die sie sich nicht selbst ausgesucht hatte, sondern wir, und der Motor nicht wirklich gezündet hatte. Marion stand mit Gummihandschuhen am Ausguß und schälte Gurken, bis Vinnie ihr sagte, daß das so nicht ginge – sie war fast dreißig, war unverheiratet, hatte keine Kinder, lebte in einem Wohnschlafzimmer und arbeitete mal in dieser, mal in jener Galerie als Verkäuferin, bis zu dem Tag, an dem sie den Inhabern mitteilte, was sie von ihnen hielt, und entweder die Arbeit hinschmiß oder gefeuert wurde. Und die Welt der Galerien war eine kleine Welt, und Marion eilte ein gewisser Ruf voraus. »Marion? Marion Loos? Nein, ich glaube lieber nicht.« Obwohl sie zu uns nie brüsk oder ruppig war. Wir waren ihre Sicherheit und ihre Hoffnung. Sie vertraute uns, und das vergrößerte unsere Verantwortung nur noch.

Leslies Chauffeur kam den Gartenweg hinaufgeschritten, und »Ameisenleichen pflasterten ihren Weg«, wie Rosalie sich später beschwerte. Sie war Mitte vierzig und trug eine Art Kampfanzug. Sie war über sechs Fuß groß und schien nicht der Typ zu sein, der sich genüßlich zu Vinnies fünfgängigem Menü niederlassen und die ländliche Derbheit des lokalen Weins zu genießen wissen würde. Wir seufzten innerlich; das Essen war ruiniert, die Heiterkeit des Tages dahin.

Leslie Beck stellte sie uns als Lady Angela Pettifer vor. Der Rolls gehörte ihr: Sie wollte über Cahors nach Bordeaux hinunter und hatte Leslie angeboten, ihn mitzunehmen. Wir hatten ihr Unrecht getan. Als Leslie Beck versuchte, Champagner aufzutischen, tat sie sein Angebot und damit ihn selbst mit einer Handbewegung ab. »Champagner paßt doch nicht zu Schwein und Bohnen«, sagte sie. Eine von uns! Sie interessierte sich für Marions Lebensgeschichte, die sie ihr aus der Nase gezogen hatte, ehe noch kaum das frische, knusprige Brot auf dem Tisch stand, ganz bestimmt jedenfalls, ehe der Tomatensalat mit Basilikum gegessen war.

»Sie müssen Ihre eigene Galerie haben«, sagte sie. »Sie brauchen einen Geldgeber.«

Hoffnungsvoll wandten sich ihr alle Gesichter zu. Ein Adelstitel, ein Rolls ...

»Ich nicht«, sagte sie. »Ich bin ständig pleite. Aber ich habe Freunde.« Wir waren noch netter zu ihr.

»Ich bin nicht Leslies Geliebte«, sagte sie ohne erkennbaren Anlaß, »falls Sie das denken sollten.« Das freute mich zu hören und Rosalie ebenfalls. Ehefrauen lassen sich ertragen, andere Mätressen hingegen können eine gewisse Unruhe auslösen.

Leser, darf ich Sie an ein paar Dinge erinnern? Bis jetzt hatte Leslie fleischliche Beziehungen mit mir und mit Rosalie, seine Tochter Catharine trinkt mit den anderen Kindern am unteren Ende des Tischs Orangeade und ignoriert die neuen Gäste mit der Höflichkeit, mit der sie den Großteil der Erwachsenenwelt, der unmittelbar für sie keine Bedeutung hat, immer ignorieren. Solange ihre Eltern glücklich aussehen, sind Kinder durchaus imstande, sie zu vergessen. Ob Leslies Blick zu Catharine hinübergeschweift ist, um unter all den Gesichtern das des eigenen Kindes zu finden? Rosalie sagte, sie habe nicht den Eindruck gehabt. Ich selbst hatte da meine Zweifel.

Susan war nicht gerade in guter Stimmung. Von uns allen war sie noch am ehesten imstande, ihren Unmut zu zeigen. Wallace brütete oft finster vor sich hin, doch das schien keine persönlichen Gründe zu haben. Vinnie konnte plötzlich aufbrausen und jähzornig werden und dann ein ganz schlechtes Gewissen haben, Ed wurde weiß und eisig, kam schließlich aber aus eigener Kraft darüber hinweg. Rosalie und ich waren Besänftigerinnen, Marion konnte gekränkt aussehen und tat es auch oft. Susans Unmut jedoch konnte eine eisige Atmosphäre verbreiten. Sie hatte sich in diesem Jahr das glatte braune Haar kurz und streng schneiden lassen und versuchte, aus dem Leben einer Mutter den Weg zurück in die Außenwelt zu finden, was ihr Schwierigkeiten bereitete. In diesem Sommer erfüllte unsere Lebensweise sie mit Ungeduld, Vinnies ständige Beschäftigung mit dem Essen und den Überbleibseln der Vergangenheit reizte sie. Mit Rosalie und mir redete sie, als wären wir schwachsinnig, wobei wir, genau besehen, auch ständig drauf und dran waren, es selbst zu glauben: Als spielten lediglich unsere Männer eine Rolle in der Welt, und wir zockelten einfach nur hinterdrein, gluckend und »aber, aber!« sagend, unseren Müttern ähnlicher, als wir es je für möglich gehalten hätten. Wen Susan tatsächlich mochte, das war Ed: Die beiden konnten sich in Gespräche über

Herodot und die Soziologie verlieren, während Rosalie und ich murmelten: »Wer? Was?«, und Wallace von Bergen träumte und Vinnie Wein nachschenkte. Eigentlich sind es Ed und Susan, die miteinander verheiratet sein sollten, dachte ich dann. Auch wenn ich damit für Vinnie längst noch nicht die Richtige war. Ich war zu pingelig, zu präzise. Für niemanden die Richtige, nicht mal für Leslie Beck; nicht mal für einen Sommer.

Ich erinnere mich, daß Susan während des Mittagessens sagte:

Zu Vinnie: Laß Leslie doch seinen Champagner ruhig aufmachen. Der kann auch nicht schlimmer sein als diese Bauernplempe, die du immer anbringst. Verlieren die Leute vielleicht, wenn sie älter werden, nicht nur das Gehör, sondern auch den Geschmackssinn?

Zu Marion: Na, wie gefällt dir denn Antony nun, Marion? Wir haben ihn extra für dich hergebeten. Nun enttäusche uns aber auch nicht.

Zu Antony: Wie gefällt dir denn Marion, Antony? Immerhin hat sie die britische Staatsbürgerschaft...

Zu mir: Ich möchte Ed zur Eröffnung der neuen Galerie im Museum of Mankind einladen. Ich hoffe, du hast nichts dagegen.

Zu Leslie: Na, wieviel Häuser hast du denn dieses Jahr schon abgerissen?

Und als Gipfelpunkt – zu Lady Angela Pettifer: Haben Sie in Ihrem Rolls für mich noch einen Platz? Ich kann hier nicht länger rumgammeln. Wenn ich bis Bordeaux komme, kann ich nach London zurückfliegen und meine wissenschaftliche Arbeit machen. Vinnie kann das Auto behalten und sich um die Kinder kümmern. Da können sie dann mal sehen, wie sie zurechtkommen...

Und genau das tat sie dann auch. Susan packte ihre Tasche, fuhr mit Leslie und Lady Angela davon und ließ einen sprachlosen, gedemütigten Vinnie zurück, und diese Vorstellung eines gedemütigten Vinnie erschütterte uns alle, nicht nur mich.

ROSALIE BETRAT DAS BÜRO DER *ACCORD REALTORS*, UM mit Mr. Collier zum Mittagessen zu gehen. Sie hatte einen neuen Mantel an. In letzter Zeit hatte sie viel in Altkleiderlädern gekauft, aber dieser hier hatte etwas Frisches, Beschwingtes. Er ähnelte verdächtig einem, den ich vor kurzem erst in einem Schaufenster gesehen hatte und der mit fünfhundertdreiundzwanzig Pfund ausgezeichnet gewesen war. Ich hatte mich noch gefragt, wer denn wohl heutzutage soviel Geld übrig hätte, um den zu kaufen, außer daß es vermutlich immer irgendwo eine Frau gab, die bereit war, ihren letzten Penny für ihre Kleider auszugeben. Ich war nur nicht auf die Idee gekommen, daß das Rosalie sein könnte.

»Was ist denn los?« fragte Rosalie. »Dir geht doch irgend etwas im Kopf herum.«

Mr. Collier war in seinem Büro und wartete auf ein Fax.

»Ich habe gerade über die Vergangenheit nachgedacht«, sagte ich, »und darüber, wie sie die Gegenwart einholt. Susans Amanda und mein Colin tanzen nackt in meiner Küche herum.«

»Dann ist es ja nur gut«, sagte Rosalie, »daß Colin nicht von Leslie Beck ist. *Wenn* er es nicht ist.«

»Natürlich nicht«, sagte ich.

»Manche behaupten«, sagte Rosalie, »daß eine Frau, sowie sie erst mal mit einem anderen Mann zusammengewesen ist, nie wieder richtig Kinder kriegt. Alle danach Geborenen nehmen das Aussehen ihrer Liebhaber an.«

»Das ist wissenschaftlich einfach unmöglich«, sagte ich und verkniff es mir, noch hinzuzusetzen: »Und manche

Leute behaupten, daß du jetzt gleich mit einem Mörder ausgehst.«

»Als Susan damals mit Leslie Beck nach Bordeaux fuhr«, sagte ich, »da hatten sie doch eine Affäre, stimmt's?«

»Eine Affäre, eine Affäre«, höhnte Rosalie. Ihr war offenbar nach Sticheln zumute. »Wie romantisch du bist. Ich nehme an, sie haben ein, zwei Nächte miteinander verbracht. Wenn wir es getan haben, warum nicht auch sie?«

Und ich wies auch nicht ausdrücklich darauf hin, daß Rosalie nur ein paar intime, alberne Stunden mit Leslie Beck verbracht und mehr zufällig ein Kind von ihm bekommen hatte, während er und ich uns einen ganzen Sommer lang geliebt hatten.

Statt dessen sagte ich: »Einen hübschen Mantel hast du an«, und Rosalie sagte: »Ich weiß schon, was dich beschäftigt, Nora. Arme Nora – ob du wohl wieder Kontakt zu Leslie Beck kriegen wirst? Und ob du es aushalten wirst, wenn er nicht interessiert ist? Wenn du zu alt bist und er alles vergessen hat?«

»Du sprichst wohl von dir selbst«, sagte ich, und Rosalie erwiderte: »Mag sein. Aber ich werde von Mr. Collier beschützt, und du hast nur Ed. Ich habe den Mantel fünfzig Pfund billiger bekommen, weil er im Schaufenster war.«

»Wie schön für dich«, sagte ich.

»Jedenfalls«, sagte Rosalie, »finde ich, Marion sollte die erste Option auf Leslie Beck, den Witwer, haben. Ich finde, das schulden wir ihr.«

»Wieso?«

»Weil sie, wenn es uns nicht gegeben hätte, vielleicht mit einem netten Bankdirektor verheiratet wäre und mit vier Kindern und lauter hübschen Bildern froh und zufrieden am Stadtrand lebte.«

»Jetzt redest du schon wie ich«, sagte ich, »als wäre die Ehe ein Selbstzweck. Es geht bergab mit dir. Marion wäre auch ohne unser Zutun da gelandet, wo sie jetzt ist.«

»Wäre sie nicht«, sagte Rosalie.

»Sie ist nicht der Typ für eine Ehe«, sagte ich.

»Wäre sie aber gewesen«, sagte Rosalie. »Sie hätte es sein müssen.«

Mr. Collier reckte den Kopf durch die Tür und sagte: »Minütchen noch, Rossie.«

»Rossie?« sagte ich. »Das hört sich ja urgemütlich an. Und wenn Wallace nun wieder nach Hause kommt?«

»Du willst einfach nicht, daß ich glücklich bin, Nora«, sagte Rosalie. »Wolltest du noch nie«, und wieder hatte ich das Gefühl, den Boden unter den Füßen zu verlieren, wie damals, als Susan plötzlich mit Leslie Beck auf und davon ging, und ich verstört, wütend und eifersüchtig zurückblieb.

Mr. Collier und Rosalie gingen Arm in Arm. Ich fragte mich, warum sie es wohl für nötig befunden hatte, derart eklig zu mir sein. Wahrscheinlich hatte sie sich instinktiv so verhalten, war sie dem Bedürfnis gefolgt, vor dem Betreten ihres Territoriums zu warnen, nachdem sie es nun einmal erobert hatte. Müssen Freundinnen womöglich so sein, wenn ein neues männliches Wesen am Horizont auftaucht? Die Vorstellung gefiel mir keineswegs, doch wenigstens brauchte ich es dann nicht persönlich zu nehmen. Trotzdem war mir zum Heulen zumute. Ich teilte Mr. Render mit, ich fühle mich nicht gut, verließ das Büro und nahm den Zug nach Green Park Station.

Ich ging die Bond Street hinab an den teuren Geschäften entlang, die niemals zu meinem Leben gehört hatten und, wie ich mittlerweile annahm, auch nie dazu gehören würden, dann die Maddox Street hinauf, an den kurzlebigen Teppich- und Stoffläden, die über Nacht kamen und gingen, vorbei und um die Ecke, in die Richtung, wo die Straßen sich öffneten und breiter und ein wenig stiller wurden, wo der Modemarkt dem Kunst-als-Investitionsobjekt-Markt wich. Ich ging an Browse D'Arby vorbei, einem Schaufenster, das ein, zwei Altmeister enthielt, einem weiteren mit einem anständigen Seestück auf einer Staffelei, einer Ausstellung von Astrolabien, einmal etwas anderes als Goldrahmen, meinte man wohl, und weiter zur Marion Loos Gallery und dem aufreibenderen, risikoreicheren Gewässer der zeitgenössischen Kunst.

Ich trat durch die Flügeltür, und da war Anita und Leslie Becks Schlafzimmer. Die fahlen Vorhänge, die Rauhfasertapete, der Sessel mit dem Orangeton, das weiße Bettzeug aus festem Leinen, der Kamm mit dem silbernen Rücken auf dem Toilettentisch aus Großfrüchtiger Eiche, und irgendwie lag der Schatten von Leslie Beck über dem Bett, der sich gerade davonstahl, gesichtslos wurde und sich doch belebend auswirkte, als wäre ein Negativ über dem anderen entwickelt worden und das stärkere Bild schlüge durch. Doch das spielte sich natürlich nur in meiner Vorstellung ab, nicht auf der Leinwand selbst, und war hoffentlich auch niemals in Anitas Gedanken so gewesen. Ich nahm an, daß es wahrscheinlich kein sehr gutes Bild war, doch was wußte ich denn?

Marion war nicht da. Sie war in der Tate Gallery.

»Da hat sich etwas angesponnen wegen des MacIntyre«, sagte Barbara hilfsbereit. »Was natürlich erst jetzt sein mußte, wo sie alle eingepackt und auf der Heimreise nach Schottland sind.«

Das war eine Welt, in der ich mich nicht auskannte, und das tat ich auch kund. Ich sagte, ich wolle das Bild von Anita Beck kaufen.

Barbara sagte, sie sei sich nicht sicher, ob es tatsächlich zu verkaufen sei. Aphra sagte, sie sei sich ganz sicher, daß es das nicht sei. Ich sagte, da schließlich nirgendwo stünde, daß es nicht zu verkaufen sei, wieso es dann nicht zu verkaufen sein sollte? Wenn ich schon bereit sei, mitten in einer Rezession sämtliche Ersparnisse meines Lebens für ein Bild auszugeben, wieso ich das dann nicht tun dürfe?

Barbara sagte: »Oh, je«, und fragte, ob mit mir alles in Ordnung sei. Durchaus, sagte ich, und wieso denn nicht? Sie nahm mich mit in das kleine Hinterzimmer, machte mir einen Kamillentee und schlug vor, Marions Rückkehr abzuwarten. Ich habe Kamille immer schon für ein ziemlich ekliges, schleimiges Zeug gehalten, trank den Tee aber trotzdem, und bald darauf hörte mein Herz auf, so schnell zu schlagen. Das Telefon auf dem Schreibtisch läutete.

»Aphra«, rief Barbara, »das ist vielleicht Ben. Kannst du drangehen?«

»Nein, geht nicht«, rief Aphra vom anderen Ende der Galerie, was bewirkte, daß eine potentielle Kundin, eine Frau mit Turban, erschrocken den Kopf hob. So benehmen wir uns bei den *Accord Realtors* nicht. »Ich denke gar nicht daran, mich in irgendwelche Ehestreitigkeiten einzumischen. Dabei kommt nichts anderes heraus, als daß einen am Ende alle hassen.«

Also nahm Barbara den Anruf notgedrungen entgegen, und es war tatsächlich ihr Mann, und er war offenkundig nicht zufrieden. Sie mußte den Hörer etwas vom Ohr weghalten. »Ja«, sagte sie, »ja, aber...«, und: »Das kann ich unmöglich«, »Aber wir hatten doch ausgemacht«, »Nun sei aber nicht albern«, »Ich habe mir doch nur die Bilder angeschaut«, »Was ist denn das schon für ein Unterschied, ob ich nun um eins, um zwei oder um drei nach Hause komme, wenn du sowieso schläfst«, und dann weinte sie ein bißchen.

»Soll ich rausgehen?« fragte ich, aber sie forderte mich

mit einem Nicken zum Bleiben auf und legte dann rasch und hart den Hörer auf.

»Er ist unmöglich«, sagte sie, »einfach unmöglich.« Und dann zu Aphra: »Ich werde wohl nach Hause müssen. Ben sagt, er wär nicht mein Babysitter. Er scheint einfach nicht zu begreifen, daß dies Baby uns beiden gehört. Weshalb tut er bloß so, als wäre es nur meins?«

»Weil du bis spät in die Nacht mit Leslie Beck, dem Schleimer, ausgewesen bist«, sagte Aphra, »als du lediglich Urlaub auf Ehrenwort hattest. Deshalb ist dein Kerkermeister jetzt wütend. Warum hast du das nur gemacht?«

»Ich war betrunken«, sagte Barbara überraschenderweise. »Der viele Sake.«

»Ich rede nicht vom langen Wegbleiben«, sagte Aphra. »Ich rede vom Heiraten und Kinderkriegen.«

Barbara entschuldigte sich bei mir und im voraus bei Marion und eilte nach Hause.

»Die Ehe ist ein Gefängnis«, sagte Aphra. »Der Ehemann ist der Wärter, und die Kinder sind die Fußschellen. Ich werde es so machen wie Marion, ich gehe der Lebenskraft, wie Leslie Beck sie definiert, lieber aus dem Wege.«

»Da wird Ihnen aber eine Menge entgehen«, sagte ich. Allerdings war ich von meinem Eifersuchtsanfall bereits völlig kuriert, Leslie Beck war dafür einfach nicht das geeignete Objekt, und ich begann sogar zu überlegen, ob ich nicht sehr gut darauf verzichten könnte, Anita Becks Bild an meine Wand zu hängen. Was denn? Fing ich in dieser Lebensphase etwa an, Souvenirs, Memorabilien um mich versammeln zu wollen? Es war absurd.

»Haben Sie diesen Leslie Beck denn auch schon mal kennengelernt?« fragte Aphra.

»Genau das habe ich«, sagte ich.

»Und deshalb wollen Sie das Bild?« Ihr Blick war klar und direkt.

»Ja.«

»Was ist denn an diesem Leslie Beck bloß so Besonderes?« fragte Aphra.

»Die Größe seines Dingdongs«, sagte ich, weil ich mich über die Herablassung zu ärgern anfing, die ihre Generation meiner gegenüber an den Tag legte, und ich hatte die Genugtuung, daß sie einfach fassungslos war.

»Davon hat Barbara allerdings nichts gesagt«, meinte Aphra und ließ mich allein. Es war wie ein Tennismatch, das man mit jemandem spielte, der wesentlich besser ist als man selbst. Auch wenn es einem ausnahmsweise einmal gelang, einen schrecklichen Schlag zu retournieren, kriegte man dafür nur gleich den nächsten verpaßt.

Marion kam aus der Tate Gallery zurück.

»Na sieh mal an, Nora«, sagte sie von oben herab. »Wie schön dich zu sehen!« Sie sah elegant aus. Sie trug eine Art maulwurffarbenes Seidenkostüm und ein kleines gepunktetes Halstuch. Ihre Nägel waren lang und rot. Wenn ihr jetzt jemand gesagt hätte, doch beim Gurkenschälen keine Gummihandschuhe zu tragen, hätte sie dem was erzählt. Ich trug meine bequemen Schuhe und dachte, wenn ich wollte, könnte ich deine Lebensgeschichte veröffentlichen, doch nicht einmal diese Macht war mir ein Trost.

»Aphra sagt, du willst das Bild von Anita Beck kaufen«, sagte sie. Sie war distanziert und förmlich. Rosalie war eher ihre Freundin als ich. Sie hatte etwas gegen mich. Was das wohl war? Was hatte ich denn, was sie nicht hatte? Ehemann, Zuhause, Kinder, Häuslichkeit? Hatte sie das Gefühl, daß ich sie herablassend behandelte, so wie Aphra es mit mir machte? Ich bereute meinen Besuch längst. Warum war ich bloß nicht zu Ed zurückgestapft?

»Ich bin mir noch nicht ganz schlüssig, ob ich es kaufen will«, sagte ich. »Rosalie hat mir davon erzählt.«

»Ich möchte nicht, daß du es kriegst«, sagte Marion Loos. »Wenn ich daran denke, was Anita deinetwegen durchgemacht hat, dann möchte ich das lieber nicht.«

Es war einer der weniger glücklichen Tage in meinem Leben. Ich hätte im Büro bleiben und Mr. Render nichts vorlügen sollen. Nun mußte ich der Strafe ins Auge sehen. Ich stand auf, um zu gehen. Marion streckte eine elegante Hand aus, um mich zurückzuhalten.

»Und wo würdest du es hinhängen wollen? An eine Wand, die auch Eds ist? Überleg doch mal, Nora. Ihr wart schamlos, alle miteinander. Keine Moral, keine Selbstdisziplin, Bäumchen, Bäumchen, wechsle dich.«

Ich öffnete den Mund, um zu widersprechen, und schloß ihn wieder.

»Und was noch schlimmer ist«, sagte Marion, »ihr wart so selbstzufrieden, alle miteinander, und dachtet, ihr tätet ein gutes Werk an mir, glaubtet, die Güte selbst zu sein, weil ihr geruhtet, mich zu erziehen.«

Was noch schlimmer ist, was noch schlimmer ist!

»Und noch schlimmer ist«, sagte Marion, »ihr dachtet, ein feuchtes Souterrain wäre schon gut genug für mich, mit dem Erfolg, daß ich heute noch mit meinem Asthma zu kämpfen habe. Eben in der Tate mußte ich meinen Inhalator nehmen. Es war peinlich. Die sprayen da mit irgend etwas herum.«

»Ihr wißt doch, was ihr gemacht habt«, sagte Marion. »Ihr habt mich als Dienstmädchen benutzt, das euren Säuglingen den Hintern gewischt und eure schmutzigen Unterhosen aufgelesen hat. Aber so habt ihr das natürlich nicht gesehen, o nein. Jahrelang habe ich das über mich ergehen lassen«, sagte Marion Loos, »und es war entsetzlich, doch was wußte ich denn? Ihr habt mich ausgenutzt.«

»Ich glaube, ich gehe jetzt besser«, sagte ich. Ich war wie

erstarrt. Ich hasse Streitigkeiten, erhobene Stimmen, Leute, die sich die Meinung sagen. Wozu Marion zweifellos wie geschaffen war. Davon hatten wir sie nie befreit. Unter einem hauchdünnen Firnis von Ausgeglichenheit und Selbstbeherrschung lauerte das Fischweib. Ich stellte fest, daß ich sie nicht leiden konnte. Ich dachte daran, wie Ed sie mit zu uns nach Hause gebracht hatte. Wenn sie nicht so hübsch gewesen wäre, ob er es dann auch getan hätte? Natürlich nicht. Ein unansehnliches, pickliges Mädchen, das über gefälschte van Goghs sprach, hätte man seinem Schicksal überlassen können, ein so hübsches nicht.

»Ich habe nicht die Absicht, dich wütend zu machen«, sagte Marion.

»Das ist dir bereits gelungen«, sagte ich. »Aber immerhin hast du mich davor bewahrt, Tausende von Pfund rauszuschmeißen. Barbara hat mich gebeten, sie zu entschuldigen. Sie mußte nach Hause. Ihr Mann ist wütend, weil sie die Nacht mit Leslie Beck verbracht hat.«

Nun war es an Marion Loos zu erbleichen. Abrupt setzte sie sich hin. Sie machte sich weder die Mühe, ihren kurzen Rock glattzuziehen, noch die Knie zu schließen. Sie wirkte linkisch und jung.

»Herrje«, sagte Marion Loos.

»Wir alle sind aufgebracht«, sagte ich. »Er hat alles wieder aufgerührt. Doch Barbara hat Aphra gegenüber die Größe seines Dingdongs nicht erwähnt, wahrscheinlich ist er mit zunehmendem Alter eher eingeschrumpelt. Ich glaube, das tun die.«

Marion fing an zu lachen. Sie streckte die Arme nach mir aus.

»Es tut mir leid«, sagte sie. »Ehrlich leid. Natürlich kannst du das Bild kaufen. Kein Mensch will es sonst, und ich kann es mir nicht leisten, um irgendwelcher Prinzipien willen ein Geschäft auszuschlagen. Ich bin nicht wie Vinnie und ihr anderen. Ich muß in der rauhen Wirklichkeit leben. Und was Anita betrifft, da bin ich die reine Heuchlerin.«

Vorsichtig ließ ich mich umarmen und fühlte, wie mein Groll langsam schwand. Ich bin nicht sehr gut im Berühren und Umarmen. Ich bin ohne es großgeworden. Ich verbinde es zu eindeutig mit Sex. Die kleine Miss Virgo, würde Vinnie sagen. Die kleine Miss Rührmichnichtan.

Marion überholte ihre Lehrmeister auf so vielen Gebieten: Ich war stolz auf sie. Was ich aber nicht sagte. Ich glaubte, womöglich würde sie mich schlagen.

JETZT REICHT ES MIR MIT ALL DEN AUFRICHTIGEN GEständnissen. Ich hab's mir anders überlegt. Meine Affäre mit Vinnie, die nichts mit Leslie Becks Lebenskraft zu tun hat, werde ich nicht in allen Einzelheiten ausbreiten. Vinnie winkt sanft, und manchmal folgen die Frauen ihm. Leslie Beck wedelt mit seinem riesigen Phallus, und alles liegt voller verletzter Weiber. Wozu noch kommt, daß ich, wo Rosalie mich wegen meines Gebrauchs des Wortes »Affäre« verspottet hat, nervös bin, wenn ich es verwende. Ich nehme an, es hat irgendeinen altmodischen Beiklang. Was soll ich denn sonst sagen? Die flüchtige intime Beziehung zu Vinnie, derer ich mich eine Weile erfreute? Ich nehme an, Rosalie will, daß ich von »vögeln« spreche, doch das werde ich auf keinen Fall. Sie kann mit ihrem Mr. Stromstoß-Collier plus Pekinesen tun und lassen, was sie will, doch was mich betrifft, ich vögle nicht, ich habe Affären. Ich habe einen Mann, ein Zuhause, Kinder und etliche Verpflichtungen, und ich habe Affären, um sie besser ertragen zu können. Ehemänner mögen aus allen möglichen Gründen Affären haben – was weiß ich? Ehefrauen haben sie auf jeden Fall nicht einfach nur, um fleischliche Begierden zu befriedigen, sondern auch, um den wütenden Geist zu zügeln.

Da Marion mich so unvermittelt und überraschend wegen meiner Untreue – ist dies Wort zumindest noch in Ordnung? – ins Gebet genommen hat, fühle ich mich tatsächlich verunsichert. Also werde ich es kurz machen.

Es begann an dem Tag, als Susan mit Leslie und Lady Angela nach Bordeaux fuhr. Es schien nicht gerade die direkteste Route nach Hause zu sein, wenn das auch niemand von uns laut äußern mochte. Und Vinnie und Susan hatten auch keine spezielle Auseinandersetzung gehabt. Vinnie hatte seine Teilzeitarbeit in der Arztpraxis aufgegeben. »Wie man sein Herz auf Trab bringt« war in den Buchhandlungen sehr gut gegangen, und das längere, interessantere Buch »Das Wesen der Träume« von den seriösen Kritikern gut aufgenommen worden. Vinnie und Susan waren endlich schuldenfrei.

»Ich weiß nicht, was ihr mehr mißfällt«, sagte Vinnie traurig, als wir Auberginen und gelbe Paprika an einem der farbenfroheren Marktstände in Périgueux aussuchten, »daß ich die ärztliche Kunst aufgegeben und damit alles verraten habe, für das wir einzustehen glaubten, oder daß mich Leute, die sie bewundert, ernst nehmen. Wäre ich doch bloß bei meinen Diätführern geblieben.«

Wie kleinlich von Susan, dachte ich. Vinnie trug ein blauweiß geringeltes T-Shirt. Er hatte sich einen Schnauzbart wachsen lassen, war sonnengebräunt, mollig und auf die Weise gutaussehend, wie Gérard Depardieu es ist. Die anderen hatten wir zu Hause gelassen. Ed und ich hatten am Morgen eine kleine Auseinandersetzung gehabt. Ed hatte gesagt: Wie schade, daß Susan weggefahren ist. Ich sagte: Ach wirklich, wieso denn? Er sagte, weil er nun niemanden mehr zum Reden hätte. Ich fragte, ob er damit sagen wolle, daß er mit mir nicht reden könne? Er sagte: Du weißt schon, was ich meine, und ich sagte: Nein, das weiß ich nicht. Ich war gekränkt und beunruhigt. Mit anderen Worten: Ich hatte nur darauf gewartet, mich kränken zu lassen, war genau in der Verfassung, mit Vinnie auf den Markt nach Périgueux zu fahren, nur wir beide. Vor langer, langer Zeit schon habe ich das Vertrauen in meine berechtigte Empörung verloren. Wenn Sie von der reden hören, ob nun aus dem eigenen Munde oder dem eines Ehepartners, eines Chefs, eines Politikers oder eines Generals – seien Sie gewiß, daß da jemand etwas im Schilde führt.

Meine Augen waren vom Weinen noch gerötet. Vinnie bestellte mir in einer Bar einen Pernod. Dann noch einen. Die Leute starrten uns an. Es war ein heißer, heißer Tag. Wir gingen zum Fluß hinunter, um zu sehen, ob es dort kühler war. War es nicht. Ich war immer noch verstört. Vinnie hatte ein weiches Herz. Er konnte meinen Kummer nicht mit ansehen. Er legte die Arme um mich. Er hatte einen ganz anderen Körper als Ed. Eds Bauch zog sich zurück, wo er meiner Taille begegnete – oder nicht zu begegnen vermochte. Vinnies trat vor, bohrte sich förmlich in mich hinein, fest und blaugeringelt, verhieß er nachdrücklichen Trost. Es war niemand in der Nähe. Seine kräftigen Knoblauch-und-Öl-Finger versuchten, den schmalen Saum meines Kleides hochzuschieben, eine ziemlich dünne indische Baumwolle, erinnere ich mich. Bräunlichrosa, mit großen orangefarbenen Blumen bedruckt, häßlich, im nachhinein betrachtet, doch in seiner Fadenscheinigkeit besonders zugänglich, weshalb ich es zweifellos angezogen hatte. Den Stoffgürtel bewahre ich immer noch hinten in meiner Wäscheschublade auf, obwohl das Kleid selbst zusammen mit all den anderen Kleidungsstücken, die man einst getragen und geliebt hat, vom Schlund der Zeit aufgeschluckt und darin verschwunden ist.

»Es ist zu heiß hier draußen«, sagte er und zog mich in die Büsche. Was der Romantiker (und Ed behauptet ja, ich sei romantisch) von solchen Ereignissen im Gedächtnis behält, ist der Ort, das Ambiente, wie jemand sich insgesamt gegeben hat und wie sein Körper insgesamt war, nicht aber die sexuellen Einzelheiten. Solange etwas nicht unangenehm ist oder wahrhaft bemerkenswert (wie die Größe von Leslie Becks Dingdong), fließt der tatsächliche Vorgang in ein Gesamtbild ein, an den Rändern faserig wie die Orangenblüten auf meinem bräunlichrosa Kleid, Teil des Ganzen, nicht aber sein charakteristisches Merkmal. Ob Vinnie nun gut oder schlecht war im Bett oder auf den steinigen Uferbänken der Dordogne, weiß ich nicht mehr. Ich selbst wäre lieber Vinnie, wenn ich recht darüber nachdenke, an den man insgesamt mit Zuneigung und Vergnügen zurückdenkt, als Leslie Beck, an dessen sexuelle Tüchtigkeit man sich erinnert, denn die muß mit dem Alter doch weniger werden, und damit auch er. Ich bin allerdings kein Mann, also kann ich das nicht wirklich wissen. Es muß Spekulation bleiben. Da die Männer im Hinblick auf ihre sexuelle Leistung so verkrampft sind, sprechen – von schreiben gar nicht zu reden – sie nur selten über das, worauf es für sie dabei ankommt.

Am deutlichsten erinnere ich mich an ein blauweißes T-Shirt, das sich über einem Bauch spannte, dessentwegen Susan Vinnie in den Ohren lag, und an eine Eidechse, die auf einem heißen Stein saß und mich unverwandt ansah; als hätte diese Art Reglosigkeit, der Stillstand der Zeit, der sich wie ein Schutzmantel um Liebende legen kann, auch sie mit eingeschlossen. Oder vielleicht war es ja ein Er? Wer kann das schon sagen, bei Eidechsen?

Ich erklärte, das werde, dürfe nicht wieder vorkommen. Hätte erst gar nicht soweit kommen dürfen. Es war unter seiner Würde, mir zuzustimmen oder zu widersprechen. Ich bestand darauf, daß wir niemandem hätten untreu sein wollen oder an so etwas auch nur gedacht hätten. Er forderte mich auf, nicht so scheinheilig zu sein. Ich hielt den Mund.

Ich »liebte« Vinnie nicht, wie ich Leslie Beck geliebt hatte, obwohl ich überzeugt davon bin, wenn Liebe etwas ist, das man verdient haben soll, dann verdiente Vinnie sie eher.

Ich glaube, was da passiert war, war, daß unsere innige Vertrautheit jene unvermeidliche Komponente, wenn Paare miteinander befreundet sind, ganz einfach über seine zulässige Kante geschwappt war, hochgeputscht durch Erregung, Heimlichtuerei und verbotenes Tun. Doch dann, durch irgendein unwahrscheinliches Glück, und ich vermag zu erkennen, welches unwahrscheinliche Glück das war, und kraft beiderseitiger Verlegenheit, verflog das berauschende Gebräu.

Susan kehrte unerwartet zurück. Anita, sagte sie, sei beschwerlich, Lady Angela mache Annäherungsversuche und London sei heiß und leer. Sie habe es sich anders überlegt. Wir, ihre Freunde, seien doch das geringste der diversen Übel. Die Gelegenheiten, mit Vinnie alleinzusein, waren gezählt. Wenn wir konnten, ergriffen wir sie, Vinnie und ich, im Laufe der Jahre. Doch indem ich mich mit Susan stritt, als es mir einfiel, mich wegen der Sache mit Ed und ihr auf dem Bett während der Party aufzuregen, brachte ich es auch so weit, daß ich Vinnie nicht wiedersehen konnte, ohne Kommentare auszulösen. Soll ich mir das zugute halten? Ich weiß nicht. Während des Sommers mit Leslie fühlte ich mich Ed gegenüber treulos und mochte das Gefühl nicht. Wenn mich hingegen während all der Jahre mit Vinnie jemand auf »Untreue« angesprochen hätte, hätte ich bestritten, daß dieses Wort auf mich paßte, und das auch geglaubt. Ed und ich waren ein Mensch geworden, wenn auch einer mit zwei voneinander unabhängigen Körpern. Ed und Vinnie waren Freunde – was ich mit Vinnie machte, schloß Ed mit ein. Es schien nur einfach richtiger, es ihm nicht zu erzählen.

Es bestand kein ernsthafter Grund, es »wissen zu müssen«.

Vinnies Beziehung zu Susan war verzwickter und für ihn eine Quelle des Kummers und der Besorgnis. Ich glaube, wenn ich darauf gedrungen hätte, hätte er Susan verlassen und wäre zu mir gekommen, doch das wollte ich nicht. Ich wollte Ed *und* Vinnie – ich wollte meinen Kuchen und den Zuckerguß noch obendrauf, und wo es doch niemandem wehtat, warum auch nicht?

Ich hörte ein Geräusch und blickte auf. Und da, mir gegenüber, klar wie der helle Tag bei den *Accord Realtors*, stand Susan. Einen Augenblick lang war ich verwirrt. Das war die Susan von vor Jahren, gerade aus Bordeaux zurückgekehrt, zurück, um über den Anstand ihres Mannes zu wachen, zurück von ihrem Ausflug mit Leslie Beck und Lady Angela, zurück, um mich umzubringen. Ich mußte mich schuldiger gefühlt haben, als ich angenommen hatte. Doch nein, das war vorbei. Wir befanden uns längst in den Neunzigern, nicht in den Siebzigern, und Susan war nach wie vor lebhaft, schön und überlegen. Sie war dünner geworden, nicht dicker, und ihre Augen waren immer noch groß und glänzend. Sie sah so aus, wie sie war: intelligent, tüchtig, geschäftig. Wie Glenn Close.

Ich schob das Manuskript in die Schublade.

»Susan«, sagte ich.

»Das geht jetzt lange genug so«, sagte Susan. »Eine von uns muß endlich den Mund aufmachen.«

»Nicht unbedingt«, sagte ich, merkte aber, wie ich lächelte. Ich freute mich doch sehr, sie zu sehen.

»Es tut mir leid«, sagte sie, und ehe ich mich versah, umarmte ich sie. Sie fühlte sich wie meine Mutter an, und mir war zumute wie einem Kind, dem man nicht mehr böse ist: Man vertraute mir wieder, und auch ich hatte Vertrauen und fühlte mich geborgen.

»Was tut dir leid?«

»Ich erinnere mich, ehrlich gesagt, nicht mehr daran«, sagte sie, »aber irgendwer muß sich schließlich entschuldigen, und ich kann nun nicht mehr ewig sitzen und warten, daß du es tust. Rosalie hat mich angerufen. Leslie Beck ist wieder aufgekreuzt, und das ist doch wohl interessanter, als daß wir nicht miteinander reden.«

Sie wolle halbe-halbe mit mir machen, erklärte sie, und zusammen mit mir das Bild der armen Anita kaufen. Sie finde es nicht richtig, daß es in die Hände eines völlig Fremden gelangen sollte, doch sie könne es sich für die aberwitzige Summe, die Marion verlange, unmöglich allein kaufen. Nach allem, was sie für Marion getan habe, hätte man doch eigentlich meinen sollen, daß sie ihr ein bißchen entgegengekommen wäre. Und schließlich habe sich Marion in der Vergangenheit schon so einiges geleistet – was Susan mir nun weitererzählte.

Sowohl Mr. Render als auch Mr. Collier hatten das Büro verlassen. Ich fühlte mich in wachsendem Maße dazu berechtigt, meinen Roman (oder meine Memoiren) bei den *Accord Realtors* zu schreiben oder während der Bürostunden mit Freunden zu sprechen. Da Mr. Collier meiner besten Freundin Rosalie nachstellte, hatte ich mehr und mehr das Gefühl, eine Kollegin und keine Angestellte zu sein. Ich fragte mich allmählich, ob es nicht Eigennutz war, der mich davon abhielt, Rosalie davor zu warnen, mit Mr. Collier Bäder zu nehmen, aber man kann die Paranoia auch zu weit treiben, selbst im Hinblick auf den eigenen Charakter.

»Ich weiß das alles«, sagte ich zu Susan, als sie endlich fertig war. »Ich wußte es immer schon.«

»Aber das ist doch absolut ungeheuerlich«, sagte Susan, deren Arbeit mittlerweile, so erinnerte ich mich, darin bestand, Geldmittel für eine Adoptionsvermittlung aufzutun. Sie hatte, wie viele von uns, Geschmack daran gefunden, in ihrem besten Kleid bei formellen Dinnereinladungen zu sitzen, sich bedienen zu lassen und mit Menschen von Bedeutung und Distinktion zu sprechen. Die Frühschicht hatte sie mit den Elenden und Unglücklichen zugebracht, die mittlere mit dem Versuch, die Gesellschaft dazu zu ermuntern, sich ihrer Verantwortung gegenüber eben jenen Elenden und Unglücklichen bewußt zu werden, und nun wollte sie einfach nur ein wenig Ruhe, ein gescheites Abendessen und Anita Becks Gemälde zum herabgesetzten Preis als Andenken an interessantere Zeiten.

Aber sie war wieder meine Freundin, zumindest behauptete sie das. Ich mußte mich zu ihrem Tun und ihrer Haltung positiv und nicht negativ stellen. Sehen Sie, ich habe mich wirklich gefreut, sie wiederzusehen, ihr nicht länger entfremdet zu sein und im Supermarkt eine Abteilung auslassen zu müssen, um ihr nicht zu begegnen. Trotzdem hatte sie Vinnie auf eine Weise unglücklich gemacht, die nicht nötig gewesen wäre – indem sie ihre eigene Übellaunigkeit als etwas Heiliges betrachtet, ihr ungezügelt nachgegeben und sie überflüssigerweise ausgelebt hatte: »Ich bin sauer. Damit mußt du dich abfinden.« Das trägt – ob sich nun Männer oder Frauen so verhalten – mehr als alles andere dazu bei, daß der Haussegen schiefhängt.

Und warum wollte sie Anitas Bild mit mir teilen? Um Geld zu sparen? Ich glaubte nicht. Sie hatte genug. Ich hatte Vinnies »Die Kampf-dem-Bauch-Diät für Männer« das ganze letzte Jahr überall in den Schaufenstern der Buchhandlungen liegen sehen. Es war wohl eher der Versuch, die Vergangenheit wieder aufleben zu lassen und ihren kleinen Ausrutscher mit Leslie Beck, dem Mann mit dem größten Dingdong der Welt, auf eine Ebene mit meinem Liebessommer zu stellen. Wenn sie auch, wie Rosalie, ein Kind aus ihrem Intermezzo davongetragen hatte, und ich nicht, so hatte die Sache für die beiden doch sonst keine Folgen gehabt. Bei mir schon.

Marion würde vermutlich sagen, daß das meine Versündigung an Anita, der Unglücklichen, nur noch schlimmer machte, doch wer war Marion, daß sie sich als Tugendwächterin aufspielen durfte? Was sie sich wohl selbst fragte, warum sonst hätte sie sich genötigt sehen sollen, Susan zu erzählen, wie sie die Marion Loos Gallery erworben hatte? Etwas, das ich seit Jahren wußte, das ich aber ebensolange geheimzuhalten vermocht hatte. Ich will versuchen, ihm den Stachel zu nehmen, indem ich es aufzeichne. Wie ich es mit Leslie Becks Wiederauftauchen in Marions Leben getan habe, aber noch nicht mit meinem eigenen. Ich werde also wieder durch Marions unanständig große Augen blicken. Es wird mir eine immer größere Erleichterung, nicht die eigenen zu benutzen, wie es durchaus angenehm ist, sich zu fühlen wie Marion – sich den anderen Menschen zuweilen überlegen zu fühlen, weil man *richtig* empfindet und sich *richtig* verhält, den Vorzug einer hochentwickelten, dabei jedoch diskreten Sensibilität zu genießen. Ja, es ist alles in allem durchaus angenehm, Marion zu sein. Keine Kinder zu haben, keine Geiseln des eigenen Lebensglücks ist doch, genau betrachtet, eine ziemliche Erleichterung. Ich genieße es hier, in Marions Innerem.

ICH FINDE ES ZIEMLICH SCHWIERIG, JEMANDEN ZU MÖGEN. Ich glaube, ich habe mir die Abneigung dagegen schon als Kind angewöhnt. »Ach Marion! Die ist doch schon hochnäsig zur Welt gekommen«, meinte meine Mutter.

Ida und Eric waren stattliche, aus allen Nähten platzende Menschen, wie auch mein jüngerer Bruder Peter. Ich selbst war zwar immer recht groß für mein Alter und hatte ausladende Füße, war aber dünn. Als Peter zwölf war, hatten Ida und Eric bereits jeweils zwanzig Pfund Übergewicht. Ich neigte von Natur aus zur Selbstbeherrschung, und zudem war ich entweder als Organisationstalent geboren worden oder wurde schon bald dazu. Ich mußte. Wenn ich das Haus mit gekämmten Haaren verlassen wollte, mußte ich erst mal den Kamm auftreiben, der irgendwo zwischen schmutzigem Geschirr, Zigarettenstummeln und Wettscheinen lag. Alle rauchten. Petie, seit er acht war. Keiner las Bücher. Meine Eltern erzählten ihren Freunden, ich sei bei der Geburt vertauscht worden. Anfangs kränkte mich das, dann wünschte ich mir sehnlichst, es möge wahr sein, obwohl ich erkannte, daß die Ähnlichkeit zwischen der Nase meines Vater – manchmal wäre etwas weniger eben mehr – und meiner eigenen zu groß war, als daß ich wirklich daran hätte glauben können. Meine Familie stand auf dem Standpunkt, der Tag sei dazu da, genossen zu werden, während er für mich nur den Rahmen für das – wie auch immer geartete – »Weiterkommen« darstellte, selbst wenn ich noch nicht wußte, wohin ich weiterkommen sollte, und auch niemand da war, der mir das hätte sagen können. Die so geboren werden wie ich, kraft ihrer Intelligenz Fremde in der eigenen Familie, entwickeln für gewöhnlich ein besonderes Verhältnis zur Sprache und haben Bücher, die ihnen eine Stütze sind, oder ihr Englischlehrer findet Interesse an ihnen, und so entdecken sie eine geeignete Nische in der Welt, gehen zur Universität und beginnen ein Leben, das ihnen angemessen ist. Ich aber hatte ein Problem mit der geschriebenen Sprache, war, und bin es noch heute, leicht legasthenisch, wohingegen ich mich glänzend auf den Umgang mit Zahlen verstand, und schon die kleinste funktionale Unübersichtlichkeit führte dazu, daß ich nichts Komplizierteres zeichnen konnte als eine auf einem Tisch sitzende Katze. Erst als ich vierzehn war und mutig genug, unser örtliches Museum zu besuchen, ging mir auf, wo meine Passion und mein Interesse lagen: in den Bildern anderer Leute, in fremden Visionen der Wirklichkeit. Doch wußte ich nichts damit anzufangen, und wieder war niemand da, der es mir hätte sagen können. Schlecht in Englisch, schlecht in Kunst, gut in Mathematik. Früh schon lenkte man mich in Richtung Bank, und selbst das hielten Eric und Ida für übertrieben ehrgeizig. Und ich mochte auch niemanden in der Bank: Alle dort waren so unansehnlich, ja häßlich, alles, was man ansah, schien nur dazu ersonnen, einen auf brutale Weise im Hier und Jetzt zu verankern. Alles war von niedriger Geistesart. Extreme Unordnung und extreme Ordnung haben weder Zeit noch Platz für das, was ich die »visuellen Künste« zu nennen zögere, aber wohl so nennen muß – jenes gemeinschaftliche Anvisieren, jene Betonung von Farbe, Kontur und Reaktionsbereitschaft, die in der Gruppenphantasie eine viel größere Macht entfalten können als innerhalb der eingeschränkteren sinnlichen Reaktion des Individuums. Gemeinsam frohlocken wir, getrennt voneinander stumpfen wir ab bis hin zum Vergessen.

Ich haßte meine Familie, und ich haßte alle Jungen, deren planloses Gefummel unter den Röcken mich ärgerte und deren einziger Ehrgeiz, soweit ich sehen konnte, darin bestand, mich auszustechen und auf ihren eigenen kläglichen Zustand zu reduzieren. Andere Mädchen wurden geliebt, so schien es mir, ich hingegen war der Typ, den sie bloß ein bißchen deckeln wollten. Ich haßte meine Arbeit, und am allermeisten haßte ich jene Van-Gogh-Fälschung. Nicht so sehr deshalb, daß es sie gab, denn das schien ja ein Kompliment für den Künstler zu sein, sondern daß niemand es auch nur bemerkte. Was für ein Zeugnis stellte das denn den Organisatoren dieser Ausstellung aus?

Als Ed, jener Fotograf und der Bildredakteur auf der Ausstellung »Die Bank und die Maler« (ich spürte damals bereits, daß das eine falsche Verknüpfung war, hätte jedoch nicht sagen können, inwiefern) auftauchten, fühlte ich, wie mein Herz einen Sprung machte. Mir gefiel das Aussehen dieser drei Männer, mir gefiel, daß die Idee Oberhand über ihren Körper zu haben schien. Sie waren lebhafter als die Menschen, an die ich gewöhnt war, die zur Pummeligkeit neigten, die die Blässe der Unaufgeklärten hatten, die dicke bleiche Haut derer, die ängstlich darum bemüht waren, jeden Zweifel von sich fernzuhalten. Mit einem insgesamt unerschütterlichen, selbstgefälligen Ausdruck.

Binnen einer Woche von Baked Beans auf Toast mit Ida und Eric zu Avocados und Vinaigrette mit Ed und Nora in Primrose Hill, wenn der Preis auch im Abwaschen und Kinderzubettbringen bestand – das schien mir eine Art Wunder zu sein. Das Erstaunliche war geschehen, das, wovon ich immer gehofft hatte, daß es wahr sein möge, war wahr: Wenn einer eine echte Neigung und Begeisterung hegte, mochte er auch ungeschult sein, sich um ihrer selbst willen für eine Sache begeisterte, dann galt das als seltene

Gabe, um deretwillen man allein schon ein geschätztes Mitglied der Gesellschaft werden konnte, und das Anderssein wurde bemerkt und bewundert. Die Welt öffnete mir ihre Arme. Ich wohnte »auf der Besucherritze«, und ich hörte zu, und ich lernte.

Die Besucherritze machte Nora und Ed Sorgen, und so schafften sie mich in Leslie und Jocelyn Becks Souterrain, wo es, wie mir jedermann versicherte, »massenhaft Platz« gab. Aber dort herrschte nicht die gleiche Atmosphäre. Leslie Beck las keine Bücher. Er hatte unverfängliche Reproduktionen an den Wänden, und seine Frau sammelte Zaumzeugbeschläge. Hope und Serena, so langweilig sie sein mochten, erzählten mir Lügenmärchen. Ich tat, was ich tun mußte, um mir meine Miete zu verdienen, wurde asthmatisch, babysittete abends und am Wochenende für Ed und Nora, Rosalie und Wallace, Vinnie und Susan und schnappte auf, was ich nur konnte, welche gesellschaftlichen Umgangsformen ich nur sah. Nach meiner ersten Woche am Courtauld bildete ich mir bereits ein, es wenigstens bis zur Direktorin der Tate Gallery bringen zu können. So rasch kann das Leben sich ändern.

Ich glaube nicht, daß ich, was Sex anging, besonders talentiert war. Was womöglich nur daher kam, daß Eric und Ida so häufig und geräuschvoll zusammengewesen waren, daß ich zu dem Schluß gelangt war, was für sie gut war, werde es für mich gewiß nicht sein. Daß ich eines Tages die Badezimmertür aufstieß und Leslie Becks erigiertes Organ, purpurrötlich und gesprenkelt, erblickte, brachte mich aus der Fassung; ich erzählte den anderen davon. Das hätte ich vielleicht nicht tun sollen. Doch es war mir wirklich ein Vergnügen herauszufinden, daß ich eine gute Geschichte zu erzählen vermochte, gesellschaftlich akzeptiert wurde und andere zum Lachen bringen konnte. Eine Schilderung von Leslie Becks Dingdong, wie sie ihn nannten, liefern zu können, das befreite mich eben ein wenig von meinen Minderwertigkeitsgefühlen. Ich wurde eine von ihnen: Zwar arbeitete ich nach wie vor reihum für sie, war jedoch von dem Augenblick an Teil der Gruppe.

Als Jocelyn und Leslie sich trennten, Anita ins Haus zog und ich Rosalie mit der armen, übergeschnappten Jocelyn behilflich sein mußte, wurde meine Verbindung zur Gruppe sogar noch enger. Meine Wohltäter, meine Freunde. Ich vertraute ihnen – sie hätten ihren letzten Brotkanten mit einem geteilt, nur um einem helfen zu können, mit Ausnahme Leslie Becks. Ich durchschaute ihn nur allzusehr. Ich erkannte, daß er den gleichen Hintergrund hatte wie ich, aus dem er sich heraus und emporgekämpft hatte, daß seine Begabung darin bestand, Geld zu machen und es wieder zu verlieren, und daß das ein Talent war, das die anderen zwar bestaunten, um das sie ihn aber nicht beneideten. Ich verstand, daß Leslie Beck der Überzeugung war, er müsse sich seine Freunde kaufen, und sie ließen es geschehen, aus reiner Nettigkeit. Er beneidete sie um ihre gesellschaftliche Gewandtheit, die lebhafte Unterhaltung an ihren Eßtischen, er wollte einer von ihnen sein, und je mehr er das wollte, desto weniger gelang es ihm, weil der springende Punkt war, daß man nur dann einer von ihnen sein konnte, wenn man es nicht wollte. Er hatte sich ihnen angeschlossen, und sie ließen es sich gefallen, mich hingegen hatten sie *sich* angeschlossen. Das war eine weit bessere Position. Ich war ihr gutes Werk, und ich drehte und wand mich, während ich sie gleichzeitig, ich will nicht sagen »liebte«, sondern wie man so sagt: »Ich hatte keine Abneigung gegen sie.« Das ist für mich schon eine ganze Menge. Dankbarkeit ist ein schreckliches Gefühl.

Leslie Beck erkannte sich in mir wieder, selbstverständlich tat er das. Ich fand ihn nicht anziehend wie die anderen. Ich wußte selbst damals schon zuviel über diese Art Mann, rothaarige, krausköpfige Kerle mit Muskeln, tatkräftig, die irgendwie aus ihren zu engsitzenden, grellen Kleidern herauszuplatzen drohen. Man begegnet ihnen in Wettstuben und den Trinkgemeinschaften, die sich bereits am Nachmittag zusammenfinden. Mein Dad hatte ein paar solche Freunde: Wenn die auf ein Glas und ein Spielchen hereinschauten, malte meine Mum sich immer die Lippen an. Sie nahmen einen gern hoch und erzählten den jungen Burschen von einem. Doch was wissen denn die Noras, die Rosalies und die Susans schon davon? Die sind doch unschuldig. Die glauben, die Ehe bestünde aus nichts als herzinniger Liebe und Lust, und verstehen das Eigeninteresse daran nicht. Wenn sie nur irgend können, angeln sich Männer wie Leslie Frauen wie Jocelyn, langen eine soziale Sprosse nach oben und lernen von ihnen, was sie nur können, bis es genug ist. Oder sie verlegen sich auf die Häßlichkeiten mit der anständigen Mitgift, die, wie Anita, hart arbeiten, dankbar sein und niemals Ärger machen werden. Doch daß man derlei eigennützige Interessen verfolgt, befriedigt noch nicht die Seele; diese Männer treten zwar großspurig auf, sind jedoch nie zufrieden, sind ruhelos und brauchen Anerkennung. Und planen voraus, wie sie die bekommen können, weil sie sich auf nichts so gut verstehen wie aufs Planen. Das durchschaute ich an ihm. Wir waren Rivalen, und ich war die Siegreiche.

Am Tag nach Anitas Einzug lauerte Leslie mir an der Treppe auf, als ich mich auf den Weg ins Courtauld machte.

»Marion«, sagte er, »vielen Dank, daß Sie uns mit Jocelyn so geholfen haben. Wir hatten in letzter Zeit alle ganz schön mit ihr zu tun. Ich nehme an, es sind die Wechseljahre.«

»Dafür ist sie aber noch reichlich jung«, sagte ich.

»Frauenangelegenheiten, wie?« sagte er. »Wie soll ich das wissen! Hope und Serena werden ein geordnetes Zuhause brauchen – ich hoffe, Sie können weiter bei uns bleiben.«

Das Gericht mußte, wenn es um das Sorgerecht ging, unbedingt davon überzeugt werden, daß Hope und Serena ein geordnetes Zuhause hatten, das war der Punkt, und ich verspürte keine Neigung, ihm dabei behilflich zu sein. Ich antwortete, ich würde noch ein paar Wochen bleiben, und bis dahin hätten sie sich dann an Anita gewöhnt. Er sagte, er sei sich aber nicht sicher, ob Anita bleiben werde. Ich sagte, das Au-pair-Mädchen von Susan und Vinnie gehe weg, so daß ich zu ihnen ziehen könne. Dort sei es bequem und angenehm. Leslie sagte, es sei an der Zeit, die Trockenfäule im Souterrain bekämpfen zu lassen, ehe sie sich noch auf das ganze Haus ausbreitete, und eine Heizung, eine richtige Küche und ein Bad einbauen zu lassen. Natürlich müsse ich dann auch richtig Miete zahlen, doch werde er sie so niedrig wie möglich halten. Ich sagte, ich müsse los, ich wolle meine Vorlesung über Kubismus und Politik nicht versäumen, er fragte, ob er abends zu mir runterkommen könne, er brauche den Trost einer weiblichen Schulter.

Und den ganzen restlichen Tag dachte ich darüber nach, ob ich Leslie Beck den Trost meiner weiblichen Schulter zuteil werden lassen sollte oder nicht und ob ich, wenn ich es tat, dafür wohl eine mietfreie, zentralgeheizte, modernisierte Wohnung in Rothwell Gardens bekäme. Und ich ließ ihm den Trost meiner weiblichen Schulter zuteil werden, und als wir in den alten Kesselraum gingen und ich ihm die Pilze zeigte, von denen er nie etwas hatte wissen wollen (um das Haus eines Bauunternehmers kümmert sich zuallerletzt jemand, wie das Kind des Zahnarztes die ungepflegtesten Zähne hat), gesprenkelte, purpurrote Dinger, bei Taschenlampenbeleuchtung betrachtet, die sich dem Licht entgegenreckten, da fing ich an zu lachen, weil sich mir ein Vergleich aufdrängte und ich denken mußte, was Ida und Eric mir angetan hatten, daß ich zu einem solchen Vergleich überhaupt imstande war. Aber vielleicht kam es ja auch nur daher, daß ich am Courtauld allzuviel mit Kunst und Symbolen zu tun hatte. Staubig und dreckig, wie es dort unten war, gab ich Leslies Drängen nach und wurde Teil seiner Leibeigenschaft, wofür er seinerseits sich imstande sah, sich der Trockenfäule anzunehmen und ihrer Herr zu werden. Eine Küche und ein Bad wurden zumindest teilweise installiert, wenn auch beider Rohre unzureichend waren. Es gab auch kein heißes Wasser, es sei denn aus dem Wasserkessel. Die Heizung kam nie. Dennoch blieb ich und kümmerte mich mit um die Kinder, und wenn Anita bei ihren Eltern war, ging ich nachts hinauf zu Leslie ins Schlafzimmer. Das war ein Teil des Handels und gehörte zu meiner Art von Leben, war ein Teil meiner Rache dafür: Ich brauchte nicht länger darüber nachzudenken, warum ich keinen Freund hatte oder wieso ich nicht verheiratet war. Es ging automatisch. Es ging mühelos. Ich ging zu seiner und Anitas Hochzeit und kümmerte mich während der Trauung um Hope und Serena, ohne mich im mindesten zu grämen, sondern war nur froh für die beiden, deren Leben nun in ruhigeren Bahnen verlaufen würde. Wenn ich mir auch nur im mindesten graue Haare hatte wachsen lassen, weil ich Anita betrog, so hörte das an ihrem Hochzeitstag schlagartig auf. Sie hatte sich in Mrs. Wie-du-mir-so-ich-Dir verwandelt.

Irgend etwas an Leslies sexueller Energie, seiner Unerschütterlichkeit, der Größe und Zielstrebigkeit des Werkzeugs, mit dem das Schicksal ihn versehen hatte, bewirkte, daß sich keine erotische Phantasie entzünden wollte. Jedenfalls nicht bei mir. Die Geschichte hatte für mich, abgesehen von der Miete, weiter keine Bedeutung.

Doch eines Tages kam Anita in meine Wohnung hinunter. Sie weinte und trug ein besonders langweiliges Kleid, marineblau und mit einem kleinen weißen Kragen. Sie versuchte, respekteinflößend auszusehen wie Jocelyn, wenn sie einen guten Tag hatte, doch gelang es ihr nie. Sie hatte Leslie eröffnet, daß sie schwanger war. Sie hatte gedacht, daß ihn das freuen würde. Statt dessen aber hatte es ihn geschaudert, er hatte gesagt, er sei bereits Vater, er wolle nicht noch ein Kind, das sei ihm mit zu vielen Kosten verbunden, und er hatte sie aufgefordert, doch über eine Abtreibung nachzudenken. Ich war allerdings nicht der Meinung, daß es die Kosten waren, die ihn hatten erschaudern lassen – zu dem Zeitpunkt stand er finanziell ziemlich gut da –, als vielmehr die Vorstellung, daß sein Leben dadurch nur noch enger mit dem Anitas verbunden sein würde. Das Baugeschäft, mit dem ihr Vater zu tun gehabt hatte, war lange abgeschlossen, zu jedermanns deftigem Profit, und genau wie Zahnärzte Schwierigkeiten damit haben, ihre Patienten ans Bezahlen der Rechnung zu erinnern, sowie der Schmerz erst einmal vorüber ist, genauso hatte Anita Schwierigkeiten damit, Leslie durch ihre bloße Existenz an ihre ehemalige Bedeutung in seinem Lebensplan zu erinnern. Nun, da er nicht länger auf sie angewiesen war, war sie Teil eines Inventars, dem er keine Dankbarkeit schuldete.

»Warum knallen Sie ihm nicht einfach eine?« fragte ich sie. Ich war erbost. Ich fand, daß er zu weit ging. Das Courtauld hatte ich hinter mir und leitete jetzt eine kleine Galerie mit zeitgenössischer Kunst in Hampstead – keine sehr gute Kunst und für nicht sehr viel Geld –, deren Besitzer, Jane und George Harris, auf Reisen waren. Ich bildete mir ziemlich naiv ein, daß sie, wenn sie zurückkämen, dermaßen angetan von meiner Leistung sein würden, daß sie mich bitten würden zu bleiben. Das Gegenteil trat ein. Ich war jung. Ich hatte geglaubt, Leute verkauften nur deshalb schlechte Kunst im unteren Bereich des Marktes, weil sie den Unterschied zwischen gut und schlecht nicht kannten. Nur ganz langsam, in dem Maße, wie die Welt auf mich einwirkte, erkannte ich, daß manche Menschen »schlechte« Kunst mochten. Heute versuche ich, keine pauschalen Werturteile mehr zu fällen. Mein Geschmack ist wie eine scharfe Klinge, die durch Enttäuschung stumpf geworden ist. Ich säge und feile an »gut« und »schlecht« herum und versuche wie jeder Galerist, die Preise niedrig und die Kommission hoch zu halten. Mit einem Wort, als Jane und George Harris zurückkehrten, da fanden sie alle meiner Meinung nach »guten« Bilder an den Wänden und alle »schlechten« im Keller wieder, und nichts war verkauft worden. Im nachhinein habe ich ein gewisses Mitgefühl mit ihnen – wenn man sich vorstellt, ich käme von einer Reise zurück und fände die Wände voller Bilder, die Aphra gefallen, und meine Einnahmen gestiegen, meinen Ruf aber gesunken (dort, wo er zählt, bei der Tate, beim Metropolitan usw.), ich würde sie sehr wahrscheinlich bitten zu gehen. Doch damals schmerzte das. Und kurz vorher, als meine Zukunft noch gesichert schien, da meinte ich, mir eine moralische Geste leisten zu können, und zog aus Rothwell Gardens aus. Anita sah in meinem Weggang natürlich einen unfreundlichen Schritt, denn sie hatte gehofft, ich könnte ihr mit dem Baby behilflich sein, und nun seht sie euch an, die hilfsbereite Marion, wie sie mich im Stich läßt. Allerdings nehme ich an, daß sie Leslie tatsächlich eine geknallt hat – jedenfalls wurde die kleine Polly am Ende doch geboren.

Leslie behielt ein Auge auf mich, nachdem ich sein Haus verlassen hatte. Von Zeit zu Zeit tauchte er auf, in welcher trostlosen Unterkunft ich auch gerade wohnen, in welcher Hinterhof-Galerie ich auch gerade arbeiten mochte. Zum Teil trieb ihn seine Geilheit, und er wollte mir sein Mitgefühl offerieren, zum Teil war er aber auch auf meine weibliche Schulter aus. Oben im Norden starb seine Mutter, und sein Vater schien es kaum zur Kenntnis zu nehmen, winkte sie in ihrem Sarg nur eben aus dem Haus, wie er sie mit der Hand zum Einkaufen hinausgewinkt hatte, und machte sich wieder an seine Gartenarbeit. Leslie weinte. Jocelyn versuchte, Hope und Serena gegen ihn aufzuhetzen, was ihn zwar ärgerte, ihm jedoch keinen Kummer bereitete. Anita weigerte sich zu lächeln und zu glänzen, weswegen er sich schämte. Die Geschäfte gingen schlecht, was ihn wirklich beunruhigte. Er hatte sich zu hoch verschuldet, hatte Rothwell Gardens als Sicherheit für irgendeine Kreditaufstockung benutzt. Jetzt lebte er in der Angst, daß jemand die Hand auf sein Haus legen könnte. Anitas Vater war zwar bereit, ihm auszuhelfen, doch nur, wenn er seiner Frau die Hälfte des Hauses übertrug. Das lehnte er ab.

»Die Männer verdienen das Geld«, sagte er. »Was wollen die Frauen denn noch von ihnen? Einfach alles? Die Frauen betrachten die Ehe offensichtlich als Essensbon fürs Leben. Schließlich hat Anita meine Ehe mit Jocelyn zerstört, und Jocelyns Familie hatte in puncto Mitgift ihr Bestes für sie getan. Das sollte Anita bedenken.«

Wir schliefen miteinander – Leslies Fitnessprogramm nannte ich es, wenn ich ihn ärgern wollte, und das wollte ich oft. Ich hatte das Gefühl, daß er recht hatte: Mein Leben war in eine Sackgasse geraten, und ich spürte, daß meine Wohltäter das gleiche dachten, und ich haßte dieses Gefühl.

»Du hättest bei mir bleiben sollen«, sagte Leslie. »Durchhalten. Ich hätte Anita am Ende deinetwegen verlassen.« Das stimmte nicht. Es paßte ihm bloß nicht, daß ich Rothwell Gardens ohne seine Erlaubnis den Rücken gekehrt hatte, das war alles.

»Wie? Und mein Leben hätte ich weggeschmissen?« sagte ich dann. Er war ein einsamer Mann. Ich wollte jemanden wie Ed oder Vinnie, einen Gefährten, wenn ich überhaupt jemanden wollte. Aber da hatte ich kein Glück. Wie ich sowieso keins zu haben schien. Nicht einmal Eric und Ida konnten stolz auf mich sein. Wer war schon stolz auf eine Verkäuferin, die kein Geld hat, kein Zuhause, keinen Mann, keine Kinder? Alles Murks, und ich hatte mich mit soviel Stolz in den Murks hineingearbeitet. Besser hätte ich mir den Ehrgeiz aus der Seele gebrannt und wäre zu Hause geblieben.

Was ich mir wünschte, kam nicht in Frage, weil es eine halbe Million Pfund kosten würde, und wie sollte jemand wie ich soviel Geld auftreiben? Ich wollte meine eigene Galerie, nicht in irgendeinem tristen Bilderladen am Stadtrand arbeiten, wo Drucke und Postkarten verkauft wurden, sondern meine eigene, richtige Galerie im Westend, wo ich genügend Ansehen und Einfluß besitzen würde, um Teil jener geheimnisvollen, niemals stehenbleibenden Welt der Malerei zu werden, und zwar in ihrem Drehpunkt, wo das Farbe-auf-die-Leinwand-Klatschen Teil der Kultur der Nationen zu werden begann. Ich wollte die Rolle des Connaisseurs spielen, Gönnerin wie Muse jener Welt sein, die ich liebte. Ich wollte irgendwo sein, wo wenigstens ein paar Menschen, wenn ich »gut« sagte, verstanden, was damit gemeint war. Ich hatte die Räume bereits gesehen, unmittelbar hinter dem Museum of Mankind, und sie standen leer und harrten meiner. Ich hatte das Zeug dazu: die Ausbildung, den Geschäftssinn, die Kontakte, das Unterscheidungsvermögen, alles, was notwendig war – außer dem Kapital. Und ich erinnerte mich, wie ich einst für Ida nur Hohn übrig gehabt hatte, als sie mir erzählte, daß sie ja gern an der Guildhall Musik studiert hätte, ihre Eltern sich das jedoch nicht hätten leisten können, statt dessen habe sie arbeiten müssen. Eine wohlfeile Geschichte, hatte ich gedacht, eine billige Ausflucht, eine bequeme Rechtfertigung für mangelnden Einsatz. Nun konnte ich mich selbst davon überzeugen, wie konkret und hart der Faktor Geld war, oder eher dessen Mangel. Wie er den Menschen ihren Weg zu verbauen vermochte.

Nun kenne ich zwar ein paar Frauen, die eine Million Pfund und noch vieles andere mehr geheiratet haben, und ich scheue mich auch nicht zu behaupten, daß ich genauso schön bin wie sie, in jedem einzelnen meiner Züge, doch bin ich einfach ein anderer Typ. Wer sich ein gemütliches Dasein wünscht, tut gut daran, mir aus dem Weg zu gehen. Ich sage, was ich meine, und ich meine, was ich sage, womit sich unter Umständen schwer auskommen läßt, und einen Millionär zum Heiraten findet man auf die Weise gewiß nicht.

Eines Abends saß ich gerade da, starrte ins Halbdunkel und beklagte mein Schicksal, als Leslie an meiner Tür erschien. Ich war überrascht; er hatte mich erst ein, zwei Wochen vorher besucht, und gewöhnlich schaute er nicht öfter als jeden zweiten Monat herein. Er kam mit einem Vorschlag. Sein Besuch diene geschäftlichen Zielen, nicht dem Vergnügen.

Ein reicher Südafrikaner, ein Mr. Clifford Streiser, war gerade mit seiner Frau in der Stadt eingetroffen. Mr. Streiser stand an der Spitze eines Konsortiums, das dabei war, dreißig Morgen wüstes Dockland zu kaufen, die dann saniert werden sollten. Mrs. Brenda Streiser war mitgekommen, um eine Schwangerschaftsklinik in der Harley Street aufzusuchen. Leslie konnte, wenn er es geschickt anstellte, als Mittelsmann für das Streisersche Objekt fungieren und sämtliche Sorgen damit auf einen Schlag aus der Welt schaffen. Es geschickt anstellen, das hieß unter anderem Bewirtung und diese und jene Gefälligkeit.

»Ich bin kein Callgirl, Leslie«, sagte ich, »noch nicht. Und ein Geschäftsmann würde in mir auch keine Gefälligkeit erblicken, ich bin einfach nicht der Typ dafür.«

Leslie sah völlig schockiert aus.

»Ich spreche hier nicht von Hundertern, Marion«, sagte er. »Ich spreche von Hunderttausenden, vielleicht einer Million. Und brauchst du nicht etwa die Hälfte einer Million, um deine Galerie aufmachen zu können?«

»Was auch immer es sein mag«, sagte ich, »offensichtlich willst du fünfzig Prozent Kommission.«

»Das wirst du auch noch lernen«, sagte er. »Sowie du erst mal deine Galerie hast, wirst du nicht mehr dermaßen auf dem hohen Roß sitzen.«

Ich sagte, ich könnte mir beim besten Willen nicht vorstellen, wie er dem unglücklichen Mr. Streiser eine Million Pfund aus der Tasche ziehen wolle, geschweige denn, welche spezielle Rolle ich dabei spielen solle.

»Wenn ich einen alten Meister fälschen könnte, würde ich es tun«, sagte ich. »Wenn ich jemand anderen bestechen könnte, es zu tun, um so besser. Doch womit soll ich ihn denn bestechen? Mit meinem Körper? Ich bin zwar willig, doch bei den gegenwärtigen Tarifen würde ich dazu rund zehn Jahre brauchen.« Ich hätte auch keine gute Hure abgegeben, ich war dazu weder ausreichend gut noch schlecht. Für den fidelen Typ war mein Gemüt nicht sonnig genug, für den verderbten, unglücklichen Charakter meine dem Geist ergebene Seele zu widerspenstig, um sich erniedrigen zu lassen.

Er druckste ziemlich herum und war sichtlich verlegen, rückte jedoch schließlich heraus mit der Sprache. Wir führten die Streisers zum Essen ins Claridge. Ich lieh mir ein Kleid. Es war cremeweiß und absolut schlicht. Ich machte mir eine Frisur, wie die schwangere Frau auf dem Gemälde von Van Eyk sie hatte, und sorgte dafür, daß ich ruhig, intelligent, attraktiv und gesund wirkte: alles Eigenschaften, wie sie die Leute an Babys gern sehen. Leslie trug seinen besten grauen Anzug und einen Schlips in erstaunlich gedämpften Farben. Er sah ausnahmsweise einmal ebenso ehrbar wie tüchtig aus. Wir gaben ein gutes Paar ab.

Cliff Streiser war ein großer, breitschultriger, sympathischer, gewöhnlicher und ziemlich fülliger Mann, der herausgebracht hatte, wie man Geld machten konnte, ohne irgendwem dabei wehzutun. Man kaufte einfach nur große Parzellen Ödland in noch unerschlossenen Gebieten, wohin eine Stadt sich auszubreiten im Begriff war und die immer über die Schulter angesehen worden waren, und verwandelte sie anschließend in glitzernde Einkaufsstraßen und Bürohäuser, machte aus der Schande einer Region den Stolz der ganzen Stadt, und dafür wurden einem dann obendrein noch Ehrungen zuteil. Mr. Streiser wirkte ein wenig verwirrt, ein wenig aus dem Lot, seine kleinen hellen Äuglein schossen Blicke hierhin und dorthin. Prinzessin Margaret aß in einer Ecke zu Abend. »Wenn ich das meiner Mutter erzähle«, sagte er. Das gefiel mir. Ich fand, daß er nett war. Sein Vater war tot, und er hatte um ihn getrauert. Auch das schien mir von Bedeutung. Sein Reichtum hätte keinem netteren Mann zufallen können. Seine erste Frau war mit einem Polospieler durchgebrannt. Nun, das kommt vor, wenn man plötzlich reich wird und es der Gattin zu Kopf steigt. Diese Polospieler!

Mrs. Streiser die Unfruchtbare, seine nette Frau, war blond und hübsch, gescheiter als er und gut fünfzehn Jahre jünger. Sie war an diesem Tag im »Der Schatz der Pharaonen«, einer Ausstellung im British Museum, gewesen und hatte sogar Schlange gestanden, um den neu aufgefundenen Leonardo zu bewundern, der dort ausgestellt war. Dazu gehörte schon einiges. In ihrem großen Haus in Kapstadt hatten sie drei schwarze Hausdiener. Sie zeigte mir Fotos von ihnen, als gehörten sie zur Familie, und kaufte sogar Geschenke für die Kleine der Köchin. Ja, die Köchin durfte ihre Kleine auch bei ihnen im Haus wohnen lassen. Das wäre doch sonst gar zu unfreundlich, sagte Mrs. Streiser sanft.

Wenn man bedachte, wie sehr die Gesellschaft doch auf ihre Mitglieder einwirkte und wie schwierig es war, dem zu widerstehen, dann mußte ich sagen, daß man die Streisers geradezu als gütig bezeichnen konnte, fast hätten sie durchs Nadelöhr gehen und in den Himmel kommen können.

Ich stellte mich ihnen als Leslies Freundin vor, was ja auch halbwegs der Wahrheit entsprach. Tatsächlich log ich während des ganzen Essens nicht ein einziges Mal, außer als ich sagte, ich sei schwanger. Und daß ich die Schwangerschaft abbrechen lassen müsse, weil ich meinen Eltern das nicht zumuten könne. Nun ja, die südafrikanische ist noch eine ziemlich altmodische Gesellschaft, und scheinbar vermögen sich Eltern, wenn ihre unverheirateten Töchter schwanger werden, immer noch so aufzuregen, daß diese Töchter verständlicherweise auf den Wunsch verfallen können, ihnen diese Schande und Entehrung zu ersparen. Was für eine angenehme und wohlgeordnete Gesellschaft, vorausgesetzt, man war nicht schwarz, das für die Eltern doch war, auch wenn sich das für die Kinder nicht unbedingt behaupten ließ.

»Meine Liebe«, sagte Brenda Streiser, »Sie dürfen das

Kind nicht abtreiben. Sie müssen es zur Welt bringen. Wenn Sie es nicht tun, werden Sie es ewig bedauern.«

»Aber das kann ich doch meinen Eltern nicht antun«, sagte ich. »Sie wissen ja noch nicht einmal etwas von Leslie. Sie sind so altmodisch und so stolz auf mich. Darüber kämen sie nie hinweg.«

»Leslie ist wirklich ein ganz Schlimmer«, sagten sie, stolz darauf, Umgang mit soviel Schlechtigkeit zu haben. »Gott sei Dank ist Südafrika eine klassenlose Gesellschaft, und es geht nicht so zu wie hier.« Wir nahmen alle den Krabbencocktail. Es war, als wäre ich wieder zu Hause. Zum Geburtstagsessen mit Ida und Eric im Restaurant. Ich genierte mich zwar und stocherte nur der Form halber in ihm herum, war ihnen im Innern jedoch dankbar.

»Das Leben eines Babys ist heilig«, sagte Brenda, »und Sie haben keinesfalls das Recht, es ihm zu nehmen.«

»Brenda hat recht«, sagte Cliff. »Sie hat in diesen Dingen immer recht. Brenda ist ein Juwel. Ich habe das Hirn und sie das Herz.«

»Ich kann keine Kinder bekommen«, sagte Brenda. »Ich weiß also, wovon ich rede.«

»Arme Brenda«, sagte Cliff. »Sie hat Schreckliches hinter sich. Das ganze Gewese um ihre Innereien, und alles meine Schuld.«

»Am Schluß hat sich herausgestellt«, sagte Brenda, »daß mit seinem Sperma etwas nicht stimmt und es nichts mit mir zu tun hat. Und er kann nichts dafür, der arme Schatz. Na, oder nur in gewisser Hinsicht.«

»Mumps«, sagte Cliff. »Damals war ich schon ein junger Mann. Habe ich Ihnen doch erzählt, nicht wahr, Leslie? Was ich gelitten habe! Doch was sind schon die Leiden eines Mannes gegen die einer Frau?«

»Stimmt, das haben Sie mir erzählt«, sagte Leslie. »Was für eine Tragödie!«

Wir gingen zum Chateaubriand über. Ich stieß beifällige kleine Laute aus, obwohl ich halbrohes Fleisch hasse. Ein gesunder Appetit ist jedoch ein gutes Zeichen. Ich gab mir riesige Mühe, keine Antipathie zu empfinden und keine zu wecken. Soviel hing von mir ab. Ich sah sehr gut aus. Keine Spur von dem Asthma, das mich zuweilen plagt. Etliche der Gäste starrten mich an, mehr noch als Prinzessin Margaret. Wenn ich mich immer so anziehen könnte, in solchen Restaurants essen, dachte ich, dann würde ich mich in der Welt pudelwohl fühlen. Vielleicht hatte ich ja den Fehler begangen, mein Ziel nicht hoch genug zu stekken. Ich war von meinem Bocksprung aus dem Leben einer Bankangestellten in die Bramleys hinüber dermaßen angetan und überwältigt gewesen, daß ich mich allzulange auf meiner Landebahn aufgehalten hatte. Es war an der Zeit, wieder einmal einen Sprung zu tun, und ich konnte das, ich konnte das. Die Muster eines Lebens wiederholen sich. Wenn sich eines Tages, völlig unerwartet, das öde Muster eines Lebens verändert, und das im Nu, dann wird sich auch die nächste Veränderung ebenso plötzlich und im Nu vollziehen.

»Warum kommen Sie nicht mit uns nach Kapstadt und wohnen bei uns«, sagte Brenda, »lassen Ihr Kind adoptieren und kehren anschließend wieder nach Hause zurück. Niemand braucht das je zu erfahren.«

»Ich könnte mich nie von meinem Kind trennen, sowie es erst mal da ist«, sagte ich. »Und außerdem zählt man auf mich, auf meine Arbeitskraft, und ich kann nicht einfach so weggehen und alles stehen und liegen lassen.« Dieses Baby würde ebenso ein moralisches Wesen wie einen ansehnlichen, gesunden Körper und ein liebes, anschmiegsames Wesen erben.

»Ich würde gern ein Kind adoptieren«, sagte Brenda, »doch Cliff hat dieses alberne Gerichtsurteil am Hals, noch aus der Zeit, ehe er mich überhaupt kannte. Da lassen sie einen dann nicht adoptieren. Er hat einen Polizisten geschlagen, der einen Schwarzen verprügelte. Er war erst einundzwanzig.«

»Sie könnten ja immer noch an eine künstliche Befruchtung denken«, sagte Leslie zu Cliff, »aber das dürfte Brenda wohl kaum zusagen.«

»Nein, das stimmt«, sagte Brenda. »Ich finde das alles unnatürlich. Ich will nichts von einem anderen Mann in mir haben. Und ich will auch nicht, daß Cliff irgendwas von seinem Zeug einer anderen einimpfen läßt, und was sollte das auch, es ist ja sowieso kein Sperma drin.«

»Pssst«, sagte Cliff, denn der Kellner stand wartend in der Nähe.

»Essen Sie auf, Kindchen«, sagte Brenda. »Ich lechze nach den Profiteroles.«

Ich weinte ein bißchen auf mein Steak, während ich alles aufzuessen versuchte. Clifford bestellte eine Flasche Rosé für neunundneunzig Pfund. Wir schluckten sie wie nichts.

»Ach mein Gott«, sagte Brenda, und auch sie weinte ein wenig, weil sie ihren Mann liebte und ein Kind wollte und nicht wußte, wie sie beides zusammenbringen sollte.

»Die wirkliche Schwierigkeit ist die«, sagte Leslie, »ich bin ja bereits verheiratet. Meine Frau hat ein schwaches Herz, und von einem Mann wie mir kann man doch wohl nicht erwarten, daß er sein ganzes Leben enthaltsam bleibt. Und schließlich kann ich sie auch nicht einfach verlassen. Es ist ja nicht ihre Schuld. Sie ist krank. Wenn sie das mit Marion herausbekäme und dann wäre da ein Kind, es würde sie umbringen. Da sitzen wir ja samt und sonders schön in der Tinte!«

Wir dachten alle vier über die Tinte nach, und je mehr wir darüber nachdachten, desto schlimmer erschien sie uns, aber schließlich machte Clifford dem ein Ende.

Clifford sagte: »Mal angenommen, Sie bekämen Ihr Kind

heimlich, Marion, und wir würden es kaufen. Dann bräuchten Sie nicht abtreiben, und das Geld würde Sie dafür entschädigen, daß Sie sich von ihrem bereits geborenen Kind trennen müßten. Leslie würde seiner Frau nicht beichten müssen, Brenda bekäme ein Kind, das so hübsch sein wird wie seine Mutter und so tüchtig wie sein Vater, und ich hätte meiner Frau das allerschönste Geschenk der Welt gemacht.«

Leslie platzte nicht gleich mit der Frage »Wieviel?« heraus, obwohl ich schon dachte, er täte es. Wir feilschten die ganzen Profiteroles hindurch. Ich glaube, Brenda fand, wir sollten ihr das Baby einfach so geben, aus Liebe und Freundschaft, doch Clifford war der Meinung, daß ein Tausch gegen Geld, und zwar gegen eine beträchtliche Summe, dem vorzuziehen sei. Wir würden die Gesetze beider Länder brechen, und er wollte nicht, daß ich es mir im letzten Augenblick noch anders überlegte.

»Was ist schon Geld«, stimmte Leslie ihm zu, »gemessen am Seelenfrieden?«, und er schlug vor, Brenda könne doch ein paar Monate vor der Geburt eine Urlaubsreise antreten und dann mit dem Baby auf dem Arm nach Kapstadt zurückkehren, und niemand würde je erfahren, daß es nicht ihres war. Brenda strahlte vor Freude.

Es herrscht ein weltweiter Mangel an Neugeborenen aus gesunden Verhältnissen, die man adoptieren könnte. Die Marion, die Clifford und Brenda kennenlernten, war nicht arm. Sie hatte andere Möglichkeiten. Das Geschäft wurde über neunhundertfünfzigtausend Pfund abgeschlossen. Clifford konnte sich nicht dazu überwinden, an die Millionengrenze zu gehen. Ich weinte ein wenig in meinen Filterkaffee, als ich an das Kind dachte, von dem ich mich würde trennen sollen, und sagte, ich müsse darüber noch nachdenken, es käme alles so plötzlich.

Eine Woche lang verbrachte ich jede Nacht mit Leslie in einem billigen Hotel. Anita hatte er erzählt, er müsse nach Schottland. Leslie erklärte mir, er täte das alles um Anitas und nicht um seinetwillen, irgendwie müsse er ihr gemeinsames Zuhause erhalten. Ich war augenblicklich schwanger, na bitte.

Die Woche war die fruchtsbarste meines Zyklus. Ich fragte mich, ob das ein glückliches Zusammentreffen war, und fand, wahrscheinlich nicht. Nichts, was mit Leslie zu tun hatte, war Zufall. Es war von vornherein geplant gewesen, wahrscheinlich von dem Augenblick an, als Clifford erwähnt hatte, daß seine Frau in einer Schwangerschaftsklinik sei. Ich fand hinten in Leslies Auto ein Paperback mit dem Titel: »Fruchtbarkeit und Empfängnis – die Tatsachen«. Er hatte den Porsche gegen einen Citroën eingetauscht, woraus ich schließen konnte, daß seine Lage wirklich nicht rosig war.

Am Ende der Woche sagte er: »Wir hinken dann nur drei Wochen hinter deinen Daten her. Es wird eben ein bißchen überfällig sein.«

Ich sagte: »Das macht nichts. Mein Bruder und ich sind ein paar Wochen früher geboren. Das liegt bei uns in der Familie.«

Ich fragte ihn, warum er mich nicht schon vor unserer Begegnung mit den Streisers geschwängert hatte. Er sagte, er habe sicher sein wollen, daß ich mir nicht plötzlich irgend etwas in den Kopf setzte. Ich ließ die Sache auf sich beruhen.

Er schien mir der Teufel in Menschengestalt zu sein, der da mit dem wichtigsten Instrument seines Lebens auf mir herumtobte, als hinge seine Zukunft davon ab, was sie vermutlich auch tat. Das Hotel war der wahre Höllenpfuhl. Das Bett war eins von den altmodischen, schmalen mit einem engmaschigen Drahtnetz statt Sprungfedern; es hing in der Mitte durch. Einen Urlaub konnte man das nun nicht nennen – obwohl ich dafür eine meiner kostbaren Ferienwochen drangab.

Ich fragte Leslie, wieso er so sicher sei, daß ich schwanger wäre. Er sagte, die Wahrscheinlichkeit liege bei fünfundachtzig Prozent, und das reiche ihm.

Ich fragte ihn, wieso er uns in so eine Klitsche von einem Hotel in King's Cross einquartieren müsse, das schlimmstenfalls von Huren und bestenfalls von verirrten Reisenden benutzt werde, und nicht ins Claridge, und er sagte, da er sämtliche Unkosten von meinem Anteil an dem Geld der Streisers abzuziehen gedenke, habe er sich gedacht, daß mir sicher daran gelegen sei, die Hotelrechnung so niedrig zu halten wie möglich.

Ich fragte mich, ob das Kind wohl Leslies Charakter erben würde. Wenn ja, würde ich es vermutlich nicht lieben können, und schon gar nicht, falls es ein Junge werden sollte. Ich fragte mich, ob ich es selbst gern würde aufziehen wollen, und die Antwort lautete nein. Ich würde das Kind produzieren, das Brenda sich wünschte, und sie würde das Beste daraus machen. Vinnies Kind oder Eds oder auch eins von Wallace hätte ich lieben können, aber Leslies nicht. Sprach es nun zu meinen Gunsten, daß ich mit diesen dreien niemals sexuelle Beziehungen unterhalten hatte, obwohl ich das weiß Gott hätte haben können, wenn ich es darauf angelegt hätte? Schließlich war ich in ihren Schlafzimmern ein und aus gegangen. Und es scheint ja auch nur natürlich, daß Männer ihre Dienstmädchen ins Bett bekommen wollen, ihre Haus- oder Büromädchen, wenn auch freilich nicht, um Kinder von ihnen zu kriegen.

Ich nehme an, ich fühlte mich geschmeichelt, als Leslie mit meiner Hilfe ein Kind machen wollte, wie immer seine Beweggründe aussehen mochten.

Ich erklärte ihm, ich würde die Schwangerschaft abbrechen lassen, wenn er nicht bereit sei, mir siebzig Prozent des Streiserschen Geldes auszuhändigen, und zwar, sowie es eintraf. Ein Drittel bei Abmachung, ein Drittel bei Lieferung, ein Drittel drei Monate nach der Geburt. Ich stellte mich auf den Standpunkt, da ja schließlich ich den tatsächlichen Vorgang und die körperliche und seelische Belastung der Geburt würde ertragen müssen, sei siebzig zu dreißig eine angemessene Aufteilung. Er hielt dagegen, da das Baby ja nun einmal zur Hälfte vom Vater stamme und es seine Idee und sein Kontakt gewesen seien, schienen fünfzig zu fünfzig mehr als entgegenkommend. Wir einigten uns auf fünfundfünfzig zu fünfundvierzig zu meinen Gunsten, und Leslie erklärte, je eher ich meine Galerie bekäme, desto besser. Das Geld sollte direkt auf Leslies Bankkonto gehen, das zwecks Geldwäsche irgendwo in einer Nische der Docksanierungsgeschäfte untergebracht worden war.

Ich rief Cliff und Brenda an und sagte, nach langem Überlegen hätte ich mich dazu durchgerungen, auf den Handel einzugehen, vernahm Brendas glücklichen Seufzer und staunte darüber, daß etwas, das mich höchstens unglücklich machen würde, eine andere Frau so glücklich machen konnte. Ich nahm jedoch an, daß sie, wie jede Frau, dachte, sie würde das Baby zu ihrem Ebenbild machen, ganz gleich, wie es um seine Gene bestellt war. In dieser Hoffnung, so stelle ich mir vor, bekommen manche Frauen dann auch Kind um Kind, und wenn das Kleine auf eigenen Füßen zu stehen und Widerworte zu geben, ein eigenes Temperament und einen eigenen Charakter zu zeigen beginnt, bekommen sie rasch ein anderes, stets in der Hoffnung, diesmal werde alles in Ordnung gehen. Es klappt natürlich nie, doch sie geben nicht auf. Rosalie, Nora, Susan – stets guter Hoffnung. Wenigstens Anita hatte ein Einsehen und hörte schon nach dem ersten auf.

Sowie die erste Rate eintraf, ging ich schnurstracks zur Maklerfirma und hinterlegte eine Anzahlung auf die Räume, die die Marion Loos Gallery werden sollten. Die nächsten paar Monate verbrachte ich damit, Ware einzukaufen und zu leihen. Die Leute waren hilfsbereit, überraschenderweise. Ich wurde mehr gemocht, als ich es verdiente. Ich war gerührt über die Art, wie sich Geschäftsleute und Kollegen um meinetwillen die Beine ausrissen. Die letzten drei Monate der Schwangerschaft verbrachte ich in Italien und besichtigte dort Kirchen und Klöster. Das Baby war eine angenehme Gesellschaft. Ich unterhielt mich mit ihm, ich klärte es auf – es war ein wahrer Freund. Zwar konnte es nicht antworten, doch wir beide wußten, daß ich das Richtige tat. Ein Kind, das, wo auch immer in der Welt, in einem schönen Zuhause mit netten Eltern und drei Hausdienern aufwächst, hat nun mal größere Aussichten, glücklich zu werden, als eines, das in einem schäbigen Zimmer in der Großstadt aufwächst, und mehr kann eine alleinstehende Mutter mit einem durchschnittlichen Arbeitslohn nicht erreichen. Was ist schon eine Mutterliebe, die nicht vorsorgt, darin waren wir beide uns einig, gegen die Liebe nicht natürlicher Eltern, die aus tiefstem Herzen Anteil an ihrem Kind nehmen, eine Liebe, die fast eine Million Pfund wert ist?

Für die letzten sechs Wochen kam Brenda nach Venedig und leistete mir Gesellschaft. Sie war sehr klein, präzise und eifrig. Kirchen langweilten sie, doch saß sie gern auf dem Markusplatz und trank den teuersten Kaffee der Welt.

Ich empfand kein bißchen Abneigung gegen sie. Sie drängte mich, Schokolade zu trinken, Kaffee sei nicht gut für das Baby. Ich hoffte um ihretwillen, das Kind würde nicht nach Ida geraten oder seinem Onkel Peter ähneln. Wir brachten das Baby in einem Entbindungsheim außerhalb von Venedig zur Welt; ich benutzte ihren Namen.

Wenn ich selbst es auch nicht hatte einrichten können, daß ich bei der Geburt vertauscht worden war, so wollte ich doch wenigstens dafür sorgen, daß sich Idas und Erics Version, was es mit meiner Existenz auf sich hatte, bei ihrem Enkelkind bewahrheitete. Vertauscht die Mütter, nicht das Kind. Das Kind war ein Junge, und es hatte einen rötlichen Flaum auf dem Kopf. Nach dem, was ich gelesen hatte, würde das Haar in etwa drei Monaten ausfallen und anschließend kräftiger nachwachsen, und ich war froh, daß es Brenda überlassen bleiben würde, das interessant und wichtig zu finden.

Brenda gab mir nach der Geburt noch einmal fünfzigtausend Dollar, um die Summe auf eine Million aufzurunden.

»Lassen Sie das Cliff aber nicht wissen«, sagte sie. »Sie wissen ja, wie Männer sind. So stolz! Das Geld ist aus meiner eigenen Tasche, weil ich mich genauso fühle ... wie bei einem Lotteriegewinn von einer Million Dollar!« Die ursprüngliche Transaktion war zwar in Pfund abgeschlossen worden, doch brachte ich es nicht über mich, ihr das zu sagen und ihr die ganze Geschichte zu verderben, nicht einmal für etwa fünfundzwanzigtausend Pfund bei einem Wechselkurs von zwei zu eins. Ich bin ja nicht durch und durch schlecht, mir fehlt bloß die mütterliche Ader.

Ich winkte Brenda und dem Baby vom Venice Hilton aus nach, schlief mich einmal ordentlich aus, was schwierig ist, wenn man ein Neugeborenes im Haus hat – Brenda tat mir leid –, und zog dann in ein billigeres, romantischeres Hotel, das, wie ich fand, mehr meinem Geschmack entsprach. Eine Woche lang tröstete ich mich mit der Renaissance, einer Epoche, die unweigerlich dazu führt, daß der eingehende Betrachter die menschliche Erfahrung in eine historische Perspektive rückt. Dann fuhr ich nach Hause – über Mailand, wo ich mir die Art von Kleidung kaufte, wie sie meiner Vorstellung nach von Frauen getragen wurde, die Inhaberinnen von Galerien im West End waren – und brachte auch den Erwerb der Galerie selbst zum Abschluß.

Seltsamerweise schien Leslie sich über das fehlende Baby weit mehr aufzuregen als ich. Er hatte angenommen, es würde wieder ein Mädchen werden, hatte geglaubt, er könne nur Mädchen zeugen, und als er nun erfuhr, daß ich seinen Sohn verkauft hatte, war er ziemlich gekränkt.

»Das hättest du niemals tun dürfen«, sagte er.

»Das war von Anfang an doch wohl deine Idee.«

»Du hättest sie nie in die Tat umsetzen dürfen. Ich habe das nicht für möglich gehalten. Ich wollte dich nur für eine ganze Woche ins Bett kriegen.«

Nicht, daß ich ihm das abgenommen hätte. Und schließlich, was zählen schon die Beweggründe? Ich kann mir nicht vorstellen, daß Gott die Zeit oder Lust hat, sie bereits vor dem Jüngsten Gericht zu erahnen, wenn die Toten auferstehen und in lautstarker Empörung berechtigte Ansprüche anmelden und energischen Einspruch einlegen werden. Es zählt allein, *was* wir tun, nicht, warum wir es tun. Ich eröffnete die Marion Loos Gallery, Leslie kam finanziell wieder auf die Beine, und eine andere Frau zog unser Kind groß. Ich sah Leslie lange Zeit nicht wieder. Wir waren einander leid, warum, war mir nicht recht verständlich, bis er wieder auftauchte, in meiner Tür stand, mit Anitas Bild unter dem Arm und Staubkörnchen in der Luft, und den Frieden des Tages störte.

OKAY, VERLASSEN WIR MARIONS KOPF WIEDER UND KEHren in meinen eigenen zurück. Ich, Nora, sollte Susan Marion nach all diesen Übungen eigentlich besser erklären können, doch so scheint das nicht zu funktionieren. Wenn ich selbst auch verstehen mag, was es heißt, Marion zu sein, bedeutet das doch längst noch nicht, daß das auch andere verstehen wollen.

»Was regt dich daran denn so auf?« frage ich Susan, doch ich weiß ganz genau, wie die Antwort lautet. Es regt Susan auf, daß eine Frau ihr Leben selbst in die Hand nehmen könnte, ohne vorher die Erlaubnis sozialer Dienste einzuholen. Da es gewöhnlich Susan ist, die sich in die Leben anderer Menschen mischt und nicht andere sich in ihres, findet sie Einmischung gut.

»Du weißt doch ganz genau«, sagt Susan, »daß man Kinder nicht einfach so nach Laune an irgend jemanden weiterreichen kann. Du willst mich wohl ärgern, Nora. Demnächst versuchst du mir noch weiszumachen, daß es gut und richtig ist, seine Nieren an den Meistbietenden zu verkaufen.«

Ich öffne den Mund und schließe ihn wieder. »Das geht keinen was an, wenn mir das gefällt«, möchte ich sagen. »Wenn ich lieber eine Einbauküche habe statt einer Niere, warum nicht?« Ich will mich jedoch nicht mit ihr streiten. Ich denke mir nur, daß sie absolut die verkehrte Frau für Vinnie ist.

Wir sind in ihrem Haus am Kew Gardens Square, einem der angenehmeren Häuser in der Gegend, von den *Accord Realtors* beschafft und leicht verkäuflich, falls Vinnie und Susan jemals die Absicht haben sollten, es auf den Markt zu bringen. In dieser Hinsicht unterscheidet es sich ungeheuer von 12 Rothwell Gardens in Primrose Hill, obwohl die Häuser selbst einander sehr ähnlich sind. In diesen, für den Immobilienmarkt so harten Zeiten ist die Gegend ausschlaggebend. In der Innenstadt sind immer noch großartige Objekte für über zwei Millionen Pfund zu verkaufen, da sich der Mittlere Osten nach dem Golfkrieg langsam leert. Häuser mit bereits vorhandenen elektronischen Alarmanlagen sind dabei besonders begehrt. Alles in einer Wohnanlage mit einem Pförtner am Eingang und regelrechter Überwachung sämtlicher Besucher und im Innern der Wohnung ein Raum (gewöhnlich ein WC), der bereits in einen »Kommunikationsraum« verwandelt worden ist – mit Stahlwänden gegen Bomben und Maschinengewehrüberfälle, mit bereits installiertem Alarmsystem und Funkausrüstung, in den sich der Bewohner beim mindesten Anzeichen von irgendwelchen Störungen zurückziehen kann – so etwas läßt sich sofort zum geforderten Preis verkaufen. Gute solide Einfamilienhäuser im Innenstadtbereich sind dagegen im Moment keinen Pfifferling wert. Keiner will sie. Keiner kann sie verkaufen. Allein in den Vororten, von denen die Bürger noch annehmen, daß sie die Luft dort gefahrlos atmen und ohne Furcht vor terroristischen oder persönlichen Überfällen leben können, sind derartige Objekte noch gefragt.

Susans Vorgarten war ordentlich gestutzt und gepflegt, der Messingklopfer blank. Ihr Türschlüssel befand sich an einem entsprechenden Ring, leicht zugänglich in einer ordentlichen Handtasche. Sie und Vinnie hatten jahrelang um jedes einzelne Stück einen zähen Kampf geführt, seine

Neigung zu kreativer Unordnung gegen ihre Entschlossenheit, ordentlich zu sein. Ich erkannte, daß ein gewisser Kompromiß erreicht worden war, daß die Bedingungen des Waffenstillstands jedoch zu ihren Gunsten ausschlugen. Das alte, splitternde Fichtenholz war durch gute, ordentlich restaurierte Stücke ersetzt worden, die von Antikwachs schimmerten. Mein Geschmack, und auch der von Vinnie, geht mehr in Richtung Hundehaare, alte Lieblingsstücke und So-sind-wir-nun-mal-essen-wir-doch-in-der-Küche. Susans hingegen nicht. Wir traten ins Wohnzimmer. Die Blumen waren kunstvoll arrangiert. An den Wänden zogen sich Bücherregale entlang, die allerdings durchhingen. Das konnte nur Vinnies Sieg sein, eine gewonnene Schlacht, wenn nicht gar ein Krieg. Vinnie haßte es, von Tischlern, Klempnern, Malern und Elektrikern abhängig zu sein, anderen Männern, die Dinge »machten«. Er fand, jeder ehrenhafte Mann sollte sein eigener Handels- und Handwerksmann sein. Es war ehrenrührig, Hilfe zu beanspruchen. Susan flehte förmlich um Profis: »Bitte, bitte, nicht schon wieder diesen Pfusch!« Und Vinnie sagte: »Ach das – das kann ich doch machen.« Womöglich kostete es ihn Jahre, doch nach und nach bewältigte er es, in der Hand ein Do-it-yourself-Buch. Warum Pfunde für etwas ausgeben, was man für Pennies selbst machen konnte? Susan knirschte mit den Zähnen. Ihr Mund hatte den Ausdruck eines Menschen angenommen, der ständig mit den Zähnen knirschte. Er war nicht mehr weich und üppig, leicht geöffnet und verletzlich, sondern fest geschlossen und schmal. Gegen die Bücher hatte sie nichts ausrichten können: Sie waren alt und schäbig, und nur wenige von ihnen waren nach 1950 erschienen, was bedeutete, daß sie schwer sauberzuhalten waren. Wenn man mit einem Staubwedel daran entlanggefahren wäre, wäre man an den Einbänden und alten Umschlägen hängengeblieben.

Es war, was wir bei den *Accord Realtors* einen »ganz entzückenden Raum« nennen, das heißt, er war groß genug für einen Flügel, auf dem ein paar Familienfotos und Vinnies Preis als bester *Food Writer* des Jahres standen, etwas, das aussah wie eine kupferne Lammkeule auf einem Messingsockel. Er habe schon seit einigen Jahren eine Kolumne, sagte Susan, bei einer Sonntagszeitung. Ich wußte das. Ich hatte sie jede Woche gelesen. Vinnie war weg. Ich war enttäuscht. Was sollte man da machen? Er war in den Vereinigten Staaten und ging der Beziehung zwischen Milchprodukten und Katarrhen auf den Grund.

»Armer Vinnie«, sagte Susan, »sie scheuchen ihn ganz schön durch die Gegend. Ich glaube, er täte wesentlich besser daran, Bücher über das Wesen der Wirklichkeit zu schreiben, aber so etwas verkauft sich eben nicht.«

Und ich verkniff mir, sie an Vinnies Buch über das Wesen der Träume zu erinnern, das sich zwar verkauft hatte, sich jedoch nicht mit dem Bild ihres Mannes als eines den Sinnenfreuden ergebenen Menschen vertragen hatte, der ihr die geistige Rolle überließ. Damit sie ätherisch sein konnte, mußte er handfest sein. Oder jedenfalls hatte Vinnie sich darüber oft beschwert, während er sich noch ein Stück Baguette abbrach und Aprikosenmarmelade drauflöffelte und Susan an ihrem schwarzen Kaffee nippte. Das war in dem Sommer, als sie nicht sehr gut miteinander auskamen, dem Sommer, als sie das Bauernhaus zusammen mit Leslie Dingdong dem Prächtigen verlassen hatte.

»Nora«, sagte Susan, »ich muß dir etwas mitteilen.« Dieses »Mitteilen« kenne ich. Es bedeutet, jemand ist entschlossen, Sie am Ende genauso denken zu lassen, wie er selbst es tut. Er will Sie auf seine Seite ziehen und hat nichts dagegen, Sie dabei zu verletzen. Ich sagte jedoch nicht: »Aha. Dann geht es also nicht nur um den Preis von Anita Becks Bild.« Wenn Colin und Amanda auf die nackte Art meine

Küche mit mir teilten, konnten sie und ich am Ende durchaus als vereinte Großeltern dastehen. Vinnie & Susan, Ed & Nora und Rosalie & wer? Der vom Berg herabgestiegene Wallace? Mr. Collier, der Wahnsinnige Elektriker? Am Ende alle wieder vereint, und Anita Becks Bild von Leslie Becks Schlafzimmer an der Wand, um die Vergangenheit auf die Gegenwart abzustimmen. Ich glaubte allerdings nicht, daß Marion für uns abwaschen würde, manche Dinge ändern sich eben doch.

»Dann teil mal mit, Susan«, sagte ich und verspürte erneut Sympathie für sie. Ich war eifersüchtig gewesen, weil ihr Haus zweimal so groß war wie meins und weil sie eine Wohltätigkeitsorganisation leitete, während ich einen Teilzeitjob bei den *Accord Realtors* hatte, und weil Vinnie immer noch voller Tatkraft und Initiative war, Ed hingegen gern zu Haus saß und fernsah. Und weil sie eine Tochter von Leslie Beck hatte und ich, günstigstenfalls, bloß Leslie Becks Enkelkind kriegen konnte. Doch hatten wir mehr gemeinsam, als uns trennte: eine ganze Vergangenheit. Ich verzieh ihr.

Und sie teilte mit. Sie teilte mit.

Sie erzählte mir einiges, was ich bereits wußte, und einiges, was ich noch nicht wußte.

Sie erzählte mir, wie wütend sie auf Vinnie und uns alle gewesen war, als sie mit Leslie Beck und Lady Angela nach Bordeaux fuhr. Nicht weil wir irgend etwas Bestimmtes getan hatten, sondern wegen unserer Art, weil wir so selbstgefällig und zufrieden waren und nur noch vom Essen und von Babies reden konnten. Sie war nicht wie wir, sie hatte etwas vor im Leben. Und da saß sie nun fest mit einem Mann und zwei kleinen Kindern, die sie beinah zufällig bekommen hatte. Sie war wie benommen von der heißen Sonne und dem Wein, das Gezirpe der Zikaden machte sie taub, ihr Hirn hörte zu arbeiten auf, und wo sie hintrat, stolperte sie über halbnackte Kinder.

»Wir waren doch in den Ferien«, sagte ich. »Wir waren einfach nur so da und taten rein gar nichts.«

»Nora«, sagte Susan, »du und Rosalie, wann hat denn je eine von euch beiden mal was getan, statt nur so dazusein? Außer im Bett mit Leslie Beck?«

Sie teilte mir mit: Leslie Beck hatte ihr und Lady Angela erzählt, während sie über Landstraßen nach Cahors hinunterfuhren, über den Lot hinweg auf die Hochebene, wo der heiße Süden anfängt und die Luft nach überreifen Pfirsichen riecht, daß er jede Frau haben könne, die er wolle. Lady Angela hatte gelacht und Leslie Beck erklärt, er sei ein Angeber, ein Lügner und ein vulgärer Mensch, und er erwiderte, man könne jede Frau haben, es bedürfe lediglich eines geringen Aufwands an Planung, das einzige, was eine Frau überhaupt brauche, sei die Gelegenheit – und einen Mann, der sie haben wolle. Und er sei der Mann, dem die Frauen gefielen. Und die Frauen, die er gehabt habe, vergäßen ihn nie.

»Wieso das denn?« fragte Lady Angela, und Susan, die gereizt und sauer auf Leslie Beck war, sagte aus dem Fond: »Wegen der Größe von seinem Ding, Lady Angela, das will er damit sagen.«

»Woher weißt du denn davon?« fragte Leslie Beck überrascht. »Du gehörst schließlich nicht zu meinen Frauen. Noch nicht.«

»Weil Marion ihn zufällig gesehen hat«, sagte Susan, »und sie hat es mir erzählt, und ich habe es Rosalie erzählt, und Rosalie hat es Nora erzählt.«

»Und nun hast du es Lady Angela erzählt«, sagte Leslie Beck hochzufrieden, und dann mußte er sie mahnen, doch rechts zu fahren, weil sie geradewegs auf einen entgegenkommenden Laster zusteuerte. Lady Angela sagte, sie persönlich könne damit nichts anfangen, da sie schwul sei, doch habe sie gehört, die Länge des männlichen Glieds sei für die heterosexuelle Frau nicht wichtig. Was Susan dazu meine? Susan sagte, sie sei nicht in der Lage, solche Vergleiche anzustellen.

Susan teilte mir mit, daß sie sich in dem Augenblick sehr zu Vinnie und uns anderen zurückgesehnt habe, wo man von Essen und Babies sprach. Sie hasse Gespräche über Sex. Doch dieses eine habe sich ihr ins Gedächtnis eingebrannt.

Sie teilte mir mit, daß Leslie Beck kurz darauf ein handgemaltes Schild mit der Aufschrift »Die Madonnen-Tropfsteinhöhlen« am Straßenrand gesehen habe, und so seien sie über einen holprigen Fahrweg zu einem provisorischen Dorf gefahren, das in der Hauptsache aus Cafés und Andenkenläden bestand. Etliche Schilder forderten sie auf, den strahlendhellen Tag gegen schwarze Kälte einzutauschen, die Stalaktiten und Stalagmiten zu besichtigen. Lady Angela lehnte das rundheraus ab: Sie ziehe es vor, erklärte sie, noch so lange wie möglich über der Erde zu bleiben. Höhlen ließen sie an den Tod denken. Sie werde unterdessen Pernod trinken und Postkarten kaufen.

»Daß Sie ja keine Dummheiten machen«, sagte Lady Angela, und Leslie lachte und sagte, würde er ja gern, wenn er könnte, doch bezweifle er, daß das der richtige Ort dafür sei. Er legte sich einen weißen Kricketpullover, diese gestrickte Sorte mit dem vertikalen Zopfmuster, über die Schultern, und verknotete die Ärmel vor der Brust, ehe sie in einen dunklen, klapprigen kleinen Lift stiegen. Sie fuhren mit anderen zusammen auf einem unterirdischen See, dessen Wasser schiefergrau und schrecklich reglos und kalt war; er schien ölig zu sein. Über ihnen wölbte sich ein Himmel aus Felsgestein, und rundherum glühten raffiniert gedrechselte Spitzen aus Tropfstein, rosa, grün und lila. In den zuckenden Lichtern, für die eine vulgäre Verwaltung gesorgt hatte, ließ Susan Leslie Beck ihre Hand halten, während sie mit ein paar Dutzend anderen im Ruderboot den See überquerte, rein-raus, rein-raus die Ruder. Klatsch und schlupp.

»Ist es dir kalt genug?« fragte er. »Ich weiß, du liebst es kalt.«

»Sehen Sie nun nach rechts«, sagte der Führer, »dort hat Mutter Natur eine Nonne gebildet und dort drüben, sehen Sie, die Mutter Maria. Sehen Sie ganz genau hin, dann erkennen Sie, daß sie das Jesuskind an ihre Brust drückt. Gott ist tatsächlich allgegenwärtig.«

Und die Touristen starrten verwundert und dankbar diese Symbole an, die der Schöpfer extra gesandt hatte, und das Boot kippelte ein bißchen im glatten schwarzen Wasser, als sie die Hälse reckten, um zu sehen, welches Stückchen der kristallinen Felsnadel denn nun Jesus war, und alle außer Leslie und Susan waren davon überzeugt, es genau zu erkennen. Susan fröstelte. Wenn ihnen heiß ist, fällt es den meisten Menschen schwer, sich vorzustellen, daß ihnen kalt sein könnte, nicht aber Leslie Beck. »Ich habe es dir ja gesagt«, sagte er. Sie mußte sich, im Boot, an ihn anlehnen, nur um sich zu wärmen. Er legte die Arme um sie. Susan hatte Leslies Angebot ausgeschlagen, sich doch seinen Pullover zu leihen. »Den brauche ich nicht«, sagte sie. Sie trug nur ein leichtes Sommerkleid.

»Gorillaarme«, sagte Susan. »Die sahen schon immer zu lang für seinen Körper aus.«

Das Boot legte an. Die Gruppe folgte dem Führer über ein Gewirr von Pfaden und bestaunte weitere stalaktitische Madonnen – sieh, sieh doch die Hand des Jesuskindes! – und Indianerhäuptlinge mit raffiniertem Kopfschmuck, stalagmitische Kerzenhalter und über ihren Köpfen schwebende Suppenkellen...

»Andersrum«, sagte ich.

»Unterbrich mich nicht«, sagte Susan.

»Entschuldigung«, sagte ich. »Fahr mit deinen Mitteilungen nur fort.« Ich wollte das alles nicht hören. Der Grund, weshalb ich die Marion Loos Gallery besucht hatte, war nicht, daß ich Anitas Bild sehen oder es gar kaufen wollte, sondern weil es möglich war, daß Leslie Beck dort auftauchte, während auch ich da war. Daß das Schicksal uns wieder zusammenführen würde. Ach Liebe, Liebe, wie tief ist die Romantik nicht der weiblichen Seele eingeprägt, daß sie jeder Vernunft spottet, jeder Wahrscheinlichkeit: Die ihr hier eintretet, laßt jede Vernunft fahren – und alle haben wir es getan. Romantik im Kopf, das hat nichts zu tun mit der Begierde der Lenden. Verstehen Sie doch: Während des heißen Sommers vom Berkeley Square liebte ich Leslie Beck überhaupt nicht. Ich wurde von Geheimnissen verführt, was für wahre Liebende dasselbe ist wie Süßstoff im Verhältnis zum Zucker, kalorienfrei, doch auf Dauer krebserzeugend, nicht das Eigentliche, und was bleibt, ist nur ein seltsamer Nachgeschmack im Mund, um einen darauf aufmerksam zu machen, um einen davor zu warnen. Betrug. Alles hat seinen Preis. Von nichts kommt nichts. Weniger Kalorien, mehr Krebs.

Susan teilte mir mit, Leslie Beck habe gesagt: »Folge mir«, und das habe sie getan. Und sie seien schlüpfrige Pfade zwischen glitschigen Felsen hinabgestiegen, die das Management nicht hatte saubermachen lassen, bis die Gruppe nicht mehr zu hören war und nur noch ein Lichtschimmer von oben hereinfiel. Leslie lehnte Susan gegen einen Felsen und bedeckte ihren Körper mit seinem, um sie warm zu halten, und sie vergaß ganz, wie sehr sie ihn verachtet hatte, und als sie etwas im Haar spürte, was seine Hände gewiß nicht waren, sondern, so hätte sie schwören können, Fledermäuse, schrie sie auf und landete schließlich am Boden, den Rücken in einer grünlichen Lache.

»Wir verlieren die anderen noch«, sagte sie, »und werden hier unten sterben müssen. Wir sind nicht abgezählt worden. Niemand wird uns vermissen, nur Lady Angela, aber dann ist es längst zu spät.«

»Ich hätte nichts dagegen«, sagte er, »mein Leben jetzt zu beenden. Du etwa?«

Das rührte sie ungeheuer. Sie sei gefühlsduselig, sagte sie. Sie habe Vinnie geheiratet, weil er ihr erzählt habe, Liebe zu machen, das sei so, als mache man es mit dem Meer, sei etwas Dunkles, Unendliches. Genau das hatte er auch zu mir gesagt, aber das erzählte ich ihr nicht. Ich wäre mir doch zu schäbig vorgekommen, hätte ich ihr etwas genommen, wovon sie gelebt hat, mit dem sie gewachsen ist und wodurch sie ihre Kinder bekommen hat.

»Wir sind hoffnungslos vom Weg abgekommen«, sagte sie zu Leslie, während sie ihm weiter in das wilde Durcheinander der Felsen folgte, die sich so kalt anfühlten, doch voller Vertrauen zu ihm, weil Frauen Männern bei solchen Gelegenheiten nun einmal trauen. Der Weg öffnete sich, und Licht und wärmere Luft fluteten ihnen entgegen, und siehe da, da kam eine andere Gruppe mit einem anderen Führer auf sie zu, die gerade zum Eingang zurückkehrte.

»Du hast den Weg gewußt«, sagte Susan. »Eine Abkürzung, weiter nichts.«

»Wie denn?« sagte Leslie Beck. »Wir haben einfach nur Glück gehabt, weiter nichts.«

Leslie Beck der Glückliche.

Als sie dann jedoch in der Villa bei Bordeaux angekommen waren und Lady Angela Anita gegenüber erwähnte, daß sie bei den Höhlen gehalten hätten, sagte Anita, die unter einer Sonnenallergie litt und deren Augen ganz winzig aus einem glänzenden, rotgeschwollenen Gesicht blickten: »Ach, da halten Leslie und ich jedesmal«, und Susan dachte, sie würde rot, doch wie sollte man das so genau wissen? Es gab Baked Beans, die aus England herübergeschafft worden waren, Orangenmarmelade und Teebeutel sowie zum Abendessen handfeste Schweinekoteletts, und Leslie Beck benahm sich ihr gegenüber, als wäre sie Lady Angela. Nicht einmal ansatzweise ein Flirt, kein Zwinkern, keine Handbewegung, also ließ sie sich nach Bordeaux zum Flughafen mitnehmen.

Susan teilte mir mit, erst da sei ihr aufgegangen, daß sie »ungeschützt«, wie sie es ausdrückte, miteinander geschlafen hatten, und da es die fruchtbarste Zeit ihres Zyklus war, fuhr sie rasch wieder zu Vinnie in die Dordogne, um eventuelle Folgen zu tarnen. Die in der Tat auch eintraten, in der Gestalt von Amanda mit ihrem roten Kraushaar.

Ich teilte Susan nicht mit, wie enttäuscht ich über ihre unerwartete Rückkehr gewesen war – was hätte es für einen Sinn gehabt, an noch mehr alte Wunden zu rühren, alte Erinnerungen aufzurühren? Was ich nicht weiß, macht mich nicht heiß. Anita hatte schon mehr als genug aufgerührt, uns den Vorwurf als Vermächtnis hinterlassen. Anita Becks Rache, auf daß wir der Wahrheit unseres Lebens innewürden: wir, die Treulosen, die wir zugleich doch Treue wollen und erheischen.

Susan teilte mir ihre Besorgnis mit, daß Colin Leslie Becks Sohn sein könnte, wodurch eine mögliche Liaison zwischen Amanda und ihm inzestuös würde. Ich erklärte ihr, da brauche sie sich keine Sorgen zu machen. Ihr eigenes Schuldgefühl mache sie ängstlich, soviel zumindest teilte ich ihr mit. »Colin ist aber doch so offensichtlich Eds Kind«, sagte ich. »Man braucht ja nur hinzusehen.«

»Meinst du wirklich?« fragte sie zweifelnd. »Na gut, aber Ed war sich da nie sicher.«

Das war ein Schlag für mich. Mir wurde ganz kalt. Ich ließ es mir jedoch nicht anmerken.

Dann teilte Susan mir noch mit, als Vinnie ihr erzählt habe, daß ich ihn am Ufer der Dordogne verführt hätte, habe sie vor lauter Empörung Ed erzählt, was Leslie ihr erzählt hatte, daß Leslie und ich es einen Sommer lang miteinander getrieben hätten (Susans Ausdrucksweise: Ich habe eine Liebschaft, du verführst, sie treibt es mit jemandem.)

Küssen und verraten, küssen und verraten. In einer heimlichen Liaison, denken beide Seiten, liege so etwas wie ein Machtausgleich, ein Gleichgewicht des Schreckens, ein gleichwertiges Abschreckungsmittel, und wie oft irrt man sich doch. Päng! Bumm! Und da haben wir's, einen Schutthaufen, der einmal das Leben von Menschen gewesen ist und über den nun verlotterte Kinder krabbeln.

Ich hörte auf, Susan etwas mitzuteilen. Es schien mir doch ein sehr einseitiges Geschäft zu sein.

Ich brachte die Sache Ed gegenüber nicht aufs Tapet. Er hatte es schließlich auch nicht für angebracht gehalten, sie mir gegenüber aufs Tapet zu bringen. Ich fühlte mich albern und verspottet. Entweder hatte er starke Gemütsaufwallungen durchlebt, und ich hatte es einfach nicht bemerkt, oder er war so gut, daß Eifersucht ihm nicht wesensgemäß war, in welchem Falle »gut« eventuell mit »apathisch« zu umschreiben wäre. Ganz gleich, wie, es gefiel mir nicht. Ich erkannte, daß die gemütliche, ruhige Liebe, derer wir uns meiner Vorstellung nach gemeinsam erfreuten, womöglich gar nicht bestand und sie nichts als Gewohnheit war: Eds Bedürfnis, mit jemandem zusammenzuleben, jemanden zu haben, der für ihn einkaufte und kochte und nett zu ihm war, Geld für die Zukunft beiseitelegte und mit ihm fernsah, jemanden, der die Kinder davon abzuhalten versuchte, zu Hause zu rauchen, jemanden, der nachtaus, nachtein neben ihm lag und seine seltenen sexuellen Bedürfnisse in sich aufnahm und stillte.

Oder vielleicht tat er mir ja auch einen Gefallen: indem er bei mir blieb und den Haushalt um der Familie willen zusammenhielt. Mir zwar verziehen hatte, mich jedoch nicht mehr mochte und mir nicht mehr vertraute – eine Halbexistenz an meiner Seite wegen Leslie Beck. Lieber Abend für Abend vor dem Fernseher einnickte, statt mit mir zu sprechen, lebhaft mit Freunden, doch lahm mit mir? Wie viele Männer leben nicht auf diese Weise mit ihren Frauen zusammen? Weil man es ihnen endlich hinterbracht hat.

Anita Beck, das ist eine famose Rache.

ICH SCHREIBE DIES AM MONTAG. AM SAMSTAG SAGTE Rosalie: »Nora, du spinnst. Was hat sich denn seit gestern verändert? Nichts. Und gestern warst du doch glücklich und zufrieden. Also was ist denn bloß in dich gefahren?«

Rosalie wollte den Nachmittag bei Mr. Collier zu Hause verbringen. Ihr zu Ehren hatte er den Swimming-pool volllaufen lassen, worüber sie nicht recht froh war. Sie würde ja im Badeanzug erscheinen müssen und sorgte sich, daß ihre Zellulitis ihn abstoßen könnte.

»Meine Ehe ist auf Lügen aufgebaut«, sagte ich trübsinnig.

»Sei doch froh, daß du überhaupt eine hast«, sagte Rosalie frohgemut. »Wenigstens sind es deine Lügen und nicht seine.«

Sie tat sich Enthaarungswachs auf die Beine. Erst drückte sie Streifen von klebrigem Papier auf die Haut, dann riß sie sie wieder ab, und die Oberfläche war dunkel geworden von den entfernten, unerwünschten Haaren. Es war gleichzeitig faszinierend und abstoßend.

»Ich komme noch zu spät«, sagte sie. »Marion hat stundenlang am Telefon gehangen. Ich wäre froh, wenn Leslie Beck sich wieder in dem Nichts auflösen würde, aus dem er gekommen ist. Alles ist in Aufruhr, seit er aufgekreuzt ist. Marion spielt sogar mit dem Gedanken, Barbara rauszuschmeißen. Kannst du dir so was vorstellen? Wo ist denn Ed heute vormittag?«

»Er mußte ins Büro«, sagte ich.

»Hm«, sagte sie, und ich dachte: Na schön, Vinnie ist weg und Susan am Kew Gardens Square, und ich mache jede Wette, daß Ed nicht im Büro ist, sondern bei ihr drüben. Doch das konnte nur an meiner Paranoia liegen. Manchmal glaubte ich schon, daß mein Verfolgungswahn das einzige starke Gefühl war, von dem ich derzeit besessen war und das mich irrational werden ließ. Von der Liebe war nichts übriggeblieben als die Angst vor dem Verlassenwerden, das um sich tretende, schreiende Kind, in seinem Anfall jeglicher Wirklichkeit enthoben, und der Drang zu schauen richtete sich nicht mehr nach außen, sondern wandte sich ins vergiftete Dunkel nach innen.

Weder Mr. Collier noch Mr. Render sind heute im Büro. Ich kann soviel mit meinen Seiten rascheln, wie ich will, noch ein bißchen an der Szene in der Marion Loos Gallery weiterarbeiten, wie Marion sie zunächst Rosalie und Rosalie sie dann mir geschildert hat. Zweifellos haben sich Fehler eingeschlichen, aber das ist ja gerade das Vergnügliche daran. Die Wahrheit ist doch ein allzu gestrenger Meister, als daß es keinen Spaß machen würde, ihn übers Ohr zu hauen. In jedem Fall hilft es mir, meine eigene mißliche Lage zu vergessen, wenigstens für eine Weile.

Also sehen wir der Szene ins Auge: Marion steht und starrt das Bild von Anita Beck an. Sie hält die Kulturseite des Guardian in der Hand, und dort heißt es: »Gruppenausstellung bei Marion Loos – von Melanie Deutsch«. Es ist zwar nicht der Hauptartikel auf der Seite, aber das konnte man bei einer solchen Ausstellung auch nicht erwarten. Trotzdem ist er von beachtlicher Länge, was gut ist, wenn in ihm auch von einer »kleinen, liebevollen Ausstellung« die Rede ist. Es gibt sogar ein Foto. Es zeigt das Bild von Anita Beck, das zu Marions Überraschung in Schwarzweiß erstaunlich gut wirkt. Zweifellos hatte man es deshalb auch ausgewählt. Ein großer Teil des Artikels beschäftigt sich mit Melanie Deutschs spezieller Kunstauffassung, deren zentraler Gedanke darin besteht, daß es einer großen Menge belangloser Bilder bedarf, damit ein gutes entstehen kann, und die Folgerung liegt nahe, daß Anita Becks dasjenige auf dem Gipfelpunkt der Pyramide ist. Marion hat mit so etwas zwar keine Geduld, aber da sie auf acht von zehn Bildern rote Punkte sieht, wenn sie sich in der Galerie umschaut, macht sie sich deshalb auch nicht allzuviele Gedanken. Wenigstens hatte niemand, was durchaus hätte sein können, mit einem gewissen Recht behauptet, Marion Loos habe sich den Schneid abkaufen lassen, gehe auf Nummer sicher – wo die Rezession so sehr drücke, schlage das eben auch auf die Qualität durch.

Sie hat vier Angebote für das Bild bekommen und sie alle ausgeschlagen; zwei von gewöhnlichen Spekulanten, eins von Nora und eins von Susan. Gewöhnlich ist sie nicht so schrullig, im Gegenteil. Sie vermutet, daß sie Leslie Beck eins damit auswischen möchte oder daß sie vielleicht das Bild einfach nur selbst behalten will. Sie hätte es in eine dunkle Ecke ihrer Wohnung hängen können, und niemand hätte es groß bemerkt. Jetzt aber, wo ein Foto davon im Guardian steht, ist die Lage eine völlig andere.

Auftritt von Leslie Beck, der die Zeitung schwenkt.

Leslie: Du hättest es wenigstens um zweitausend teurer auszeichnen sollen. Ich hab's dir ja gesagt.

Marion: Du hast wohl nicht zufällig mit Melanie Deutsch geschlafen?

Leslie: Marion, das alles ist lange vorbei. Ich bin ein alter Mann. Du mußt unbedingt zu mir kommen, ich habe wenigstens zweihundert Leinwände dort.

Marion: Sie muß ja schwer geschuftet haben, ehe sie starb.

Leslie: Hat sie auch. Und ich habe sie dazu angehalten. Ich war ihre Muse. Ich bin aufgeschmissen ohne sie. Ich werde allein alt werden müssen ... Fühlst du dich nicht auch allein, Marion? Fühlst du nicht, wie sich Finsternis langsam herabzusenken beginnt? Wie die Lebenskraft zu schwinden beginnt?

Marion: Ich habe die Galerie, ich habe meine Freunde, ich habe meine Arbeit. Nein.

Leslie: Und deine Katzen. Ich habe gehört, du hast Katzen. Das beunruhigt mich. Das sieht aber arg nach dem Leben einer alten Jungfer aus, Marion.

Marion: Woher weißt du denn, daß ich Katzen habe?

Leslie: Jemand hat es mir erzählt. Ja, deine entzückende Mitarbeiterin. Deine Barbara. Angeblich war sie mit Melanie Deutsch auf dem College. Wo ist Barbara denn überhaupt?

Marion: Keine Ahnung. Sie kommt zu spät.

Auftritt Aphras.

Aphra: He, alter Widerling. Wie geht's denn so?

Leslie: Sieh da, ein Lichtschimmer in meinem Leben!

Aphra: Wer ist denn dann das Flutlicht? Ich weiß schon. Barbara. Ihre Generation kann es doch einfach nicht lassen. Immer mit raushängender Zunge. Wissen Sie, was solche wie Sie unsereinem vermacht haben? Aids. Hab ich gerade eben bei jemand in der Zeitung gelesen. Im Zug.

Das Telefon läutet. Marion nimmt den Hörer ab. Es ist die Tate Gallery. Sie wollen alles über Anita Beck wissen; wie umfangreich ihr Werk ist. Ob sie es besichtigen können, wer die Testamentsvollstrecker sind, ob die Rechtslage schwierig ist? Statt sie direkt an Leslie Beck weiterzureichen, sagt sie, sie rufe zurück. Sie haßt Leslie Beck. Sie fragt ihn, ob Anita Beck ein Testament hinterlassen habe, und Leslie sagt nein, und Marion erklärt, in dem Falle könne er bis nach der gerichtlichen Bestätigung seiner Erbberechtigung nicht über die Bilder verfügen und so was könne Jahre dauern.

Leslie: Auf welcher Seite stehst du eigentlich, Marion?
Marion: Auf Anitas.

Und nun weiß sie es, und ihr ist wohler zumute. Leslie geht, von Angstgefühlen überkommen. Auftritt Barbaras mit dem Baby auf dem Arm.

Barbara: Entschuldigen Sie, Marion. Aber ich wußte nicht, was ich machen sollte. Ben weigert sich, noch länger auf Holly aufzupassen. Ich hätte nie für möglich gehalten, daß es soweit kommen könnte. Ich dachte, er wäre wirklich ein liebevoller Vater. Doch sein Büro hat die Gleitzeit abgeschafft, und er sagt, seine Stelle wäre wichtiger als meine; die paar Krümel, die ich verdiente, und überhaupt bräuchte ein Baby die Mutter. Die Wahrheit ist, daß es die ganze Zeit immerzu nur Ärger und Klagen gibt, seit das Kind geboren ist. Wir sind beide ständig so müde, und Geld für ein richtiges Kindermädchen ist auch nicht da, und daß das mal so werden könnte, wie sollte ich das denn wissen?
Aphra: Warum hast du mich nicht gefragt, ich hätte es dir sagen können.
Marion: Jetzt trollen Sie sich mal, Aphra. Ich will von Ihren Eheproblemen nichts hören, Barbara. Das ist hier Ihr Arbeitsplatz und keine therapeutische Praxis. Und Sie hätten wegen des Kindes anrufen sollen, statt es einfach mitzubringen.
Barbara: Das Telefon war den ganzen Morgen besetzt. Wir brauchen einen zweiten Anschluß.

Marion: Nun erzählen Sie mir bitte nicht, wie ich mein Geschäft zu führen habe.

Barbara: Und ich dachte, Sie wären guter Laune, wegen der Anita Beck im Guardian. Ich dachte, Sie wären richtig froh darüber.

Marion: Sie sind kein kleines Mädchen mehr, Barbara. Und wir spielen hier keine Spielchen miteinander.

Barbara: Sie sind nur eifersüchtig, weil Leslie Beck mir Anitas Bilder gezeigt hat. Und weil ich einen Draht zum Guardian habe und Sie keinen mehr. Er hat gesagt, daß Sie sein Au-pair-Mädchen waren. Stimmt das?

Das Baby fängt zu weinen an.

Marion: Ich glaube, es ist besser, Sie bringen das Kind wieder nach Hause, Barbara, und zwar sofort. Leute gehen in Galerien, um ihre Babys mal hinter sich zu lassen. Ich glaube, Ihr Mann hat ganz recht. Der Platz einer Mutter ist zu Hause bei ihrem Kind. Sie sind wahrscheinlich überqualifiziert für diesen Job.

Barbara fängt ebenfalls zu weinen an.

Barbara: Aber ich arbeite doch gern hier. Ich will ja hier arbeiten, es ist ja bloß... Wie soll ich das denn alles schaffen? Nach der Arbeitszeit geht zu Hause die Arbeit erst richtig los, und nie sagt einem einer, daß man schön ist oder schert sich darum, wie man das alles schafft. Alles sorgt sich nur um das Baby. Und dann nehme ich mir mal einen Abend frei, ein einziges Mal nur, und nun seht euch an, was passiert. Ben wird hysterisch, und Ihnen verdirbt es die Laune. Warum brennen Sie denn nicht einfach mit ihm durch, Marion? Er ist Ihre letzte Chance. Armer Mann, er ist so traurig. Seine Frau ist gestorben. Ich bin ja nur dageblieben, um ihn zu trösten, und er konnte sowieso nicht. Er hat gesagt, er wäre wie König David, und ob ich ihn nicht die ganze Nacht einfach bloß wärmen könnte, doch ich mußte gehen, wegen Ben. Ich dachte, wir wären alle Freunde.

Aphra hat das Baby übernommen. Sie hat ihm den Knöchel ihres Handgelenks in den Mund gesteckt.

Aphra: Ich glaub, so eins möchte ich auch gern ...
Marion: Ihr seid beide entlassen.

Doch sie nehmen beide keine Notiz von ihr und gehen in ihr Büro, um sich einen Kräutertee aufzubrühen, zum Streßabbau. Marion hätte gern geweint, doch das Telefon klingelt immer weiter, und sie muß nun für drei arbeiten, also kann sie es nicht.

Soweit zu Marion. Zurück zu Rosalie, die gerade am Samstag morgen das Enthaaren ihrer Beine mit Depilierwachs beendet und mit mir spricht, während ich mich frage, ob Ed wirklich da ist, wo er angeblich ist, im Büro. Rosalies Beine sind jetzt zwar glatter, als sie waren, doch nicht mehr so jung, wie sie mal waren, und sie muß noch sehr viel mehr Gewicht verlieren. Ich fragte mich, ob ich einen anderen finden würde, falls Ed mich verließe, und wenn ich den an mich binden könnte, ob ich das auch wollte?

»Rosalie«, sagte ich, »da ist etwas im Zusammenhang mit Mr. Collier, das du wissen solltest.«

»Er hat mir schon gesagt, daß früher oder später die Leute kommen würden, um mich zu warnen«, sagte Rosalie. »Er ist ein Massenmörder. Ich weiß. Er hat es mir erzählt.«

»Das ist aber kein Scherz.«

»Jedenfalls«, sagte Rosalie, »hatte sie es verdient. Stell dir mal vor, einem Mann so was anzutun, ihm in seinem eigenen Haus Hörner aufzusetzen, in ihrem Badezimmer. Bäder sind noch schlimmer als Betten. Wenigstens hat Leslie Beck es mir draußen besorgt und nicht im Bett seiner Frau.«

Sie war wütend auf mich. Ich wußte, sie würde wütend werden. Sie starrte sich im Spiegel an.

»Leslie Beck oder ein Massenmörder? Wo ist da der Unterschied?« Dann lenkte sie ein, lächelte mir zu und gab mir einen Kuß auf die Wange. Ich konnte tausend Lotionen, tausend Düfte riechen: sämtliche Aromen der Vergangenheit.

»Natürlich hat er es nicht getan«, sagte sie. »Er ist einfach nur an eine fürchterliche Frau geraten und hat sie geheiratet, aber jetzt hat er mich kennengelernt, und jetzt werden wir uns zusammen um den Pekinesen kümmern.«

»Und was wird aus Bingo?«

Bingo war Wallaces Name für die letzten irischen Setter der Familie. Rosalie hatte anfangs noch versucht, ihn Hector zu rufen, doch mit den Jahren hatte sich Bingo durchgesetzt. Ich fragte mich, ob Wallace und Mr. Collier wohl irgend etwas verband, und gelangte zu dem Schluß, daß sie beide einen Hang zum Drastischen hatten. Beide hatten Schlagzeilen gemacht.

»Ich könnte Bingo ja auch weggeben«, sagte Rosalie, und ich dachte: Na denn, das ist das Ende von Wallace und wahrscheinlich auch von Bingo. Sie konnte ihn noch nie leiden. »Sei unbesorgt«, sagte sie, »ich nehme ihn mit, falls es je soweit kommen sollte, doch das wird es wahrscheinlich nicht«, und sie strich mir über die Wange. Ich berühre nur selten andere Frauen. Rosalie hat damit hingegen kein Problem. Wenigstens »teilt« sie mir nichts »mit« wie Susan. »Ich glaube nicht, daß Wallace abgestürzt ist«, sagte Rosalie. »Ich glaube, er ist gesprungen. Wir hatten nämlich unmittelbar vor seinem Aufbruch Streit. Er betrachtete Catharine, die sich gerade die Haare hatte abschneiden lassen, so daß sie sich auf dem ganzen Kopf krausten, und meinte, sie erinnere ihn an jemanden. Wer das nur sein könne? Ich nannte die eine oder andere Tante, von meiner wie von seiner Seite, doch er schüttelte immer wieder den Kopf. Also sagte ich, vielleicht sei es ja das Gesicht, das ihm aus dem Spiegel entgegensehe, und ich erinnerte ihn an das, was Jocelyn Beck einst gesagt hatte: ... seinem Vater wie aus dem Gesicht geschnitten ..., und ich nehme an, es lag an meiner Stimme, daß Wallace daraufhin sagte: »Ach ja, die Becks, damals in den Zeiten von Primrose Hill. Jetzt weiß ich, wer es ist. Leslie Beck.« Und dann hörte er auf zu reden. Die ganze Nacht und den ganzen nächsten Morgen sagte er kein einziges Wort zu mir. Und dann fuhr er zum Matterhorn, wegen dieses Reklame-Gipfelsturms. Das Matterhorn ist eine Kleinigkeit, jeder Tourist schafft das, aber im Film macht es immer was her. Ich glaube, es war für eine Fernsehreklame für Diät-Cola.«

»Wie tief wir doch alle gesunken sind«, sagte ich. »Früher ging es beim Bergsteigen um Reinheit, Einsamkeit und geistige Zielsetzungen, heute um Coca-Cola.«

»Ich glaube eher, es war Diät-Pepsi«, sagte Rosalie. »Die mochten wir beide lieber. War nicht so süß. Aber ›Leslie Beck‹ waren die letzten beiden Worte, die Wallace zu mir gesagt hat.«

Und Rosalie brach auf zu Blaubarts Schloß, um sich am Swimming-pool Mr. Colliers, des Verrückten Elektromörders, zu sonnen und wegen ihrer Zellulitis zu sorgen, und ich ging nach Haus und fand Ed mit einem Manuskript im Garten hinter dem Haus. Der Rasen mußte zwar gemäht werden, doch ich sagte nichts. Ich hätte mich nur einfach nicht reinen Gewissens zum Lesen auf einen Rasen setzen können, der so hoch war wie unserer, und ich war überrascht, daß er es konnte.

»Der Tag war einfach zu schön, um im Büro zu bleiben«,

sagte er, »also habe ich mir ein paar Manuskripte mit nach Hause gebracht.«

Ich konnte es mir einfach nicht verkneifen, ihn zu fragen: »Hast du das Foto im Guardian gesehen? Das Bild von Anita Beck? Du erinnerst dich doch an die Becks, damals in den Zeiten von Primrose Hill?«

»Ich dachte, die hieß Jocelyn«, sagte er, aber immerhin sprach er noch mit mir, anders als Wallace mit Rosalie.

»Das war die Frau vor Anita.«

»Ich finde uns schon bemerkenswert«, sagte er, »dich und mich – so lange miteinander verheiratet zu sein, wenn man bedenkt, wie es heute in der Welt so zugeht.«

Und er lächelte mich so lieb an, daß mir wohler zumute würde, bis mir der Gedanke kam, vielleicht sei sein Lächeln ja wie ein Blumenstrauß, der zur Beschwichtigung von Schuldgefühlen überreicht wird. Vielleicht sind ja gerade finstere Mienen und leere Vasen Kennzeichen glücklichen Zusammenlebens.

TAGS DARAUF WAR SONNTAG, UND ED GING MIT COLIN und Amanda im Park spazieren. Ed schien ruhig, fröhlich und zahm wie immer. Ich gab mir Mühe, Colin nicht anzustarren; ich hatte es überhaupt nicht nötig, mich davon zu überzeugen, daß er wirklich Eds Kind war – selbstverständlich war er das. Es war nur so, daß die Vernunft selbst langsam durcheinandergeriet. Es war ganz ausgeschlossen, daß Colin von Leslie Beck war. Es sei denn, Sperma trödelte herum und kam nicht vom Fleck – was ja eigentlich nicht der Fall sein sollte, doch wie konnte man das so genau wissen? Es war niederschmetternd, allzu gründlich über die Ursprünge solch strapaziöser Kinder nachzudenken: Wie durch Zauberhand kamen sie auf die Welt, wie durch Zauberhand überdauerten sie. Dabei sollte man es doch wohl belassen können?

Und Colin, so stellte ich fest, während ich die drei beobachtete, wie sie in Richtung Park gingen, hatte einen derart ähnlichen Körperbau, wenn er auch im Ganzen größer war, so sehr die Figur seines Vaters, daß ich von meinen Spinnereien völlig kuriert wurde. Er hielt Händchen mit Amanda, die Leslie Becks krauses rotes Haar hatte und die Munterkeit und Tüchtigkeit ihrer Mutter, Gott sei Dank aber mehr Zartgefühl besaß als sie. Ich hatte beschlossen, daß ich zwar höflich zu Susan sein wollte, wenn und falls ich sie sah, mich jedoch nicht in ihre Gesellschaft begeben würde, wenn es sich irgend vermeiden ließ.

Sowie sie weg waren, ging ich zur Telefonzelle an der Ecke und rief Leslie Beck an. Ich brauchte ein paar Minuten, um den Mut dazu zu finden. Die Nummer wußte ich noch auswendig. Es war, als wäre ich wieder ein Backfisch. Es war dieses Gefühl, das ich längst vergessen zu haben glaubte: am Kreuzungspunkt tausend verschiedener Wege zu stehen und auf Schritt und Tritt den Hauch des Abenteuers zu spüren. Ich erkannte, was der Lauf der Zeit da abgeschliffen hatte: das Gefühl für das andere, das Denken in Alternativen, und das war keine schöne Erkenntnis. Ich bin alt, dachte ich, zwar nicht so alt wie Leslie Beck, der es nicht mehr bringt – was sonst konnte ich von ihm denn schon wollen als das? Doch, ich brauchte etwas von ihm, eine Bestätigung, ein Bild meiner Selbst als junger Frau, das ich in seinen Augen finden wollte. Eds Blick spiegelte mir nichts mehr von mir wider, gar nichts.

Und ich ging zur Telefonzelle: Mein eigenes Telefon wollte ich nicht benutzen. Es war die Gewohnheit der Vergangenheit, die sich hier wieder meldete, die Erregung des Versteckspiels. Ich hatte zwar nichts zu verbergen, fürchtete aber dennoch, jemand könnte mithören, vielleicht wurde ja auf irgendeine mysteriöse Weise meine Stimme vom Anrufbeantworter aufgezeichnet. Die Technologie mag der Freund des Mannes sein, in jedem Fall jedoch ist sie die Feindin der Frau, die etwas zu verschweigen hat.

Leslie Beck nahm ab. Seine Stimme hatte sich nicht verändert.

»Ja, Leslie«, sagte ich, wie ich es geübt hatte, »wie schön, nach so langer Zeit wieder einmal deine Stimme zu hören. Hier ist Nora. Es hat Ed und mir so leid getan wegen Anita. Es muß eine sehr schlimme Zeit für dich gewesen sein.«

Am anderen Ende der Leitung herrschte Schweigen. Ich plapperte weiter.

»Marion hat mir erzählt, Anita hätte gegen Ende gemalt. Ich habe mich gefragt, ob vielleicht noch andere Bilder von ihr zu haben sind, aber vielleicht verkaufst du ja nur über Marion? Ich habe das Bild im Guardian gesehen – natürlich ist das nicht der Grund, weshalb ich...« Ich hatte mich verhaspelt. Es klappte überhaupt nicht. Dann sagte er: »Das hast du aber vorher geübt, Nora.«

»Mein Gott, Leslie«, sagte ich mit meiner normalen Stimme. Die andere hatte sich angestrengt und quäkig angehört.

»Warum bist du denn nicht zu der gottverdammten Beerdigung gekommen?«

»Weil ich nicht mochte«, sagte ich. Es war rührend. Ich hatte ein schlechtes Gewissen.

»Was ihr Weiber offensichtlich alle nicht einsehen wollt«, sagte Leslie Beck, »ist, daß Anita mich verstanden hat. Warum kommst du mich nicht besuchen?«

Ich wollte nicht. Ich hatte nur seine Stimme hören wollen. Es war wie mit den alten Familienschnappschüssen aus einer Schachtel: Ich wollte mich meiner als einer anderen Person, einer Fremden, erinnern.

»Ich hatte eigentlich vorgehabt, mich langsam ans Kochen zu machen«, sagte ich albernerweise. Ich hätte genausogut neunzehn sein können.

Leslie Beck meinte, ich solle von meiner Erfindungsgabe Gebrauch machen. Ich sei im Erfinden schon immer gut gewesen. Anita habe das bewundert. Also tat ich es. Ich ging nach Hause und hinterließ eine Nachricht auf dem Küchentisch: Ich sei zu Rosalie gegangen, sie fühle sich nicht wohl. Was sie davon hielten, alle zusammen im Golden Friar zu essen? Die hätten ein spezielles Sonntagsmenü. Ich würde versuchen, dort zu ihnen zu stoßen – und nahm die Bahn zu Leslie Beck.

NO. 12 ROTHWELL GARDENS WAR BAUFÄLLIG UND VERwohnt. Vor dem Grundstück stand ein »Zu verkaufen«-Schild. Wie auch noch vor vier anderen Häusern der Straße. Die Leute, die sich im Hinblick auf ihr Hauseigentum und ihren Lebensstil gerade erst kürzlich verbessert hatten, traf die Rezession am härtesten: das gehobene Management, gefragte Architekten, Rechtsanwälte. Die Geschäfte gingen sämtlich schlecht, außer dem der Schuldenansammlung, das florierte.

Leslie Beck öffnete mir die Tür. Er war im Morgenrock. Seine Füße waren nackt. Er entschuldigte sich. Er sagte, er glaube, er habe die Grippe. Er sei nicht ganz auf dem Posten. Sein Gesicht wirkte eingeschrumpft. Sein Haar war inzwischen sandfarben, nicht mehr rot, und eher spärlich. Der volle Mund war schmal geworden.

»Gut siehst du aus, Nora«, sagte er. »Ich habe heute einen schlechten Tag. Manchmal ist die Niedergeschlagenheit schlimm, manchmal verfliegt sie. Es ist einsam ohne Anita. Ich habe einfach alles liegen und stehen lassen.«

Das hatte er. Die Fußböden waren seit einiger Zeit nicht gefegt und die Teppiche nicht gesaugt worden. Alles lag, wo es gerade fallen gelassen worden war, auf höchst befremdliche Weise. Die Möbel, die man aus irgendeinem Grund in die Zimmermitte gerückt hatte, waren einfach dort stehengeblieben. Die Anrichte stand zwei Handbreit von der Wand entfernt, das Sofa der Tür gegenüber – als hätte Leslie seinen Lebenseifer mitten während der Jagd nach einer Maus eingebüßt. Socken lagen herum, Orangenschalen; alte Zeitungen, Rezepte und zerrissene Briefumschläge mit draufgekritzelten Telefonnummern stapelten sich auf dem Tisch, und leere Plastiktüten lagen dort am Boden, wo sie hingefallen waren, und manche waren noch voll mit Katzenfutter. Sämtliche Topfpflanzen waren tot.

»Kommt Polly dir denn nicht helfen?« fragte ich.

»Polly und ich haben uns gestritten«, sagte er. »Sie ist ein Miststück. Alle meine Töchter sind Miststücke.«

»Amanda nicht«, wollte ich schon sagen, »und Catharine auch nicht«, aber ich ließ es bleiben. Es war in letzter Zeit weiß Gott genug mitgeteilt worden. Und ich fragte auch nicht, worum es bei dem Streit gegangen war.

»Und Anita«, sagte er, »hat natürlich gegen Ende das Interesse am Haus verloren. Sie hat sich einfach nur in ihr Atelier eingeschlossen und immerzu gemalt. Am Schluß ist sie wirklich zu ihrem Recht gekommen.«

»Was wir brauchen«, sagte ich, während ich mich in der ekelhaften Küche umsah, »ist, daß Marion hier wieder einzieht und für Ordnung sorgt.«

»Ich dachte, du würdest das vielleicht tun«, sagte er und legte einen dürren Finger auf meinen Ärmel.

»Da hast du falsch gedacht«, sagte ich.

»Du hast wohl nicht zufällig irgendwelches Geld über?« fragte der arme alte Leslie Beck. »Bis die Einkünfte aus den Bildverkäufen hereintrudeln, werde ich wohl in der Patsche sitzen, wie alle anderen auch.« Ich sagte nein, das hätte ich nicht. Ich sagte, ich hätte fünftausend Pfund in einer Baugesellschaft, alles, was vom Erbe meines Vaters noch übrig sei. Der Rest sei in die Ausgaben fürs tägliche Leben gesickert. Ed und ich, so ging mir jetzt auf, konnten es uns gar nicht leisten, uns scheiden zu lassen. Er hatte für das Lebensnotwendige gesorgt, ich für den Komfort.

»Warum kaufst du denn dann nicht jetzt gleich ein Bild?« fragte er. »Und sparst die Kommission der Galerie?« Das schien zwar Marion gegenüber nicht ganz fair zu sein, doch Marion war schließlich reich wie ein Krösus, das wußte jeder, und außerdem hatte sie Leslie Becks Kind verkauft und verdiente vielleicht keine allzu große Rücksichtnahme.

Er führte mich die staubige Treppe hinauf und mußte sich dabei am Geländer festhalten. Ich dachte, daß er ja die Alter-Mann-Nummer vielleicht nur übertrieb und sich, um Mitleid zu erhaschen, auf die Masche verlegt hatte und es würde im Bett enden, falls er dazu noch imstande wäre, hoffte es jedoch nicht. Das Verlangen nach ihm war mir vergangen, und es war traurig. Es machte Schluß mit irgend etwas in meinem Innern, einer heimlichen Zuflucht; als hätte jemand ein »Zimmer frei«-Schild ins Fenster eines kleinen Hotels gehängt und es röche nach Scheitern, schwindender Hoffnung und schrumpfendem Einkommen.

Wir gingen eine schmale Wendeltreppe hinauf, wo Katzenwürste, trocken und krumm, im Staub lagen, bis auf den Dachboden. Ich fragte mich, was wohl aus der Katze geworden war – Leslie hatte sie nie leiden können. Er öffnete die Tür, und Farbgeruch kam herausgeströmt wie Lärm, traf uns wie Strahlung. Mir wurde klar, warum Leslie Beck so abgebaut hatte: Wenn man allzu lange in einem starken Kraftfeld steht, dann rafft einen das schlicht hinweg. Der Geruch von frischer Ölfarbe und Terpentin hing immer noch in der Luft. Der Dachboden war ausgebaut, drei Räume waren zu einem geöffnet und große, quadratische Oberlichter ins Dach eingebaut worden, durch die nun die Mittagssonne hereinschien.

Ich hoffte, daß Eds Spaziergang im Richmond Park schön gewesen war. Selbst dort ist es manchmal heiß, staubig und voller Abgase. Er mußte mittlerweile wieder zurück sein. In diesem Moment würden sie sich wohl für den Golden Friar fertig machen und sich über meine Abwesenheit beschweren. Womöglich riefen sie sogar bei Rosalie an, doch da würde niemand antworten. Sie aß mit Mr. Collier, den ich künftig doch Sandy zu nennen versuchen sollte, wie sie es tat.

Die Sonne fiel auf die Leinwände, die jeweils zu mehreren an den Wänden lehnten, und sie reflektierten das Licht, das mich so sehr überrascht hatte, als Leslie Beck die Tür aufmachte. Es gab Teppiche, Bücher und Fotografien, getrocknete Blumen und bemalte Wandschirme, verstaubte Farbe in Schraubgläsern, das ganze Beiwerk eines Ateliers. Es herrschte der Eindruck jener Üppigkeit, um die Vinnie immer bemüht gewesen war und die er nie hatte erreichen können. Doch wie hätte ihm das denn auch gelingen sollen, wo er doch mit Susan zusammenlebte? Als wir noch jung waren, dachte ich, kündigten unsere Fehlschläge sich nicht vorher an. Sie waren in Fleisch gekleidet, von Fruchtbarkeit ummäntelt, gingen im Gelächter unter, in Trunkenheit, in Öl und Knoblauch, Pfirsichen und Tomaten, Gelächter und Gesprächen, all dem, das wir Anita Beck verweigert hatten, weil wir sie verachteten, und doch hatte sie bewahrt, was sie vermochte, und es uns zurückgegeben.

Anita hat starke Farben verwendet. Das Bild, das Leslie Beck zu Marion Loos gebracht hatte, war von all ihren Werken das sanfteste und zaghafteste. Ich wußte nicht recht, ob sie mir gefielen, doch was verstand ich schon davon? Und sowieso, was hatte das schon mit einem Bild zu tun, ob es einem gefiel oder nicht? Marion duldete nie, daß man in Bezug auf ein Bild von Mögen sprach. Das ist nichts Subjektives, das hat nichts mit euch zu tun. Es ist etwas Objektives, etwas, das man einschätzen können muß. Entweder hat man ästhetisches Empfinden, oder man hat es nicht. Und wenn man Genaueres über das ästhetische Empfinden wissen wollte, dann sagte sie nur, daß es mit der individuellen Fähigkeit zum sittlichen Handeln zu tun habe. Also gaben wir es auf, da wir argwöhnten, daß sie uns klarzumachen versuchte, sie sei besser als alle anderen, sogar als Susan.

Da gab es ein Bild von einem halbfertigen Gebäude mit einer Plattform im vierten Stockwerk und einem kleinen Käfig und der Andeutung winziger Menschen, die sich in der Farbe verloren. Sie hatte die Farbe gern dick aufgetragen; Schicht legte sich über Schicht. Da war eins von einem Schlafzimmer, das nach einem der schäbigen kleinen Hotels um Kings Cross Station aussah. Da war eine Seelandschaft: Die Flut kroch um eine Landzunge herum und brach sich an den Klippen, und es war nur ein kleiner, schmaler leuchtender Sandstreifen übriggeblieben. Es gab eine erstaunliche Höhle mit Stalaktiten und Stalagmiten, die zu furchteinflößenden Gestalten verzerrt waren, eine auf die andere getürmt und verwirrend wie bei Hieronymus Bosch. Und jede Menge Schlafzimmer, manche ganz bescheiden, manche fast gewöhnlich, doch alle sympathisch, als habe sie nicht so recht gewußt, was sie von ihnen halten sollte, habe sich dann aber entschlossen, nett zu ihnen zu sein. Und dann gab es ein Bild von einem Souterrainzimmer und darin eine eigenartige Pilzzucht. Das schien mir nicht so geglückt zu sein.

»Ich war ihre Muse«, sagte Leslie Beck. »Keiner würde das von mir denken, doch so war es. Sie wollte, daß ich ausging, sie brauchte mich, sie benutzte mich. Es war ihre Lebenskraft, nicht meine. Ich war gar nichts. Nur eine Art Pinsel, den sie benutzte. Sie blieb da, ich ging aus dem Haus. Sie schickte mich hinaus.«

Er weinte.

Der Anblick war mir zuwider. Ich nahm an, daß ich nun wohl die Arme hätte um ihn legen sollen, aber ich tat es nicht.

»Aber natürlich«, sagte er, »finden Frauen nicht die Anerkennung, die sie verdienen. Ich könnte das alles genausogut anzünden. Was bringt es denn?« Ich fragte ihn, welches ihm denn am besten gefalle, und er suchte und zog dann das mit dem unvollendeten Neubau und der hölzernen Plattform im vierten von achtundzwanzig Stockwerken heraus. Und ich war außerordentlich erfreut. Ich hatte gefunden, weshalb ich gekommen war: das Gefühl der Auszeichnung, das Gefühl, etwas Besonderes zu sein, nicht die Letzte von uns allen, nicht die, mit der Ed es aushielt oder auf die Vinnie verzichten konnte, die Susan verachtete und Rosalie verspottete, sondern die, deren Energien Anita Beck am besten auf die Leinwand hatte übertragen können. Ich weinte ebenfalls, und dabei war Weinen nichts mehr für mich, ich konnte es nicht mit Anmut tun.

»Es kostet zwölftausend Pfund«, sagte Leslie Beck, als er sich erholt hatte.

»Das kann ich unmöglich«, sagte ich.

»Ich kann mir nicht leisten, es billiger wegzugeben.«

»Das ist völlig ausgeschlossen.«

»Vielleicht könntest du es dir ja mit Susan teilen«, sagte Leslie.

»Ach nein, lieber nicht«, sagte ich.

»Dann nimm doch ein billigeres«, sagte er. »Eins von den Schlafzimmern.«

»Da wüßte ich aber doch nicht, wo es war«, sagte ich, und er besaß den Anstand zu lachen. Wir gingen, schlossen die Tür vor jenem eigenartigen Elektrizitätswerk und gingen hinunter durch die schmuddeligen, unordentlichen Zimmer und Flure, die das Atelier nur noch mehr hervorhoben, wie, so hatte mir Marion einmal versichert, ein besonders trostloser Rahmen manchmal ein besonders lebendiges Bild noch stärker betonte.

Ich ging nach Hause. Als ich die Tür öffnete, stand mir Colin gegenüber. Er schien wütend und verstört.

»So schlecht kann der Golden Friar aber doch nicht gewesen sein«, sagte ich.

»Es ist nicht zum Lachen, Nora«, sagte Amanda, »es ist schrecklich.«

»Flittchen«, sagte der gewöhnlich so höfliche und liebevolle Colin zu mir, ging in sein Zimmer und knallte die Tür hinter sich zu.

»Was ist denn bloß los?« fragte ich beunruhigt. »Wo ist Ed?«

Ich war müde, ich war aufgewühlt, ich hatte das Gefühl, nicht mehr viel vertragen zu können. Da plätschert das Leben nun vor sich hin, jahraus, jahrein, alles eitel Sonnenschein, und plötzlich fliegt alles auseinander. Ich hatte Kopfweh.

»Ich glaube, Ed ist weg«, sagte Amanda, und ich legte abrupt einen anderen Gang ein. Ich hatte zwar vermutlich immer noch Kopfschmerzen, merkte es aber nicht mehr.

»Colin und ich sind Bruder und Schwester«, sagte Amanda. »Behauptet Ed jedenfalls. Na gut, Halbbruder und Halbschwester. Also können wir auch nicht im selben Zimmer schlafen, nicht unter seinem Dach, sagt Ed. Er ist durchgedreht.«

»Aber das ist doch nicht wahr«, sagte ich. Ich ging zu Colin hinauf und trat solange gegen seine Zimmertür, bis er sie aufmachte.

»Das ist doch heller Wahnsinn«, sagte ich. »Du bist der, der du sein sollst. Du bist Eds Sohn.«

»Nun mach doch nicht so was, Colin«, sagte Amanda. »Du erschreckst einen doch.« Sie wollte mich die Sache nicht in Ruhe bereinigen lassen. Sie wollte einfach nicht weggehen. Sie stellte sich auf den Standpunkt, da Ed mit seiner Behauptung, sie sei nicht Vinnies Tochter, schon so schiefliege, dann liege er wahrscheinlich auch schief, wenn er behauptete, Colin sei nicht sein Sohn. Das Problem bestehe allein darin, daß Ed wahnsinnig geworden sei. Ich erkannte ihre Mutter in ihr wieder.

»Colin«, sagte ich, »laß dein Blut untersuchen, deine Gene, alles, was du willst. Ich bin ganz bestimmt nicht beleidigt. Aber du bist Eds Sohn.«

»Warum hat Dad denn dann gesagt, ich wäre es nicht?« fragte Colin. »Und wer ist überhaupt dieser Leslie Beck?«

Ich sah die Welt ins Wanken geraten, sie bewegte sich erst sacht nach links, dann sacht nach rechts. Ich war ein Pendel. Amanda musterte mich, sie hielt mich an. Ich dachte schon, die ganze Uhr würde dadurch angehalten werden, wurde sie aber nicht.

»Und im übrigen bist du betrunken«, sagte Colin. Er war der Jüngste. Richard und Benjamin waren auf dem College. Colin war immer der Umgänglichste gewesen. Meine erste Regung war, ihn zu schlagen, doch die Disziplin von Jahrzehnten hielt mich davon ab. Er war außerdem der größte meiner Söhne. Ich fing an zu weinen. Genauer gesagt, ich erinnere mich, gekreischt und geheult zu haben.

»Tut mir leid, Mum«, sagte Colin, doch er starrte mich immer noch wütend an, und Amanda sah aus, als schicke sie sich an, mir gleich ausgiebig etwas »mitzuteilen«.

Und Stück für Stück setzte ich mir das Vorgefallene zusammen.

Schauplatz: The Golden Friar, ein ebenso fröhliches wie vulgäres Eßlokal im selben Bogengang wie die *Accord Realtors*, wo die Kinder gern hingehen und wo man Rochen mit brauner Butter bekommt, wie Ed ihn gern ißt.

Colin: Ich nehme den Schellfisch mit Pommes und Erbsen.
Amanda: Und ich das Brathähnchen und einen Salat, mit nichts angemacht.
Ed: Wir warten auf deine Mutter.

Sie blicken ihn überrascht an. Ed geht gewöhnlich bereitwillig auf die Wünsche anderer ein. Sie warten. Es werden nicht einmal Colas vorgeschlagen. Fünfzehn Minuten verstreichen. Keine Mutter.

Colin: Ist das da drüben nicht Rosalie?
Ed: Ja.
Amanda: Mit wem ist sie denn da?
Colin: Das ist Mr. Collier. Mum arbeitet für ihn.
Amanda: Ist Rosalie nicht die, deren Mann verschwunden ist, und keiner will sagen, ob er nun tot ist oder nicht? Ich finde das richtig, daß sie mit einem anderen Mann ausgeht. Was soll sie denn sonst machen?
Colin: Auf ihn warten.

Ed ist aufgestanden und zu Rosalie hinübergegangen. Er spricht mit ihr. Die Kinder beraten sich und bestellen eilig Colas, Fisch und Pommes, Huhn und Salat – und Rochen mit brauner Butter für Ed, wenn er wieder an den Tisch zurückkommt.

Amanda: Aber hat deine Mutter nicht gesagt, daß sie zu ihr wollte? Rosalie ginge es nicht gut?
Colin: Ja, komisch, das stimmt.

Die Colas kommen. Ed kehrt zurück. Er sieht die Colas und schmeißt sie im hohen Bogen durchs Lokal. Splitter und Flüssigkeit fliegen umher. Das Gesumme der Gespräche erstirbt.

Ed: Dieses Flittchen, deine Mutter. Die macht mich nicht noch einmal zum Narren. Und ihr beiden auch nicht. Unter meinem Dach herumvögeln. Was glaubt ihr eigentlich, wen ihr vor euch habt?

Colin: Dad, laß uns lieber gehen.

Ed: Du bist nicht mal mein Sohn. Sieh dich doch an! Mit diesen Scheißringen in der Nase.

Amanda: Die tragen doch alle, Ed. Reg dich doch bitte nicht so auf.

Ed (höhnisch): Ed, Ed. Sieh dich doch an, hör dich doch an. ›Ed.‹ Und du bist auch nicht Vinnies Tochter. Du bist die Tochter von Leslie Beck. Wie dieser Nassauer hier. Das ist Inzest, und es kotzt mich an, daß niemand den Mumm hat, das auszusprechen. Was glaubt ihr denn, wo deine Scheißmutter steckt? Ach, die ist so verludert, so verludert ...

Freunde von Colin führen Ed aus dem Restaurant. Rosalie ist aufgestanden und bezahlt dem Kellner die Colas. Mr. Collier liest sich verirrte Glassplitter aus dem Hosenbein. Einiges an Cola und Glas ist in ihre Richtung geflogen.

Auf dem Nachhauseweg erklärt Ed, es täte ihm leid, daß er solchen Aufruhr verursacht habe: Er sei selbst in Aufruhr, sagt, es reiche ihm jetzt, sie könnten beide nichts dafür, doch seine Äußerung über ihrer beider Vater nimmt er nicht zurück. Er geht in sein Zimmer. Amanda macht Baked Beans auf Toast. Colin ist zu niedergeschlagen, um essen zu können. Ed verläßt das Haus mit einem Koffer. Amanda und Colin beschließen, wenn das, womit sie schlimmstenfalls zu rechnen haben, Inzest ist, dann wollen sie sich darum nicht scheren. Solange sie nicht heiraten, können sie zusammenleben, und je eher sie das elterliche Nest verlassen, desto besser. Ich komme nach Hause. Etc.

Das Schlafzimmer von Ed und mir wirkt seltsam leer. Ich lege mich hin und schlafe drei Stunden. Ich träume, ich bin in der Marion Loos Gallery, suche in einem leeren Portemonnaie herum und versuche, mir von Rosalie Geld zu leihen. Als ich aufwache, ist Ed noch nicht zurückgekehrt. Ich rufe verschiedene Freunde an, die zwar ihre Überraschung und ihre Betroffenheit zum Ausdruck bringen, ihn jedoch nicht gesehen haben. Immer wieder versuche ich es auch bei Susan, höre jedoch bloß das Besetztzeichen. Ich sage Colin und Amanda das, was ich meine sagen zu müssen: daß sie sich durch diesen Vorfall nicht genötigt fühlen sollen, sich noch enger aneinanderzuklammern. Sie seien noch viel zu jung, um sich auf irgend etwas Dauerhaftes einzulassen. Das regt sie nur noch mehr auf, also halte ich den Mund. Sowieso bin ich im Innern nicht mit ihrem Leben beschäftigt, sondern mit meinem. Was Eds Abwesenheit betrifft, so sind meine Empfindungen ambivalent. Einerseits steigt ein berauschendes Gefühl in mir auf, das Leslie Becks Lebenskraft ziemlich nahekommt, eine Ahnung von Freiheit, andererseits scheint das Haus eine Art Wüste zu sein, sein Inhalt hinter wabernder Hitze verborgen. Der Fernseher läuft, und niemand schaut hin.

Rosalie trifft ein.

»Colin«, sagt sie, »dein Vater ist dein Vater. Ich kenne deine Mutter doch seit Urzeiten. Niemand hat jemals etwas anderes behauptet. Dein Vater ist durchgedreht. Er ist bestimmt bald wieder da.«

Amanda starrt in einen Spiegel und sagt: »Ich seh keinem Menschen ähnlich, den ich kenne. Hab ich noch nie. Ich habe nie dazugehört.«

Colin sagt zu mir: »Wo warst du denn dann? Als du angeblich bei Rosalie warst, wo warst du denn da? Sind alle Frauen wie du?«

Dieser Scheißkerl Ed, denke ich. Ich würde ihn mit Vergnügen umbringen. Daraufhin geht es mir besser.

Rosalie sagt: »Warum hast du mir das denn nicht gesagt, Nora? Wir sind doch nur deshalb in den Golden Friar gegangen, weil wir dachten, dort sieht uns keiner. Wer geht denn schon in den Golden Friar?«

Und so weiter.

Colin sagt, wenn Ed nun nie zurückkäme, wie ich denn dann das nötige bißchen Gewebe von ihm bekommen wolle, damit er seine Gene untersuchen lassen könne.

Amanda sagt, ihre Mutter sei eine Heuchlerin, und wer denn übrigens dieser Leslie Beck sei? Was ich über Leslie Beck wisse?

Ich sage nicht, er sei der Mann mit dem größten Dingdong der Welt. Es scheint nicht mehr lustig oder wehmütig oder was auch immer es war, und außerdem stimmt es nicht mehr.

Rosalie steckt mich ins Bett und gibt mir Tabletten. Ich höre sie sagen: »Das nur am Rande, Nora, doch ich glaube, ich fürchte mich vor Mr. Collier. Ich will nicht mehr mit ihm ausgehen, aber ich muß. Ich möchte ihn nicht böse machen. Er hat so etwas Komisches im Blick. Weißt du, wie ein Spaniel einen manchmal ansieht, und es kann Ergebenheit sein, oder er wird gleich schon zubeißen: die Art Blick. Aber vielleicht habe ich es mir auch nur eingebildet.«

Sie war noch nicht mit ihm im Bett. Sie versucht, das hinauszuzögern. Das ist an sich schon ungewöhnlich. Ich gehe schlafen.

Ich fahre aus dem Schlaf empor, weil ich ein seltsames Geräusch höre. Es ist jedoch nicht wirklich seltsam. Es sind Colin und Amanda, die gerade demonstrieren, wie wenig sie sich aus der gestrengen Meinung der Welt machen. Wahrscheinlich werden sie ein Kind bekommen, einfach nur, um ihren Kopf durchzusetzen.

Schlaftabletten haben zuweilen eine seltsame Wirkung: Sie lähmen den Körper und schmieden ihn ans Bett, während sie den Kopf beunruhigen. Ich stelle mir vor, wenn man einen Schlaganfall bekäme und nur noch die Augen bewegen könnte, um ja oder nein zu signalisieren, dann würde man sich die ganze Zeit so fühlen. Da wäre ich lieber gleich tot, aber wie soll man denn das bewerkstelligen?

Meine ganze linke Seite ist kalt: Das ist Eds Abwesenheit, die sich bemerkbar macht. Ich suche Zuflucht in Marions Kopf. Mache weit die Augen auf, um eine andere Welt zu betrachten.

BARBARA HAT IHR BABY HEUTE WIEDER MIT IN DIE GALERIE gebracht. Es sieht ganz so aus, als müßte ich ihr entweder mehr zahlen, damit sie sich ein Kindermädchen leisten kann, oder sie bringt Holly von nun an jeden Tag mit, und ich muß sie rauswerfen, damit sie Anspruch auf Arbeitslosengeld hat. Wenn sie selbst kündigt und aus freien Stükken geht, kann sie ja nichts beanspruchen. Da ihr Mann ganz knapp über der Bemessungsgrenze liegt (mit 162,25 Pfund die Woche nach Steuern), kann die kleine Familie auch keinen Familienkredit beantragen. Und Barbara kann ihr Kind auch nicht seines Vaters berauben, außerdem liebt sie ihn. Sie haben beide seit der Geburt des Babys nur sehr wenig Schlaf gehabt, und das ist der Grund, so glaubt sie, weshalb Ben sich so benimmt.

Da er glaubt, es koste nur zwanzig Pfund die Woche, eine Familie zu ernähren, ein Betrag, den seine Mutter ihm gegenüber einmal erwähnt hat, ist das auch die Summe, die er Barbara von seinem Gehalt gibt und die sie immer mit dem Geld aufgestockt hat, das sie bei mir verdient. Und offenbar hat ihr Mann nun auch den Vertrag über die Pflichtenteilung, den sie bei ihrer Heirat aufgesetzt und an die Küchenwand gepinnt hatten, zerfetzt. Er behauptet, er verletzte seine Männlichkeit, die sie bereits genug malträtiert habe.

»Und das alles nur«, sage ich, »weil Sie mit Leslie Beck ins Bett gegangen sind. War es das nun wert?«

»Ich war nicht mit Leslie Beck im Bett«, sagt sie. »Nicht, daß wir es nicht versucht hätten. Er tat mir leid. Er tat mir nur einfach so furchtbar leid. Er hat mich in Anitas Atelier raufgeführt. Es geht über die ganze Breite des Hauses. Sie haben die Wände rausgenommen. Es ist so schön und merkwürdig da oben, das können Sie sich gar nicht vorstellen, und dann hat er geweint, weil Anita tot ist, und ich habe auch geweint, und ich wollte nur irgendwie, daß nicht alles so trostlos wäre.«

»Und er hat ihn nicht hochgekriegt«, sagte Aphra. Sie hatte dem Baby wieder den Knöchel in den Mund gesteckt. »Du solltest diesem Baby einen Schnuller besorgen.«

»Ben und ich halten nichts von Schnullern«, sagt Barbara. Sie starrt mich aus verzweifelten, wütenden Augen an. Von ihrem sonst so sanftmütigen Wesen ist nichts mehr zu entdecken. »Was soll ich denn bloß machen? Ich hatte ja keine Ahnung, daß das Leben so sein könnte. Ich hatte ja keine Ahnung, daß alles so ungerecht sein würde.«

Ich weiß nicht, was ich dazu sagen soll.

Wenn du einst auf diese Jahre zurückblicken wirst, fällt mir als einziges ein, *werden sie dir als die schönste Zeit deines Lebens erscheinen*. Ich sage es. »Jedenfalls sagen das alle«, setzte ich noch hinzu. »Jungverheiratet, mit Baby. Die glücklichste Zeit überhaupt.« Doch die Stimme versagt mir.

Irgendein Schwachkopf betritt die Galerie. Ich muß mich um ihn kümmern, obwohl es eigentlich Barbaras Job ist, sich der forschend um sich blickenden Passanten anzunehmen, die in erster Linie in die Galerie kommen, um, wenn man ihnen ein, zwei Preise genannt hat, sagen zu können: »Was? Soviel? Für den Schrott?«, und lachend wieder hinauszugehen. Eben dies geschieht nun. Zum erstenmal, seit ich denken kann, wäre ich froh, nicht die Inhaberin einer Galerie zu sein. Wäre ich froh, wenn ich einfach nur die Tür zumachen und nach Hause gehen könnte. Was sind denn schon die Tate Gallery und das Metropolitan? Diese Idole, deren Aufmerksamkeit mir schmeichelt? Von hundert

Bildern an ihren Wänden sind nur etwa drei von Frauen. Was hat man denn davon zu halten? Was soll denn das überhaupt alles? Worauf läuft das denn hinaus, daß da in bestimmten Formen Farbe auf kleine Rechtecke aus Leinwand aufgetragen wird? Das ist doch alles mein ureigenster Quatsch: eine wahnsinnige Art und Weise, zu Ida und Eric zurückzukehren. Die Anbetung von Buddelkistentörtchen. »Guckt mal! Guckt doch mal! Was ich gemacht habe! Bin ich nicht toll?«

Das Baby weint. Aphra hat es Barbara zurückgegeben. Mir dämmert, daß sie eine sehr ratlose Mutter ist. Ich verspüre einen Anflug von Mitgefühl mit Ben.

»Du meinst, jetzt wärst du in jeder Hinsicht fein raus, Aphra«, sagt Barbara gerade, »aber wenn dein Freund Leslie Becks Souterrainwohnung kauft und du mit ihm da einziehst, ohne ihn zu heiraten, bist du verrückt. Er wird zwar die Hypotheken zahlen und das Auto kaufen und den CD-Spieler, und du wirst die Einkäufe übernehmen und die Ferien und die laufenden Kosten, weil das nur gerecht erscheint, aber wenn er dich dann nach zehn Jahren rauswirft, wird alles ihm gehören und du wirst dreiunddreißig sein und nichts besitzen als die Kleider am Leib.«

»Er liebt mich«, sagt Aphra schwach. Einen Augenblick denke ich, sie spricht von Leslie Beck, doch natürlich meint sie ihren Freund. »Wenn irgendwer auszieht, dann er.«

»Meinen Freunden passiert das ununterbrochen«, sagt Barbara. »Entweder haben sie Babys und Ärger oder keine Babys und nichts.«

»Dann sind deine Freunde eben dumm«, sagt Aphra. Doch sie beginnt, beunruhigt auszusehen.

»Da unten ist es sehr feucht und dunkel«, sage ich. »Er ist die Trockenfäule nie ganz losgeworden.«

Und ich lehne es ab, noch irgend etwas zu sagen. Die beiden sind mein Personal, und ich bin die Chefin; wir sind keine schnatternde Schar aufgeregter Mädchen. Sie betrügen mich, verletzen mich, wissen es jedoch nicht. Das Baby kommt ins Büro, zwischen Kissen auf einen Sessel. Ich schicke Barbara los, um ihm etwas Nestähnliches zu kaufen – wie immer das heutzutage gehandhabt wird. Das Geld stammt aus der Wechselkasse. Es wird am Ende billiger für mich werden, ihr Gehalt zu erhöhen. Allerdings hat sie mir bereits zu verstehen gegeben, daß Kindermädchen besser bezahlt werden als sie selbst. Sie findet das ungeheuerlich, wohingegen Aphra meint, das sei doch wohl einzusehen, schließlich sei es ja wesentlich interessanter, in einer Galerie zu arbeiten, als sich um ein Baby zu kümmern. Barbara geht weinend weg, um einzukaufen.

Das Baby starrt mich an. Ich würde annehmen, daß es etwa vier Monate alt ist. Wenn es nicht weint, starrt es einen unverwandt an. Man kann kaum glauben, daß es die Quelle von soviel Ärger sein soll. Ich frage mich, was mein eigenes Kind wohl macht. Ich habe ihm nie einen Namen gegeben. Ich nehme an, es geht ihm gut und es ist nicht der Statistik zum Opfer gefallen, dem sprunghaften Ansteigen der Sterberate für männliche Jugendliche. Ich frage mich, was für eine politische Einstellung er wohl hat. Ich denke fast nie an ihn. Es hatte mir auch nachträglich keinen Schock versetzt, als er mit Brenda Streiser abgereist war, die sich, ihrem staunenden Blick zufolge, auf das Innigste mit ihm verbunden haben dürfte. Aus Untersuchungen über eineiige Zwillinge geht hervor, daß Kinder, so sie nicht irgendein einschneidendes Trauma erleiden, zu dem heranwachsen, was in ihnen angelegt ist, gleichgültig, wer sie aufzieht. Innerhalb ihres nimmerendenden Experiments würfelt die Natur ihre Gene zusammen, diese Mutter mit jenem Vater, diesen Vater mit jener Mutter. Leslie

Beck und Marion Loos finden in ihrem Experiment zusammen und streben, ihrem Drang, vermutlich dem zur Perfektion, folgend, wieder auseinander. Um mehr geht es dabei nicht: Wir alle sind nur Statisten im Drama der Lebenskraft.

Das Baby schreit. »Laufen Sie mal eben an die Ecke und holen Sie einen Schnuller«, sage ich zu Aphra. »Wir wollen das Kind doch nicht traumatisieren.« Rosalies Kinder hatten, als sie so klein waren, alle Schnuller. Und Noras ebenfalls. Susan hingegen kamen sie nicht ins Haus. Aphra geht.

»Barbara wird das nicht gefallen«, sagt sie. Ich zucke die Achseln. Aphra bleibt an der Tür stehen.

»Ich finde Sie wundervoll, Marion«, sagte sie zögernd. »Wirklich wahr.«

Wenn doch Monet und Manet heute morgen nicht mit verklebten Augen aufgewacht wären. Wenn meine Wohnung doch nicht so staubig und menschenleer gewirkt hätte. Wenn die Bilder an den Wänden doch nicht wie Leinwandrechtecke mit ulkigen Farben drauf ausgesehen hätten. Wenn mir das Wochenende doch nicht so einsam und ich mir selbst so von allen Freunden verlassen und allein vorgekommen wäre. Die Freunde hatten ein geplantes Picknick abgesagt. Wenn heute doch nur nicht mein fünfundvierzigster Geburtstag wäre, und ich habe es niemandem gesagt: Wen sollte das auch schon kümmern? Wenn die Zukunft doch nicht unweigerlich aus weniger bestünde, sondern aus mehr, wenn das Leben sich doch künftig nicht auf das Alter und den Kampf gegen Einsamkeit und Hinfälligkeit beschränken würde, wenn es da nicht einzig und allein ein herzerwärmendes Bankkonto gäbe und einen Charakter, der zu stolz und abweisend ist, um mir zu erlauben, mich dem Alkohol zuzuwenden und den ebenso tröstlichen wie schlampigen Vergnügen der Pub-and-Club-Geselligkeit, wo es von Frauen wie mir, allerdings umgänglicheren, herzlicheren, nur so wimmelt.

Wenn doch Leslie Beck nie mit Anitas Bild durch meine Tür gekommen wäre, das ihm die Arme in die Länge zog – der Basketballer, der sich über die Köpfe seiner Mitspieler reckt und den Ball einfach nur ins Netz fallen läßt. Obwohl ja angeblich doch mehr dazu gehört, Können und Übersicht.

Ich rief Rosalie an, um ein bißchen mit ihr zu plaudern. Dienstag vormittags ist es immer ruhig. Viele Leute dehnen das Wochenende mittlerweile bis auf den Dienstagnachmittag aus.

Ich erzählte ihr, daß ich niedergeschlagen sei. Sie erklärte, ihr gehe es nicht anders, sie wolle jedoch nicht näher darauf eingehen. Sie sagte, daß Ed Nora verlassen habe. Ich sagte, das glaubte ich nicht. Und dann mußte ich aufhören, weil in der Tür der Galerie Leslie Beck stand und mir zulächelte. Ich nahm an, daß ich mich an sein Alter gewöhnt hatte, denn er wirkte auf mich wieder wie früher. Ich empfand so etwas wie schmerzliche Erleichterung, als hätte ich jahrelang geweint und nun, erschöpft und gereinigt, endlich damit aufgehört. Ich war dankbar, ihn zu sehen, dankbar, daß er da war.

»Keine Barbara, keine Aphra?« fragte er.

»Nein«, sagte ich.

»Das ist gut«, sagte er. »Ich mache mich doch nur an die beiden heran, um dich zu ärgern.«

Der Gedanke kam mir, daß er das wirklich meinen könnte.

»Ich finde, wir sollten uns zusammentun«, sagte Leslie Beck. »Ich finde, wir sollten heiraten. Die gute alte Lebenskraft verlangt das. Es ist unsere Chance, deine und meine, dem Schicksal ein Schnippchen zu schlagen.«

»Du meinst«, sagte ich, »mit meinem Geld und meiner Galerie könntest du ein neues Leben anfangen, jetzt wo die großen Projekte im Eimer sind.«

»Immerhin preise ich mich glücklich, ein Dach über dem Kopf zu haben«, sagte er. »Mach keine Scherze. Ich meine es ernst.«

»Ich auch.«

»Du bist einsam, ich bin pleite. Der einzige Haken ist, daß ich gegen Katzen allergisch bin, da kriege ich Asthma. Seit Anitas Katze weggelaufen ist, fühle ich mich besser. Sehe ich nicht besser aus?«

»Ja.«

»Immer noch Leslie Beck der Prächtige?«

»Ja.«

Er stand dicht bei mir. Seine Hände waren alt, aber elegant. Er berührte meinen Ärmel, wie er es früher immer getan hatte, wenn er einem alles nur Erdenkliche versprach und anbot.

»War doch schließlich dein ganzer Ehrgeiz«, sagte er. »Nicht mehr die Dienstbotin zu sein, sondern die Herrin.«

Aphra und Barbara kehrten gleichzeitig zurück und brachen den Bann.

»Denk ein paar Tage darüber nach«, sagte er. »Aber zieh es nicht zu sehr in die Länge, sonst schnappt mich vorher eine weg. Witwer mit großem Haus, Zentralheizung – aber ich will *dich*. Wollte ich immer schon.«

»Widerlicher Kerl!« sagten Barbara und Aphra, die ihn wie auf Verabredung fallenließen, sowie sie seine Hand auf meinem Arm gesichtet hatten. Barbara protestierte nicht, als Aphra dem Baby den Schnuller in den Mund steckte.

»Seien Sie bloß vorsichtig, Marion«, sagte Aphra. »Das

ist ein Hinterhalt. Der ist nur hinter Ihrem Geld her. Er will von meinem Freund doppelt so viel haben, wie diese Wohnung eigentlich wert ist. Die hat noch nicht einmal eine richtige Zentralheizung.«

»Zentralheizung?« sagte Barbara. »Auf einmal wirst du ja ganz schön heikel. In dem Abrißhaus, in dem ihr jetzt seid, gibt's doch nicht mal einen Ofen.«

»Wir können aber Möbel und Deckenbalken in einer offenen Feuerstelle verbrennen«, sagte Aphra.

»In Leslie Becks Apartment gibt es allerdings keinen offenen Kamin«, sagte Barbara altklug. Wie konnte sie das nur wissen?

Ich ließ die beiden mit ihrem Problem allein und rief Rosalie wieder an.

»Ich weiß gar nicht, was ich sagen soll«, sagte sie. »Es ist schwierig allein. Und dann brockt man sich wer weiß was für Scherereien ein, so was von Scherereien! Doch Leslie Beck? Ausgerechnet?«

Leslie Beck, ausgerechnet.

ES HAT KEINEN SINN, IN MARIONS KOPF ZU BLEIBEN. ES gibt kein wirkliches Entrinnen aus der Autobiographie in die Biographie. Man muß sich dem eigenen Ich stellen, oder man stirbt.

Ich rief Ed unter seiner Durchwahlnummer im Büro an. Ich sprach mit seiner Sekretärin. Hinter vorgelegter Hand war gedämpftes Reden zu hören. Seine Verleger sind altmodisch, sie wollen sich offensichtlich keine moderne Telefonanlage leisten. Endlich sprach Ed mit mir.

»Was hast du mir zu sagen?«

»Wo warst du heute nacht?«

»Ich gehe, wohin es mir paßt. Wenn du Auskünfte willst, wende dich an einen Anwalt.«

»Aber Ed, was ist denn bloß passiert? Es war doch gar nichts. Warum bist du denn nur so?« Und so weiter. Man will es nicht, aber schließlich läuft es doch so. Und endet dann mit den Worten: »Du hast Colins Leben ruiniert. Du hast ihm Zweifel eingepflanzt, die er nie mehr ganz loswerden wird. Du hast ihn Amanda in die Arme getrieben.«

»Du hast das alles getan, Nora. Nicht ich. Ich habe einfach nur endlich reagiert. Mir reicht es. Und nun geh deiner Wege.«

»Du meinst wohl, jetzt, wo du mein ganzes Geld aufgebraucht hast, kannst du ohne mich auskommen.«

»Naja, Nora, das mußte ja kommen.«

Ich schäme mich. Ich bin in Panik. Ed hat noch nie so etwas gemacht, so etwas gesagt. Er ist unnachgiebig. Ich erkenne, daß er nicht die Absicht hat, wieder nach Hause zu kommen; wegen der Verbrechen, die vor vielen Jahren gegen die Ehe begangen wurden, und meines Nichterscheinens im Golden Friar.

Mr. Collier kommt quer durchs Büro auf mich zu.

»Nora«, sagt er, »ich glaube, wir sollten uns darauf verständigen, daß in diesem Büro keine Privatgespräche geführt werden.«

Ed hat sowieso eingehängt. Ich lege den Hörer auf die Gabel. Mr. Collier starrt mich an, und seine mörderischen Augen blicken freundlich. Falls Rosalie je in Mr. Colliers Bett steigt, ob er sie wohl wieder herausläßt? Falls Rosalie es versäumt, in Mr. Colliers Bett zu steigen, wird er sie dann am Leben lassen, oder wird sie für ihre Widerspenstigkeit umgebracht werden?

Ohne Ed, stelle ich fest, bin ich ungeschützt. Ich bin allein. Ich habe fünftausend Pfund in einer Baugesellschaft, ein von mir abhängiges Kind, das mich haßt, und ein unverkäufliches Haus mit Hypothekenzinsen, die eher jeden Monat noch steigen, statt zu sinken. Was für ein Glück, daß ich Anita Becks Bild nicht gekauft habe.

Wenn ich Colin und Ed dazu bringen könnte, ihre Gene untersuchen zu lassen, würde das etwas ändern? Nein. Ed glaubt das, was er glauben will. Paranoia. Ob er mit Susan zusammen ist? Ich wähle ihre Nummer.

Nora: Hallo, Susan.
Susan: Oh, Nora.
Nora: War Ed letzte Nacht bei dir?
Susan: Wie kommst du denn darauf!

Sie lügt.

Mr. Collier: Ich hatte Sie doch gebeten, vom Büro aus keine Privatgespräche zu führen, Nora.

Muß ich mit diesem Menschen auskommen? Doch, ich sehe schon, ich muß. Falls ich von heute auf morgen ohne Eds Einkommen dastehe, kann ich es mir nicht leisten, meinen Job hinzuschmeißen, und schon gar, wo er mir genügend Zeit läßt, dazusitzen und, wie ich es jetzt tue, das zu schreiben, was einige Verlagslektoren für einen Roman halten und wofür sie mir womöglich eine ziemliche Summe zahlen werden. Richard und Benjamin sind noch nicht völlig von zu Hause abgenabelt. Ed steht allerdings auf dem Standpunkt, Kinder über dreiundzwanzig sollten völlig unabhängig von ihren Eltern sein, also hat er Richard und Benjamin auch nicht mehr unterstützt. Ich ja. Was wäre für sie wohl von größerem Nutzen? Daß ich vor der Öffentlichkeit Stillschweigen über mich bewahre, oder eine finanzielle Hilfe, solange sie sich noch einen Platz in der Welt schaffen?

»Mr. Collier«, sage ich, »es tut mir wirklich leid. Es ist nur so, daß ich in großer Unruhe bin. Meinen Sie, ich könnte mir den Nachmittag freinehmen?«

»Eine ausgezeichnete Idee«, sagt er. »Und entschuldigen Sie, daß ich mich so angestellt habe. Es ist nur, daß ich auf der Leitung einen Anruf von meinem Anwalt erwarte. Rosalie und ich hegen die Hoffnung, die gerichtlichen Schritte beschleunigen und Wallace offiziell für tot erklären lassen zu können. Ich mache mir natürlich Sorgen. Wir würden gern so bald wie möglich heiraten.«

Die Braut im Bade! Und Mr. Collier reibt sich die Hände, wie es, so stelle ich mir vor, einst Mr. Crippen, der berühmte Massenmörder, getan hat, dessen Ehefrauen nie wieder aus dem Bad herauskamen, um die Ehe zu vollziehen, aber ich kann mich nicht richtig auf Rosalies Probleme konzentrieren.

»Ich hoffe doch, ich darf Trauzeugin sein«, sage ich.

Ich schlage mich nach Kew Gardens durch, indem ich die Menge teile wie ein Brustschwimmer schlammiges, gefährliches Wasser. Eds Auto, das nicht vor unserem Haus stand, steht vor Susans. Es ist ein seltsames Gefühl, wenn die schwarze Wut der Paranoia, der im Kopf nistenden Eifersuchtsgefühle, sich plötzlich als berechtigt erweist. Die emotionale Spannung nimmt ab, nicht zu. Ein Gefühl der Erleichterung stellt sich ein.

Susan macht mir die Tür auf. Sie trägt einen schwarzen Seidenpyjama, der wahrscheinlich in einem Wäschekatalog als »Kaminanzug« angeboten würde. Das Haar fällt ihr über ein Auge: Sie sieht albern aus. Sie ist zu alt für romantische Négligés. Ich kann nicht glauben, daß Ed darauf reinfällt. Sie hat ihre Brille auf, und Wilsons Soziobiologie, ein sehr dickes Buch, beschwert ihre eine Hand. Zweifellos hat sie mich kommen sehen. Zweifellos war sie darauf vorbereitet.

Mein ungestümes Eintreten treibt sie wieder in die Diele zurück. Sie lehnt sich gegen den Wandspiegel, halb amüsiert, halb beunruhigt. Daß sie sich so amüsiert, stachelt mich noch an.

»Also, Nora«, sagt sie, »dir fehlt doch nichts?«

»Wo ist Ed?« frage ich.

»Müßte er nicht im Büro sein?«

»Warum steht denn dann sein Wagen vor der Tür?«

»Ach ja? Dann ist er wohl mit der Bahn los. Das ist ja von hier aus auch leichter als von Richmond. Schrecklich, jeden

Tag von Richmond pendeln zu müssen. Ich weiß gar nicht, wie ich das so lange geschafft habe.«

»War er gestern nacht hier?«

»Ja.«

»Wo ist denn Vinnie?«

»Noch weg. Sag mal, du suchst doch wohl nicht Ersatz für Ed?«

Sie kann mich überhaupt nicht leiden.

Ich frage sie, wie lange das schon so gehe, und sie sagt, gar nichts sei gegangen und ich hätte Paranoia, und ich beschuldige sie, meine Ehe kaputtgemacht zu haben, und sie sagt, das habe meine eigene unsinnige Eifersucht zuwege gebracht, Ed aus seinem Zuhause zu vertreiben. Das und meine fortgesetzte Untreue. Ich bin sprachlos. Ich bin im Unrecht, und Susan beansprucht eine Art moralischen Sieg? Ist es die Möglichkeit?

»Er hat die Scheidung eingereicht«, sagt Susan, und ich denke an Jocelyn und Leslie Beck und bleibe ruhig. Sowie man erst mal mit Dingen um sich zu schmeißen beginnt, kann man einpacken.

Sie führt mich ins Wohnzimmer und beginnt, mir einiges mitzuteilen. Sie teilt mir mit, wie unglücklich Ed immer mit mir gewesen sei, wie er jahrelang keinen intelligenten Menschen zum Reden gehabt habe, wie er, wenn ich nicht gewesen wäre mit meinem Gequengel, daß ich Kinder wollte, heute Chef seines eigenen Verlags wäre und nicht nur Cheflektor.

Sie teilt mir mit, daß Ed nur um der Kinder willen bei mir geblieben sei und dafür gesorgt habe, daß die Dinge nicht aus dem Ruder liefen, und daß er Colin wie seinen eigenen Sohn behandelt habe, obwohl doch jeder gewußt hätte, daß er von Leslie Beck stamme.

»Das stimmt nicht«, sage ich. »Colin ist Eds Sohn.«

Susan zieht die Braue hoch. Sie teilt mir mit, daß Amanda zwar von Leslie Beck sei, Vinnie aber von Beginn an Bescheid gewußt und sie ihm damals einen Schwangerschaftsabbruch angeboten habe, er jedoch ausdrücklich dafür gewesen sei, darauf zu verzichten.

Womit sie sagen will, daß ich in Colins Fall dasselbe hätte tun sollen. Was kann ich darauf schon sagen? Ich verstumme. Sie teilt mir noch mehr mit.

Sie teilt mir mit, daß ich ja so laut und Ed so still sei. Sie teilt mir das sehr leise mit. Sie ist jetzt sehr leise und still.

Mir ist klar, was hier mit mir veranstaltet wird: Daß Susan für sich reklamiert, mit beiden Füßen auf dem Boden der Moral zu stehen, und alle, die sich neben sie drängen wollen, in die Flucht schlagen wird, daß sie Ed mit sich schleppt und daß ich in ihrer Vorstellung, und darum von nun an auch in Eds, nichts als Dreck bin. Sie teilt mir mit, wie unzumutbar Ed meine Raucherei gefunden habe und die Gefahren des Passivrauchens für die Kinder.

Ich sehe, daß das Foto von Vinnie nicht mehr auf dem Tisch steht und Eds seinen Platz eingenommen hat.

Sie teilt mir mit, wenn der Vorfall im Golden Friar nicht gewesen wäre, dann wäre demnächst eben etwas anderes vorgefallen, und Ed habe nur darauf gewartet. Auf die Gelegenheit, mich zu verlassen und sich mit ihr zusammenzutun. Daß ich jetzt die Wertlose, die Verachtete, die Moralisch-Aussätzige sei.

Und daß das, wenn man sie frage, alles zu Anita Becks Rache gehöre. Daß das ganze Unglück vom Dachboden in

Rothwell Gardens ausgegangen sei, via Leslie Beck. Daß ich mich jedoch besser hüten solle, so etwas auszusprechen, denn sonst würde ich eingesperrt und außerdem für geisteskrank erklärt.

Ich stand auf, um zu gehen.

»Ich bin froh, daß so vieles zur Sprache gekommen ist«, sagte Susan. »Ich denke, du wirst noch zu der Überzeugung gelangen, daß diese Lösung in unser aller Interesse liegt. Heute in einem Jahr wirst du richtig froh sein über das, was passiert ist.«

Ich rief Marion von einer Telefonzelle aus an.

»Oh, Nora«, sagte sie. »Ich kam mir neulich wirklich gemein vor. War ich zu grob? Dann tut es mir leid. Rosalie hat mir das mit Ed erzählt. Sie könnte sich dafür ohrfeigen, daß sie nicht geschaltet hat. Ich hoffe, du bist ihr nicht böse. Sie hat sich da mit diesem Mann eingelassen und fürchtet sich halb zu Tode vor ihm.«

Und sie erzählte mir, Rosalie sei unterwegs zu Mr. Colliers Tudor-Haus, um mit ihm zu Abend zu essen, à deux, und würde sich wohl nicht länger weigern können, mit ihm ins Bett zu gehen, wollte sie nicht unhöflich sein, und sie erzählte mir, Leslie Beck komme gerade herein, und er wolle sie heiraten, und sie wisse nicht, was sie ihm sagen solle, und sie sei so deprimiert wie zum letztenmal mit achtzehn. Sie glaube, ihr ganzes Leben sei eine einzige Flucht vor der Depression gewesen.

Also legte ich auf und begriff, daß es niemanden gab, mit dem ich hätte reden und der mir hätte helfen können; daß ich allein war.

Ich löste eine Fahrkarte nach Earls Court, verließ den Bahnhof, fand ein Lebensmittelgeschäft und kaufte ein paar Bananen, etwas Brot, ein paar Kaminanzünder, etwas Milch und Bohnerwachs. Dann löste ich einen Fahrschein nach Chalk Farm Station, stieg am Piccadilly um und ließ die Tragetasche mit den Einkäufen für die Obdachlosen zurück, nur die Kaminanzünder behielt ich. Ich vergewisserte mich, daß ich mein Feuerzeug dabei hatte und daß es funktionierte.

Ich ging die Anhöhe von Chalk Farm nach Rothwell Gardens hinauf. Ich klopfte an die Tür von No. 12, und da mir niemand aufmachte, schloß ich mir selbst mit dem Schlüssel die Tür auf, der an meinem Schlüsselbund hing und den ich aus demselben Antrieb behalten hatte, aus dem ich den Gürtel von dem braunen Kleid mit den orangefarbenen Blumen aufbewahre. Ich bin ein anhänglicher, romantischer Mensch und davon überzeugt, wo sich zwei Körper vereinigen, vereinigen sich auch ihre Seelen. Ich war zwar überrascht, daß in all den Jahren das Schloß nicht ausgewechselt worden war, zugleich aber auch erleichtert. Denn davon hing mein ganzes Vorhaben ab.

Ich stieg die Treppe in Richtung Dachgeschoß hinauf und meinte, ein schwaches Miauen aus dem Wäscheschrank im ersten Stock zu hören. Ich öffnete die Tür, und eine magere, magere Katze kroch aus einem Gewirr beschmutzter Bettücher und Decken heraus. Auf meinem Rückweg nach unten würde ich mich um das arme Geschöpf kümmern. Viel Leben schien es nicht mehr in sich zu haben.

Ich öffnete die Tür zum Dachboden, eine Farb- und Energiewoge fiel mich an und durchschoß mich, und ich fühlte mich schwach. Ich nahm die Kaminanzünder aus meiner Handtasche und brach sie samt Schachtel und allem in der

Mitte auseinander, denn ich hatte den Eindruck, jetzt sehr schnell machen zu müssen. Die Anzünder waren uralt, wie so oft, und der Rauch schwach, und folglich dauerte es ein Weilchen, bis sich richtige Flammen bildeten. Doch als sie ordentlich brannten und meine Hände in Gefahr gerieten, stieß ich beide Teile bis in die Ecken des Ateliers, eins nach links und eins nach rechts, wo die Pinsel noch in Gläsern mit Pinselreiniger steckten, der erst halb verdunstet war, und beobachtete eine kleine Stichflamme und wie sich der Fransensaum eines viktorianischen Schultertuchs erst zu kräuseln begann und dann aufloderte. Anschließend machte ich mich auf den Weg nach unten, wobei ich die Tür aufließ, damit der Zugwind die Treppe hinauf konnte, und las unterwegs das Kätzchen auf. Sie würde ihr Glück bei den netten Menschen von Rothwell Gardens suchen müssen. Eine Frau mit Katze erregt mehr Aufmerksamkeit als eine ohne.

Ich brauchte ein paar Minuten, um sie einzufangen. Das erste Mal, als ich sie hochnahm, war sie so überrascht gewesen, daß sie es ruhig hatte über sich ergehen lassen, doch dann mobilisierte sie alle verfügbaren Kräfte und kämpfte sich los, wobei sie mir mit ihren Krallen die Hand zerkratzte. Dann mußte ich sie unter der Anrichte in der Küche hervorlocken, obwohl es eilte, so furchtbar eilte. Dann mußte ich ihr etwas Wasser geben.

Es klingelte. Ich hatte versagt. Jemand hatte den Rauch gesehen, jemand war gekommen, um zu warnen und zu helfen. Nun ja, das war Schicksal. Ich hielt die Katze ruhig und sicher auf dem Arm; sie war bissig, alt und zäh, wenn auch dürr. Kein Kätzchen, eine Sie. Ich machte die Haustür auf.

Davor stand Leslie Beck, nur daß er es nicht war. Es war Leslie Beck, wie er einmal gewesen war: kräftig und mit strahlendem Blick, das Haar allerdings nicht so kraus und eher glänzend als drahtig, die Augen, obwohl braun und nicht blau, groß und mit einem verblüfften Ausdruck. Marions Augen. Sie wirkten seltsam bei einem so jungen Mann – als wäre das Leben ein unablässiger Affront gegen seine Unschuld und er könnte sich nicht daran gewöhnen.

»Kann ich Ihnen helfen?« fragte ich. »Ich bin nämlich leider gerade am Gehen.«

»Wohnt hier ein Mr. Beck?« fragte er. Es war ein seltsamer Akzent. Natürlich, Südafrika.

»Nein«, sagte ich bestimmt. Ich mußte weg, mußte ihn wegbekommen. »Tut mir leid, da sind Sie an der falschen Adresse.« Von oben hörte ich ein Knistern. Ich schloß die Haustür hinter mir und trat neben ihn auf die Treppe.

Er begleitete mich die Straße hinunter. Ich setzte die Katze vor No. 6 ab, da ich mich erinnerte, daß dort nette Menschen gewohnt hatten. Zwar waren sie wahrscheinlich schon lange ausgezogen, aber nette Menschen verkaufen an nette Menschen; oder versuchen es jedenfalls.

»Lassen Sie die Katze einfach hier?« fragte er.

»Ja«, sagte ich. Er schien verblüfft. »Sie wohnt dort«, sagte ich.

Er begleitete mich und sprach von sich. Er sagte, Rothwell Gardens sei seine letzte Chance gewesen. Er fliege morgen zurück nach Kapstadt. Er versuche, seine natürlichen Eltern aufzuspüren. Er wisse nichts als den Namen: Pecker, Becker – etwas in der Art. Sein Adoptivvater sei gestorben, und seine Adoptivmutter könne sich nicht mehr an viel erinnern, sie sei alkoholabhängig. Er habe sämtliche Möglichkeiten aus dem Telefonbuch herausgesucht und herumtelefoniert. Zuletzt habe er es auch mit »Beck« probiert. Es sei eine alberne Idee. Sie würden ihn sowieso nicht sehen wollen. Doch er fühle sich in diesem Land zu Hause.

»Kommen Sie mit«, sagte ich, »lassen Sie mich nur noch etwas erledigen.«

Fügsam folgte er mir.

Von Chalk Farm Station aus rief ich die Feuerwehr an. Drei Telefonzellen waren außer Betrieb, die vierte funktionierte. In Richmond, so versichern die *Accord Realtors* stolzerfüllt, funktionieren die öffentlichen Einrichtungen in hohem Maße. Es gibt wenig Vandalismus. Wir mögen ja unsere Ehefrauen in der Badewanne ermorden und ihre Liebhaber ebenfalls, doch die Telefonzellen funktionieren.

Ich meldete, ich hätte Flammen aus No. 12 Rothwell Gardens schlagen sehen. Je eher sie kämen, desto besser. Ich wollte, daß das Atelier und die Bilder verbrannten, gegen den Rest des Hauses hatte ich jedoch nichts. Anita hatte dort sowieso nichts verloren gehabt. Das Haus gehörte von Rechts wegen Jocelyn. Anita hatte keinen Anspruch auf die Rache, die sie geübt hatte.

Ich saß neben dem jungen Mann, neben Jamie Streiser, bis ich die Sirenen den Hügel von Kings Cross heraufkommen hörte. Dann lösten wir zwei Fahrscheine nach Green Park.

»Sie sind eine sehr seltsame Dame«, sagte er unterwegs.

»Eine seltsamere gibt's nicht«, stimmte ich ihm zu, »außer wahrscheinlich Ihren Eltern.«

Er war ein gutaussehender junger Mann und umgänglich obendrein: eine ausgezeichnete Rendite auf eine Investition, dachte ich. Eine halbe Million und Ihr Kapital zurück! Ich erzählte ihm davon. Marions Fall rückte ich in ein günstiges Licht, Leslies weniger. Ich spürte, daß von seiner Antwort eine Menge abhängen würde. Er dachte eine Weile nach.

»Ich male«, sagte er. »Was meine Adoptivmutter in den Alkohol getrieben hat.« Ich fand, der näherliegende Grund sei doch wohl der, daß einen das Kind, das man aufzieht, als Adoptivmutter bezeichnet, aber Kinder verzerren sich die Welt nun einmal nach ihren Wünschen. »Und diese Frau hat eine Kunstgalerie, ja?«

»Ja.«

Er lächelte. »Da bin ich aber froh. Ich glaubte schon, sie sei irgendeine alte Schlampe. Ist sie verheiratet?«

Ich verneinte. Er meinte, wahrscheinlich glaube sie kein Anrecht auf Glück zu haben. Das täte ihm leid.

»Noch andere Kinder?«

»Nein.«

»Ich kann sie also ganz für mich haben«, sagte er. »Da schiebe ich meinen Rückflug vielleicht doch noch auf. Das heißt zwar, daß ich ein paar hundert Pfund verliere, aber man findet ja nicht jeden Tag seine Mutter. Was für ein Zufall, daß ich Sie da so zwischen Tür und Angel angetroffen habe. Eine Minute früher oder später . . .«

Ich bat ihn, das mit der Tür und der Angel möglichst zu vergessen. Mir war klar, daß ich leicht im Gefängnis enden konnte, auch wenn mir das nicht einmal der schlechteste Platz zu sein schien. Ich hatte mich in die Reihe hysterischer Übeltäter begeben – der Kunstzerstörer. Cassandra Austen, die so viele Briefe ihrer Schwester Jane zerriß. Ruskins Dienstmädchen, das sein Manuskript verbrannte, im neunten Jahr seiner Entstehung. Burtons Frau, die das erotische Tagebuch ihres Mannes ins Feuer warf. Nora, die Anita Becks Atelier und alles darin Befindliche angesteckt hat. Nur daß jetzt niemand mehr von Anita Beck hören würde, sie würde ihren Platz in den Annalen der Geschichte nicht einnehmen, und ich hatte nicht das Geringste dagegen. Nein, ich war auf der Seite der Zerstörer. Kunst beschert unschuldigen Betrachtern viel Kummer, also schlagen sie von Zeit zu Zeit zurück. Wer wollte ihnen das verdenken?

Jamie Streiser marschierte in die Marion Loos Gallery.

»Wo ist meine Mutter?« fragte er. Er hatte einen Hang zur Dramatik. Marion kam aus dem Lagerraum, gefolgt von Leslie Beck. Ihr Gesicht war gerötet. Er wirkte selbstzufrieden. Barbara und Aphra wußten vor Verlegenheit nicht, wo sie hinschauen sollten. Aphra rückte das Anita-Beck-Bild zurecht. Es fiel zu Boden, kippelte einen Augenblick und schlug dann gegen die Wand.

Marion beachtete es nicht. Marion und Jamie sahen einander an. Marion seufzte. Leslie stürzte auf das Bild zu, weil er fürchtete, es könnte beschädigt worden sein.

»Leslie«, sagte Marion, »es tut mir leid. Es ist wirklich lieb von dir, aber ich kann dich nun mal nicht heiraten. Ich glaube nicht, daß es gutgehen würde. Mein Leben ist schon so ausgefüllt, daß ich darin einfach nicht noch etwas unterbringen könnte. Du weißt doch, wie das mit Geschäftsfrauen so geht. Geschäft, Geschäft, Geschäft! Ich würde dich in den Wahnsinn treiben.«

Mir war, als hinge Beifall in der Luft. Ich schaute die Hände der anderen an, doch sie bleiben völlig reglos. Ich holte eine Zigarette heraus.

»Nora«, sagte Marion, »bitte rauch hier nicht. Es ist schlecht für die Leinwände.«

Ich steckte meine Zigaretten wieder weg.

Leslie sagte in bitterem Ton zu Marion: »Ich nehme an, das ist wieder einer von deinen jungen Männern. Das wird dir noch leid tun. Glaube nur nicht, daß sich ein solches Angebot wiederholt. Du bist ein häßliches altes Weib und wirst jeden Tag älter. Männer halten sich, Frauen nicht«, und kehrte nach Hause, nach Rothwell Gardens, zurück.

ERST PASSIERT EWIG NICHTS, DANN PASSIERT IMMER noch nichts, und dann passiert alles auf einmal. Es ist so unangenehm, Nora zu sein, ich werde Rosalie einmal eine Runde übernehmen lassen.

Rosalie zieht sich für ihre Verabredung mit Mr. Collier an. Sie lebt Diät, seit sie ihn kennengelernt hat und es so aussieht, als könnte sich das Nichtpassierende und insbesondere das Nichtpassierende, seit Wallace endgültig in die Berge verschwunden zu sein scheint, in etwas Passierendes verwandeln.

In ihrem Kleiderschrank hängen zwei Kleider, die mittlerweile gerade einigermaßen gehen könnten und zwischen denen sie wählen muß. Eins ist schwarz und mit Ziermünzen besetzt, das andere weiß und hat Spitze rund ums Oberteil. Man kann ein kleines Weißes etwas aufzäumen oder auch schlichter halten, genau wie man das mit dem sprichwörtlichen kleinen Schwarzen kann. Rosalie ist unentschlossen. Doch das kleine Schwarze hat die Ziermünzen, und sind Ziermünzen denn nicht aus Metall, und leitet Metall nicht Strom?

Rosalie (ruft): Catharine, Catharine!
Catharine: Was ist denn, Mum? Ich suche gerade meine Hockeyschuhe. Wenn ich bloß in die Collegemannschaft käme, Dad wäre stolz auf mich.

Catharine glaubt, wenn sie nur gut im Sport wäre, würde ihr Vater durch irgendeine Art Übertragungszauber wieder in ihrem Leben auftauchen.

Rosalie: Ist Metall das, was Elektrizität leitet, oder gerade nicht?
Catharine: Warum, Mum?
Rosalie: Schon gut.

Rosalie nimmt das schwarze Kleid vom Bügel, um schneller zu sterben. Sie will es hinter sich bringen. Der Tod lauert schon die ganze Zeit auf sie: in Form von Anrufen von Mr. Collier, in Form ihrer Träume – letzte Nacht ist sie von einem Skelett heimgesucht worden, aus dessen beinernen Augenhöhlen lebhaft Wallace' feuchte Augen leuchteten und an dem Mr. Colliers behoste Beine und schwarze Schuhe waren. Wenn Mr. Collier ein Mörder ist, stirbt sie womöglich. Wenn er es nicht ist, wird das Leben vielleicht wieder lebenswert: Sie weiß, daß sie das heute abend herausfinden wird. Etwas muß passieren; allzulange schon ist nichts mehr passiert.

Sie nimmt das weiße Kleid herunter, das sie so oft angehabt hat, als sie noch mit Wallace zu den Abendessen des Bergsteigervereins ging. Opfer damals wie jetzt. Die Braut im Bade. Mord, Mord wohin man blickte.

Sie kämmt sich, zerrt an ihrem Haar. Eine Strähne geht ihr einfach aus. Ihr Haar sitzt nicht mehr so fest wie früher einmal. Sie scheint sich daran zu erinnern, wie sie sich auf halber Höhe einer Klippe das Haar gekämmt hat, als sie mit Leslie Beck unterwegs war; als sie auf ihrem Weg zurück zu Jocelyn waren. Er hatte ihr einen Kamm gereicht. Warum nur? Sie hatte sich zwar bemüht, aber der Wind hatte alles wieder zunichte gemacht. Sie fragte sich, weshalb er sich überhaupt darum gekümmert hatte. Vielleicht hatte er ja später diesen speziellen Kamm in das silberne Etui, Abteilung Kamm, in Jocelyns Bürste-Kamm-Spiegel-Set gleiten lassen. Vielleicht regte er später ja an, daß Anita ihn malen solle. Ein Bindeglied, wie manche Gegenstände es selbst ohne eine derartige direkte menschliche Intervention sind, das Vergangenheit und Gegenwart zusammenbrachte. Etwas so Albernes wie ein Kamm. Alle Frauen besitzen einen, benutzen ihn mit den gleichen Empfindungen, während sie in die Spiegel starren.

Ein Telefon läutet.

Catharine: Gehst du mal ran, Mum?
Rosalie: Ja, mach ich.

Sie zieht das weiße Kleid an, weil es gleich neben ihr liegt, aber es ist eng. Bis sie am Telefon ist, hat es zu läuten aufgehört. Rosalie eilt in ihrem kleinen Wagen davon, nach Tudor Lodge, in einem zu engen weißen Kleid.

Mr. Collier kommt ihr zur Begrüßung entgegen, freudestrahlend, und sie flitzt die Auffahrt hinauf. Die Trennung zwischen Rasen und Weg ist durch weiße Steine markiert. Zu beiden Seiten der mit Messingklopfern versehenen Tür sind Kutschlampen angebracht. Er hat gerade Rosen geschnitten. Er macht ihr die Wagentür auf. Er ist nicht sehr groß; sein Gesicht ist rund und gütig. Er hat nicht viel Haar und ist Wallace so unähnlich wie überhaupt möglich: Wallace ist groß, behaart und knochig. Mr. Collier kann eine Stromquelle direkt vom Zähler abzweigen, Wallace ist in derlei Dingen ein hoffnungsloser Fall. Wallace nimmt sich das Leben, weil seine Frau ihm einmal untreu war, Mr. Collier nimmt es aus demselben Grund nicht sich selbst, sondern seiner Frau. Rosalie findet, daß Mr. Collier Respekt verdient. Sie ist bereit, mit ihm zu schlafen. Sie freut sich darauf.

Mr. Collier: Donnerwetter! Das ist aber ein tolles Kleid. Ich habe gedacht, wir könnten heute zu Hause bleiben. Im Herd steht ein fertiges Essen, das uns das Hausmädchen gekocht hat. Sie hat heute abend frei. Ein echter Luxus, ein Hausmädchen, das bei einem wohnt. Aber wenn der Grundstücksmarkt sich nicht erholt, muß sie möglicherweise demnächst gehen.

Er plaudert munter weiter. Wallace war immer so schweigsam. Er sinnierte vor sich hin und war in Gedanken immer auf fernen Gipfeln. Mr. Collier – er möchte zwar gern, daß sie ihn Sandy nennt, doch innerlich ist er eigentlich nach wie vor Noras Mr. Collier für sie – zeigt ihr das Haus. Es ist so, wie sie es erwartet hat. Brandneue Möbel von Harrods, chinesische Teppiche, häßliche Vasen, ein Barschränkchen. Der Pekinese schnappt nach ihren Fersen.

Mr. Collier: Er ist nicht gerade der reizendste Hund der Welt, Rosalie, aber er war der Hund meiner Frau. Er ist mein Trost. Sie wissen ja über alles Bescheid. Ein Hypnotiseur war in ihr Leben getreten. Ich weiß, das Gericht hat behauptet, es sei andersherum gewesen, aber Frauen bekommen nun mal immer die Schuld zugeschoben. Sie sind doch so ein bißchen Feministin, Sie wissen das doch alles. Sie hatte es nicht verdient zu sterben. Frauen machen nun mal Fehler, und sie hat Pech gehabt.

Er fängt an, immer weniger wie ein Mörder auszusehen, Nora dagegen mehr und mehr wie eine Unke. Doch er gießt ihr kräftig Gin ins Glas und nicht viel Tonic, und Rosalie sieht, er gießt sich kräftig Tonic in sein eigenes, doch nicht viel Gin. Oben auf dem Treppenabsatz bleibt er stehen und wendet sich ihr zu. Sie wendet sich ihm zu. Er kommt näher, er küßt sie, ohne sie zu umarmen, seine Zunge gleitet in ihren Mund. Na schön, das ist schon in Ordnung so.

Mr. Collier: Ach Rosalie! Ich bin ja so geduldig gewesen. Ich wollte dich nicht verlieren. Ich habe viel durchgemacht, weißt du. Du ja auch.
Rosalie: Du hast wohl von deinem Anwaltsbüro noch nichts gehört?

Sie will, daß Wallace für tot erklärt wird. Sie will, daß Wallace für nicht tot erklärt wird. Was sie nicht will, ist von seinem Skelett träumen, bleich im Bergwind klappernd, von Vögeln saubergepickt, aus dem seine immer noch lebendigen Augen sie vorwurfsvoll anstarren. Mr. Colliers behoste Beine bieten vorübergehende Rettung, wenn nicht auch er wieder nur der zurechtgemachte Tod ist. Es ist hoffnungslos.

Mr. Collier: Noch nicht. Ich bin ein sehr ehrenwerter Mann, Rosalie. Ich nehme unsere Beziehung ernst, bitte glaube mir. Ich möchte nicht, daß wir einfach nur schmutzigen Sex miteinander haben. Ich will eine richtige Beziehung zu dir. Dich heiraten.

Schmutzigen Sex. Kann sie mit einem Mann zusammenleben, der von schmutzigem Sex spricht? Ja, sie meint schon, in Tudor Lodge. Sie könnte Leute zum Abendessen einladen. Sie könnte leben, wie Jocelyn Beck früher gelebt hat, vor langer Zeit: als Hausherrin. Außerdem hat er ja nicht gesagt, Sex sei schmutzig, sondern nur die Meinung vertreten, oberflächliche sexuelle Beziehungen seien es. Das glauben alle möglichen durchaus anständigen Menschen, Wallace eingeschlossen, wie überhaupt die meisten Männer, soweit sie sehen kann, wenn auch weit weniger Frauen. Sie möchte nun wirklich, daß er ihr den Reißverschluß aufmacht, sie von der Einengung durch das Kleid befreit. Sie trägt ihre Stöckelschuhe. Sie sind zu eng. Falls er ihr das Schlafzimmer zeigen sollte, würde sie sie wie nebenher abstreifen können, sich aufs Bett fallen lassen und sagen: »Ach, Mr. Collier ... ach nein: Sandy, selbstverständlich werden wir heiraten. Du bist der Einzige und bleibst der Einzige, auf ewig und alle Zeiten«, und die Arme ausbreiten. Es ist sein Schicksal zu töten, ihres hingegen, getötet zu werden.

Hört sie ein Knistern in den Ohren, als Anita Becks Atelier brennt, als die Flammen näher kommen, durch den ganzen Raum schlagen, ihn zerstören, das Meer aufsaugen, die Klippen, den Streifen Strand, blitzend und glitzernd, zischend und spritzend? Irgend etwas jedenfalls verschließt ihr die Ohren gegen die Vernunft.

Mr. Collier zeigt ihr das Badezimmer noch vor dem Schlafzimmer. Es ist ein großer Raum. Der Boden ist gefliest. Auf den Fliesen sieht man Brandspuren. Die Wanne ist rosa, die Armaturen sind golden. Die Toilette hat einen rosa Fellüberzug.

Mr. Collier: Hier ist es passiert. Hier hat er versucht, mich zu töten, und sie, mich zu retten. Sie wollte nicht, daß ich starb. Ich habe dem Gericht das bloß nicht begreiflich machen können.

Mr. Collier stöpselt die Wanne zu und dreht die Hähne auf. Der Pekinese rollt sich auf der rosa Fellmatte ein, die die Toilette umgibt, und wirkt seelenvoll. Mr. Collier tritt zu Rosalie und macht ihr den Reißverschluß auf.

Mr. Collier: Laß uns zusammen baden. Ich bade furchtbar gern. Ich bade bei Tag und bei Nacht. Wir werden zusammen Gin trinken, und dann werden wir ja sehen, was als nächstes passiert.

Rosalie: Hier? Wo es passiert ist?

Mr. Collier: Ja. Es muß exorziert werden. Sie würde das wollen. Sie möchte, daß ich glücklich bin. Sie hat das, was passiert ist, alles nicht gewollt. Er war ein Hypnotiseur. Er war auf meinen Besitz aus. Er wollte das Haus. Es war zu der Zeit, als die Preise bereits ihren Gipfelpunkt erreicht hatten, was er natürlich nicht wissen konnte. Keiner von uns konnte das.

Die Wanne ist voll. Es ist eine sehr große Wanne, halbkreisförmig. Er schüttet Badesalze hinein. Sie sind parfümiert. Dampf steigt aus rötlichem Wasser auf. Ist das Zyanid? Mr. Collier zieht ihr das weiße Kleid aus.

Mr. Collier: Weiß, die Lieblingsfarbe meiner Frau. Ein Kleiderschrank voller weißer Kleider. Jungfräuliches Weiß. Du ähnelst ihr so sehr. Schön! Die Gerichtsverhandlung, das alles: wie ein Traum. Ich war so niedergeschlagen. Riech mal, den Duft im Dampf. Magst du den?

Sie beugt sich hinab und atmet ein. Warum tut er es nicht auch?

Er zieht sich nicht aus. Warum denn nicht? Aber es ist eine lachhafte Vorstellung, daß ein Mann nicht eine, sondern zwei Frauen in derselben Badewanne umbringen will. Bei einer kann er sich rausreden, doch bei zweien? Natürlich nicht. Egal wie, Rosalie will jetzt nicht zurückblicken. Ihr ist schwindlig. Jetzt wird gleich etwas passieren.

Sie hört Sirenen. Ist das die Polizei? Aber es ist nur die Türglocke, sie läutet und läutet und läutet und übertönt das Knistern und Summen in ihren Ohren. Sie denkt, vielleicht ist in dem rosa Puder ja irgendeine Droge, in dem rosa Wasser. Er bietet ihr etwas zu trinken an, füllt ihr Ginglas damit auf, das sie immer noch in der Hand hält.

Mr. Collier: Ach, verdammt. Ich geh wohl besser nachsehen, wer das ist. Sorge dafür, daß er verschwindet. Diese Nacht soll nur uns beiden gehören.

Mr. Collier stößt die Tür auf. Sie folgt ihm auf den Treppenabsatz. Sie hat nichts an. Es scheint nicht von Bedeutung. Er macht die Tür auf, und sie hört Wallaces Stimme. In ihrem Kopf sieht sie sein Skelett, seine Knochenhand auf der Türglocke. Die Tür öffnet sich weiter, Wallace drückt dagegen, als Mr. Collier sie zuzumachen versucht. Die Hand scheint ebensosehr aus Fleisch zu bestehen wie aus Knochen. Sie geht die Treppe hinab und darauf zu. Da steht Wallace.

Wallace: Um Gottes willen, Rosalie, was treibst du denn bloß? Irgendwas muß wohl immer sein.

Wallace ist aus dem Grab zurückgekehrt und Rosalie auch.

ICH, NORA, HALTE MIR DAS ZUGUTE. ICH BIN ZUFRIEDEN mit mir: Ich habe den Mut, wieder ich selbst zu sein. Ich war zu Hause und wartete, daß noch etwas passierte. Man kann sehr schnell erlebnissüchtig werden. Ich wartete darauf, daß die Polizei mich verhaften kam, daß Ed nach Hause zurückkehrte. Das Telefon läutete. Es war Wallace.

Wallace: Nora?
Nora: Wallace? Bist du das? Wo warst du denn bloß?
Wallace: Ist das alles, was dir einfällt?
Nora: Ja.
Wallace: Kann ich Ed sprechen?
Nora: Er ist nicht da. Versuch doch, ihn bei Susan zu erreichen.
Wallace: Trinkst du gerade?
Nora: Ja.
Wallace: Wo ist denn Rosalie? Da komme ich nach allem nun endlich nach Hause, und es ist keiner da.

Wallace hatte unter Gedächtnisschwund gelitten, hatte sich ohne Geld und ohne Papiere an der chinesischen Küste wiedergefunden. Verdiente sich seine Passage und Essen auf einem unter liberianischer Flagge fahrenden Tanker. Und es dauerte eine Ewigkeit, bis er endlich wieder zu Hause war. Na ja, das war jedenfalls seine Geschichte, und an der hält er fest. Wenn sie etwas taugt, dann kriegt er ja vielleicht seinen Job bei der BBC wieder zurück. Ich glaube allerdings, daß er sich mit einer Dame aus einem Bergsteigerverein zusammengetan hat, die mehr nach seinem Geschmack und seinen Vorstellungen war als Rosalie, und mit ihr durchgegangen ist. Sich es dann anders überlegt und nach Hause zurückzukehren beschlossen hat.

Ich erzählte ihm, wo Rosalie war. Ich erklärte ihm, Verzweiflung und Kummer hätten sie in die Arme des Stromkabeltöters von Richmond getrieben; ich hätte zwar versucht, sie daran zu hindern, sie sei jedoch stur. Er solle am besten gleich nach Tudor Lodge hinausfahren und sein Gebot abgeben, ehe die Eigentumsrechte endgültig auf Mr. Collier übergingen.

Ich saß am Fenster und wartete. Colin und Amanda waren nicht da. Ich war allein im Haus. Es war ruhig, so wie eine öde Landschaft ruhig ist. Ich fragte mich, wie lange Ed sich wohl schon mit Susan traf; wie lange er schon das eine gesagt und das andere gedacht hatte, wie ich damals, in jenem Sommer mit Leslie Beck, und ob es darauf ankam oder nicht. Die Panik, Wut, Furcht und die schwarze Eifersucht, die aus der Hilflosigkeit geboren worden waren, aus der Untätigkeit, waren weggebrannt, zusammengeschnurrt, als ich Anita Becks Atelier in Brand gesteckt hatte. Ich war gesäubert, rein und vertraute einem Schicksal, das mich dazu veranlaßt hatte, wegen einer Katze Zeit zu verlieren und so Marion ihren Sohn zurückgeben zu können; das Leslie bestraft hatte, und zwar auf den Gebieten, auf denen Vergeltung erforderlich war, und nicht auf anderen, und das Wallace wie im Handumdrehen aus dem Hut gezaubert hatte, um Rosalie zu retten, und das in diesem Moment Colin, ohne Amanda, den Weg hinaufführte. Er ähnelte Ed so sehr, daß ich zuerst dachte, er wäre es. Ed, der nach Hause zurückkehrte, ein verzeihender Ed, dem verziehen wurde.

Colin sagte: »Du hast hoffentlich nichts dagegen: Ich sehe Amanda nicht mehr. Es ist aus zwischen uns. Sie sagt mir ununterbrochen, was ich zu tun habe.«

Ich sagte: »Ich habe nichts dagegen.«

Colin sagte: »Das ist der einzige Grund.«

Ich sagte: »Selbstverständlich.«

Er sagte: »Es kommt nicht darauf an, wessen Kind man ist. Man bleibt doch man selbst.«

Ich sagte: »Das stimmt.«

Er sagte: »Ich rede mit dir, wenn es dir besser geht.«

Ich sagte: »Ich fühle mich prima«, aber er ging weg, um sich eine Diät-Pepsi zu holen. Er sagte, Rosalies Catharine sei in die Hockey-Mannschaft des Colleges aufgenommen worden, und ich sagte, das sei ja schön.

Ich war neugierig, was als nächstes passieren würde. Vielleicht würde es mir ja gelingen, das Rauchen aufzugeben? Der Gedanke daran bewog mich, eine neue Schachtel aufzumachen. Irgendeine Freude im Leben muß es schließlich geben, selbst wenn sie einen umbringt. Selbstzerstörung ist ein naturgemäßer Zustand, alles andere ist eine Anstrengung.

Das Gartentor klickte. Ich blickte auf. Vinnie kam den Weg herauf. Daran hatte ich gar nicht gedacht. Sein Gesicht war weder verkniffen noch grimmig, er war also nicht gekommen, um über Susan und Ed zu sprechen oder um zähneknirschend seinem Groll Luft zu machen. Er lächelte. Er war gekommen, um über uns zu sprechen.

Mr. Collier ist eine Woche nicht im Büro gewesen. Mr. Render war fast die ganze Zeit unterwegs. Das Telefon hat kaum einmal geläutet. Ich habe geschrieben und geschrieben und geschrieben. Ich meine, alle Betroffenen sind entweder in einer Verfassung, in der sie die Wahrheit vertragen können, oder aber sie haben sie verdient, wenn ich auch davon überzeugt bin, daß mir niemand dafür danken wird.

Marion ruft an. Sie erzählt mir, daß Anita Becks Atelier gebrannt hat. Man sei der Ansicht, dazu hätte schon die Sonne im Brennglas des Oberlichts ausgereicht. Alles sei so heiß und trocken gewesen. Glücklicherweise sei Leslie versichert. Von dem Geld könne er das Haus in Schuß bringen lassen und sich ein Gehgestell kaufen, sagt Marion. Aphra habe sich dagegen entschieden, mit ihrem Freund zusammenzuleben. Sie habe Barbaras Gehalt erhöhen müssen. Sie könne Babies nicht ertragen, habe es noch nie gekonnt. Jamie wohne jetzt bei ihr. Er glaube, er werde in London auf die Kunsthochschule gehen. Was ich denn da vor Leslie Becks Haustür gemacht hätte? Hätte wohl hinter ihrem Rücken kaufen wollen? Sie um die Kommission prellen. Doch wen schere das noch: Die Bilder seien ja alle verbrannt. Die Tate Gallery habe jedes Interesse verloren und bewahre die Nation dadurch vor weiterer Schande.

Sie redet viel. Doch wir müssen mit den Freunden aus alter Zeit nachsichtig sein. Sie sind Illustrationen, objektivieren die Lektionen, die das Schicksal uns aufgibt, in der Hoffnung, wir würden doch die eine oder andere Lösung finden.

»Wir alle sind vor Schande bewahrt worden«, bemerke ich. »Ich muß jetzt Schluß machen, Marion. Ich soll nicht so lange telefonieren.«

Ich merke, daß sie gekränkt ist. Ich frage mich, ob ich Vinnie anrufen soll. Er ist bei mir zu Hause und schreibt das Buch, das Susan ihn niemals schreiben lassen wollte – über das Wesen der Wirklichkeit. Das ist nicht das Schicksal, das Susan für Vinnie geplant hatte. Sie hatte gewollt, daß es ihm schlechtginge, daß er in immerwährender Dunkelheit leben würde, sowie sie ihren Blick von ihm abwandte. Pech gehabt.

ES IST SOVIEL LEICHTER, ERFUNDENES ZU SCHREIBEN, ALS Autobiographisches. Letzeres habe ich endgültig aufgegeben, als Ed wegging. Das wirkliche Leben ist einfach nicht so, habe ich nicht recht? Wenn Ed geht, taucht Vinnie nicht einfach so auf. In der wirklichen Welt bleibt Amanda einem als Quälgeist und Quelle der Beunruhigung erhalten. Die Tate Gallery ruft nicht wegen Anita Becks ziemlich schlechten, traurigen Bildern an. Ihr magisches Atelier existiert nicht, und wenn doch, dann gehe ich es mir nicht ansehen. Aber hat das Leben im Roman nicht einen besonderen Schwung? In Wirklichkeit wird Marion allein alt. Sowie sie Jamie einmal weggegeben hat, ist er endgültig weg. Niemand wird je die Wahrheit über Mr. Collier erfahren, oder was aus Wallace geworden ist. Unsere Kinder stürzen sich auf eigene Faust in das Chaos ihres Lebens: Catharine kommt nicht in die Hockeymannschaft des Colleges, wenn sie das auch zumindest vor muskulösen Waden und ledernen Schienbeinen bewahrt.

Macht nichts. Leslie Beck hat recht. Leslie Beck der Prächtige, Leslie Beck und seine Lebenskraft, die sich durch unser Leben bewegt, sprunghaft und unaufhaltsam, wie elektrisch, von diesem zu jenem, uns verzehrt, uns erschöpft, uns alt macht, weiterströmt, allein auf ihr eigenes Überleben bedacht. Leslie Beck, der Feind des Todes, der Lebensbringer. Das Beste, was uns je passiert ist.

Ja, da sehen Sie mal. Haben wir richtig gehandelt oder falsch? Mal abgesehen von Leslie Beck, waren wir schlechte

Frauen oder gute? Ich vermute, das werden wir nie wissen, es sei denn, es gibt ein Jüngstes Gericht, und wir erfahren es dann. Bestimmt verzehrt sich die Menschheit nach solch einem Tag, doch Bedürfnisse der Menschheit im Ganzen, wie die Bedürfnisse des einzelnen, werden, ach, nur selten befriedigt. Wir sind alle zu sehr auf unser eigenes Wohlergehen erpicht. Ich glaube, Marion hat recht daran getan, das Baby zu verkaufen: Sie hätte eine fürchterliche Mutter abgegeben – obwohl sie, seltsamerweise, von uns allen für moralische Skrupel am anfälligsten war. Ein anständiger Mensch. Wir anderen haben alle mehr oder weniger Gutes durch unsere Kinder bewirkt, und ich nehme an, eben daraus müssen wir unsere moralische Glaubwürdigkeit beziehen, soweit uns das möglich ist. Wie ich auch nicht glaube, daß Leslie Dingdong der Prächtige unbedingt ein schlechter Mensch ist: die Karten, die er austeilt, bestehen zumindest aus Lust und Kindern, anders als die, sagen wir, von Schwarzkopf, die Ruhm und Tod heißen. Obwohl auch das für manche Menschen durchaus nichts Anstößiges zu haben scheint.

Im Mischen der Karten, wage ich zu behaupten, da liegen Sinn und Ziel, und in unserer Fähigkeit zur Erinnerung, dank derer wir in der Vergangenheit herumstochern, der erfundenen oder auch sonst. Da Gott uns nun einmal kein Jüngstes Gericht schenken will, es ihm zumindest beliebt, es so lange hinauszuzögern, müssen wir uns unser eigenes schreiben.

Das hier wird nun in eine Schublade wandern. Mr. Collier teilt mir gerade mit, daß die *Accord Realtors* ihre Pforten für immer schließen werden. Nach dem Boom der Bums, und recht geschieht's uns.